高等师范院校系列教材

学前教育专业核心课教材 吴玲/执行总主编

幼儿园教育活动设计与实施指导

殷世东 主编

梁 艳 高 伟 刘慧敏 副主编

Youeryuan Jiaoyuhuodong Sheji yu Shishizhidao

北京师范大学出版集团
BEIJING NORMAL UNIVERSITY PUBLISHING GROUP
安徽大学出版社

图书在版编目(CIP)数据

幼儿园教育活动设计与实施指导 / 殷世东主编. —合肥:安徽大学出版社，2012.8

ISBN 978-7-5664-0582-1

Ⅰ.①幼… Ⅱ.①殷… Ⅲ.①幼儿园—教学活动—教学设计 Ⅳ.①G612

中国版本图书馆 CIP 数据核字(2012)第 212417 号

幼儿园教育活动设计与实施指导 **殷世东 主编**

出版发行:安 徽 大 学 出 版 社
(安徽省合肥市肥西路 3 号 邮编 230039)
www.ahupress.com.cn

印 刷:中国科学技术大学印刷厂
经 销:全国新华书店
开 本:170mm×240mm
印 张:17
字 数:330 千字
版 次:2012 年 8 月第 1 版
印 次:2012 年 8 月第 1 次印刷
定 价:30.00 元
ISBN 978-7-5664-0582-1

责任编辑:李海妹 **装帧设计**:李 军 **责任印制**:赵明炎

目　录

前　言

《幼儿园教育活动设计与实施指导》是学前教育专业教法类课程实践教学的重要组成部分。2001年，教育部颁发了《幼儿园教育指导纲要》，把我国幼儿园课程划分为健康、语言、社会、科学、艺术五大领域。长期以来，大家都是从这五大领域各自的角度来编写幼儿园教育活动设计的教材，虽然具有针对性和专业性，但是与实践中强调幼儿园综合课程的理念难免有冲突，无论是对于学习者，还是对于幼儿园教师而言，都会有只见树木不见森林的迷惑感。因此，本教材在编写思路上另辟蹊径。在内容编排上，共分为三个部分，分别为幼儿园教育活动设计的基本理论知识（第一章幼儿园教育活动概述，第二章幼儿园教育活动设计的基本内容，第三章幼儿园教育活动的设计与指导），各种结构形态教育活动的设计与指导（第四章单元教学活动的设计与指导，第五章主题教学活动的设计与指导，第六章方案教学活动的设计与指导），幼儿园教育活动设计中的环境与资源（第七章幼儿园教育活动中的环境创设与资源利用，第八章幼儿园区角活动的设计与指导，第九章幼儿园生活教育活动的设计与指导）。同时，为增强幼儿园教育活动设计与实施指导的实践性、实用性以及趣味性，本教材在形式上包括了丰富的案例展示，在体例上，分为内容导读、学习要求、正文、案例精选、拓展阅读及思考等几个部分，以增加读者阅读的趣味性，同时也以不同的结构形态呈现幼儿园各种教育活动设计与实施指导的特点和区别，增强读者对幼儿园教育活动设计的理解。

本教材突出了内容的整体性、时代性、实用性和可操作性，既顾及各学科（各领域）自身的特点，避免了它们之间的重复和互相割裂，较好地体现了整合的理念，有利于落实《幼儿园工作规程》及《幼儿园教育指导纲要》的精神，有利于学习者在掌握了幼儿卫生学、幼儿心理学和幼儿教育学等幼教理论知识的基础上学会具体设计和实施幼儿园的教育活动。它既可作为学前教育专业的教材，也可作为幼儿教育工作者、学前教育研究者的教学用书和参考用书。

本书由阜阳师范学院殷世东教授负责组织编写，由几位从事学前教育教学和研究的教师共同完成。具体分工如下：刘慧敏（第一章、第二章、第三章），梁艳（第四章、第五章、第六章），高伟（第七章、第八章、第九章）。书稿完成后，作者又在吴玲教授提出的宝贵意见的基础上，进行了认真修改。最后，由梁艳负责统筹全稿。

本书在编写过程中，参考了国内外不少相关研究成果，在此，谨向有关专家和学者表示诚挚的谢意，本书的出版，得到了安徽大学出版社的大力支持和谢莎、李海妹编辑的热情帮助，谨致衷心的感谢！鉴于水平有限，书中疏漏与不足实为难免，敬请专家、同行及广大读者不吝赐教，予以指正，以不断修改完善。

梁艳

2012 年 2 月

第一章
幼儿园教育活动概述

【内容提要】 幼儿园的教育活动贯穿于幼儿的一日生活，对幼儿的身心发展起着重要作用。那么如何认识幼儿园教育活动，它究竟包括哪些内容，具有什么特征；幼儿教师如何确定教育活动目标，才能够有效落实幼儿园的各种教育活动是本章要介绍的内容。

【学习要求】

1. 了解幼儿园教育活动的主要类型及其特点。
2. 掌握幼儿园教育活动的基本内容。
3. 理解幼儿园教育目标和教育活动内容的层次性及其关系。

第一节　幼儿园教育活动的基本内容

一、幼儿园教育活动的含义

"教育活动"是一个广义的概念，是指教育者依据教育目标，对受教育者实施有目的、有计划、有组织的影响，使其发生预期变化的活动。幼儿园的一切活动都具有教育性，都应该成为促进幼儿身心发展的教育活动，不应该只指上课。根据《幼儿园教育指导纲要》(以下简称《纲要》)精神和幼儿园工作的实际，现在比较统一的看法认为，"幼儿园教育活动"的含义具有广义和狭义之分：广义地说，幼儿园教育活动包括在幼儿园内所发生的一切活动，包括游戏活动、教学活动、生活活动、运动等，对幼儿而言，这些活动之间的界限是不清晰的，经常是"你中有我，我中有你”的；狭义地说，幼儿园教育活动主要有游戏和教学两大类活动。[①]

正确理解“幼儿园教育活动”的内涵是极其重要的，那种认为幼儿园里的教学活动即过去的上课（作业），只是换了一种提法的观点是不正确的。尽管从20世纪80年代初我国幼教界就打破了分科的课程模式，出现了“综合主题活动”[②]这一概念，继而“活动”逐渐成了幼儿园的常用词汇，后来又随着“活动教学”新理论的广泛传播，幼教界逐渐将原来的某某“课”改成了某某“活动”，把“幼儿园教学”改为“幼儿园教育活动”，但是直到现在仍有一些幼儿园的“活动”是换汤不换药的。

《纲要》明确指出：“幼儿园的教育活动，是教师以多种形式有目的、有计划地引导幼儿生动、活泼、主动活动的教育过程。”这里的“教育过程”可以说包括了幼儿在园的一切活动，是广义的幼儿园教育活动。那么，幼儿园教师在一定时间内专门组织的活动则可以理解为狭义的幼儿园教育活动。可见，幼儿园教育活动是教师与幼儿共同完成的活动，是幼儿实现全面发展的主要途径。

二、幼儿园教育活动的特点

（一）趣味性与游戏化

《幼儿园工作规程》（以下简称《规程》）中提到“游戏是对幼儿进行全面发展教育的重要形式”。在幼儿园的户外活动中，一些经典游戏如“老狼、老狼几点了”、“捞鱼”等都是通过趣味游戏的方式使幼儿的动作技能得到提高。因此，教师在组织幼儿活动时，无论是在内容、形式、方法上，还是在过程上，都要注意其趣味性、游戏化的特点。

（二）广泛性与启蒙性

幼儿园教育是我国学校教育和终身教育的奠基阶段的基础教育，它的教育内容及过程涉及幼儿生活的方方面面，包括自然环境、社会环境，具有广泛性和丰富性；而从幼儿的认识水平和年龄特点来看，其所能接受的、理解的教育内容又是比较粗浅的、简单的，具有启蒙性。因此，在教育过程中需要注重的是激发幼儿对事物的认识兴趣，而不是强调知识内容的系统性和逻辑性。

---

① 朱家雄：《幼儿园教育活动设计与实施》，北京：高等教育出版社，2008。

② 袁爱玲、何秀英：《幼儿园教育活动指导策略》，北京：北京师范大学出版社，2007。

（三）综合性与整合性

《纲要》指出，教育活动内容的选择要考虑幼儿感兴趣的事物和问题，各领域的内容要有机联系，相互渗透，注重综合性、趣味性和活动性，从不同角度促进幼儿情感、态度、能力、知识、技能等方面的发展。

例如，对某一主题的探究活动可以涉及多个领域和层面。如对鞋的认识，可以先从幼儿自己穿的鞋子入手，观察自己的鞋、父母的鞋，不同季节穿的鞋、不同场合穿的鞋，再深入了解不同的鞋子的区别，还可以鼓励幼儿收集古代人穿的鞋子、不同民族风格的鞋子，活动延伸可以让幼儿设计自己认为的未来的鞋，激发幼儿的想象力。

在这个过程中，幼儿要进行观察、比较、提问、收集、讨论、合作、设计和交流等，充分体现幼儿的知识经验形成过程中的综合性和整合性。

（四）随机性与潜在性

《纲要》中强调，教师要"善于发现幼儿感兴趣的事物、游戏和偶发事件中所隐含的教育价值，把握时机，积极引导"。例如，某一天在幼儿园活动时，恰巧赶上雨后的天空出现一道彩虹，教师就可以随机组织幼儿观看彩虹，看它的形状、颜色，并告知彩虹出现的原因等，让幼儿不仅及时观察到这一自然现象，还能了解其中的科学原理，增长见识。在幼儿的一日生活中，教师要注意观察周围的事物，及时发现教育的契机，主动挖掘潜在的教育资源，不断生成新的教育内容。

三、幼儿园教育活动的类型

幼儿园教育活动的主体是幼儿，但是活动的对象却是多种多样的，构成因素也各不相同。在不同的历史发展时期，由于受到不同的教育思想、教育观念的影响，幼儿园教育活动无论是在观念、内容上，还是在形式上，都是不同的，并且随着新的教育理念的出现，也呈现出了多元化的发展趋势。幼儿园教育活动大致可以从以下几个方面来分类。

（一）领域活动、分科活动与综合活动

1. 五大领域活动

《纲要》在"教育内容与要求"中明确规定："幼儿园的教育内容是全面的、启蒙性的，可以相对划分为健康、语言、社会、科学、艺术等5个领域，也可作其他不同的划分。各领域的内容相互渗透，从不同的角度促进幼儿情感、态度、能力、知识、技能等方面的发展。"

按五大领域划分的教育活动可以说是于2001年《纲要》颁布以后，在幼儿园广泛被采用的一种新的综合教育活动模式。这里的“综合”不仅是学科知识的综合，更是幼儿在园的一日生活的综合。其活动目标的达成是要通过幼儿一日生活的方方面面去实现的。

2. 分学科活动

自20世纪50年代初至90年代初期，由于受苏联幼儿园教育思想的影响，按学科划分的课程成为我国普遍采用的一种课程模式，即分学科式教学。分学科课程也称“学科课程”，是一种主张以学科为中心来编定的课程，主张课程要分科设置，分别从相应科学领域中选取知识，根据教育教学需要分科编排课程，进行教学。

在分学科式教学活动的不同学科中，每个学科都有自身的规律和特点，教师在组织活动时应当依照每个学科的规律和特点选用不同的教学方法。由于学科课程侧重知识体系，因而更加突出教师的主导作用，所以往往以集体教学、分组教学为主。对于新教师来讲，掌握分科教学的方法仍是组织教学活动的基础，待具有一定的实践经验之后，再进行综合、整合，灵活地加以运用。

3. 综合主题活动

综合主题活动也称“整合课程”，是自20世纪90年代中后期以来被广泛采用的一种活动模式，就是把课程的各个部分、要素有机地组织在一起，形成一个整体。综合主题式活动的特点在于强调建立各学科知识之间自然的、相互联系的关系，其教学内容既可以是以某一学科知识为线索，渗透其他学科知识的知识体系，又可以是以幼儿兴趣为出发点的有益的系列活动内容。

（二）教育活动、生活活动和区域活动

1. 教育活动

教育活动是有目的、有计划地引导幼儿主动活动的多种形式的教育过程。它在促进幼儿的全面发展中具有重要作用，是幼儿在园一日生活的重要内容之一。它是以幼儿为主体，教师从幼儿的兴趣和实际水平出发，根据幼儿园教育的目标，有目的、有计划地组织和指导幼儿主动学习，以加深幼儿对周围环境的认识，培养学习兴趣，帮助幼儿获取有利于其身心发展的经验的活动，旨在促进幼儿全面、健康、和谐、整体地发展。

2. 生活活动

生活活动是指幼儿的入园、进餐、喝水、盥洗、如厕、睡眠、离园等环节的活动。[①] 它是满足幼儿基本活动需要的活动，也是幼儿一日活动的重要组成部分，这也是幼儿园教育与其他教育阶段的主要区别之一。

生活活动在幼儿生活中占有重要的地位。幼儿身体各个器官的生理机能尚未发育成熟，各个组织都比较柔嫩，他们的身体素质还相当薄弱。同时，幼儿时期又是生长发育十分迅速、新陈代谢极为旺盛的时期。但由于幼儿的知识经验匮乏，缺乏独立生活能力和自我保护能力。因此在生活活动中，教师要根据幼儿的身心特点，帮助幼儿养成良好的生活习惯，逐步培养幼儿的生活自理自立能力。

3. 区域活动

区域活动(area activities)，也叫“活动区活动”，是 20 世纪 70 年代从美国引进的新名词。当时美国正流行“开放教育”，对我国的影响比较大。在我国，该概念更多地被称为“区角活动”。“区域活动在英文中有多种名称，例如，游戏区(playing area)、学习区域(learning area)或兴趣小组等。活动区意味着选择的可能性，意味着幼儿可以根据自己的兴趣和需要来决定自己想做什么和怎么做，而兴趣、自由选择与自主决定是幼儿主动学习的基本条件。”[②]

在区域活动中，幼儿可以充分表现自己的能力，通过摆弄物体、自由操作、观察和实验来认识物体的特征和物体之间的关系，解释事物现象，发现问题，解决问题，从而提高幼儿的思维能力，形成智慧，发展个性，增强自信，促进每个幼儿全面和谐地发展。区域活动也是幼儿在园一日生活的主要活动之一，是满足幼儿不同兴趣和需要的最好途径。常见的活动区(活动角)有：角色游戏区、积木区(建设区)、音乐角、嬉水区、沙池区、科学区、语言角、美工区、故事角和图书区等。

(三)自由活动、集体活动和小组活动

1. 自由活动

幼儿个人的自由活动，其特点是计划自定、材料自选、游戏方式方法自定、伙伴自选，学习的性质是发现学习。其作用更多地在于能充分满足不同个体的学习需求，让每个幼儿按照自己的兴趣特点、自己的发展速度、自己的认知风格去探索周围的世界。这有益于幼儿创造性地发展，为幼儿提供更为自由的活动空间。

2. 集体活动

集体活动是教师按照一定的教学目标，依据一定的原则，选择教学内容、设

---

① 倪敏：《幼儿园课程与教育活动设计》，北京：中国劳动社会保障出版社，2001。

② 李会敏、侯莉敏：《幼儿园区域活动概念辨析》，基础教育研究，2006(2)。

计教学过程，面向全班幼儿实施教学过程的活动。其特点是全班幼儿在同一时间内做同样的事情，活动过程以教师的引导和组织为主。它的意义在于更多地让幼儿在互相交流和学习中，在教师的质疑与挑战中，发展思维、学会分享、体验快乐。一般来说，由于国内幼儿园受传统教育模式的影响较深，此种形式最为普遍，效率也高。

3. 小组活动

把全班幼儿分成若干个小组进行的活动。其中既包括教师安排的活动，也有幼儿自发组织的活动。其特点是容易调动幼儿的积极性，促进幼儿之间及其与教师之间的谈论或交流，使幼儿在合作学习中学会理解和交往，学会遵守共同的"游戏规则"，并能够按自己的速度和方式行事。随着幼儿年龄的增长，小组活动的形式越来越受到幼儿的欢迎。

集体、小组、个体活动各自的教育功能不同，因此必须互相配合、合理交替、互相补充。在设计教育活动时，要根据不同幼儿的发展水平，根据目标，选择确定教育组织形式。

四、幼儿园教育活动与幼儿园课程

"幼儿园教育活动"与"幼儿园课程"是在理论层面的探究和实践层面的操作中都密切相关的两个概念。对"幼儿园课程"的界定既有广义上的理解，也存在狭义上的定义：从广义上讲，幼儿园课程是由幼儿园各种类型的教育活动组成的，这样一来，二者即可等同于一个概念；从狭义上讲，可把幼儿园课程理解为一种教材或是文本，那么二者又是两个相关联的概念。其中，幼儿园课程是幼儿园教育活动设计及实施的依据和基础，幼儿园教育活动则是幼儿园课程得以实现的中介和途径。

一系列同质的或异质的幼儿园教育活动以某种方式组成课程。每种幼儿园教育活动都具有自身的性质和价值取向，组成某一课程的各种教育活动的性质的"总和"，决定着该幼儿园课程的价值取向和性质。

对幼儿教师而言，相对于幼儿园课程，幼儿园教育活动的设计与组织更为重要。它是教师应用教育原理分析研究教育现象、推动和保证幼儿园教育工作的科学化，是教育活动高质量、高成效进行的关键因素。因此，幼儿园教师不能单纯地从狭义的角度去理解课程，而应从广义的角度出发，明白幼儿在园的所有活动都是幼儿园课程的组成部分，因为这些活动都会对幼儿的全面、和谐、健康发展起到重要作用。它们的相互结合与渗透，能够有效地帮助幼儿达到其学习与发展的目标。

第二节 幼儿园教育活动的目标

《纲要》中指出：幼儿园的教育活动是教师以多种形式有目的、有计划地引导幼儿生动、活泼、主动活动的教育过程。因此，在教育过程中，教师的一项重要任务就是要恰当地确定教育活动的目标，选择适当的教育活动内容，以保证教育活动能够科学有序地进行，达到预期的教育目的。

幼儿园教育活动的目标，不管是显性的目标，还是隐性的目标，都是教育活动的导向，决定着教育活动的性质。

一、我国幼儿园教育目标概述

教育目的是国家对各级各类教育事业培养人的统一的质量要求，幼儿园教育目标是国家的教育目的在幼儿园教育这一阶段的具体化，是国家对幼儿园提出的培养人的规格和要求，是全国各类型幼儿教育机构统一的指导思想。

（一）我国幼儿园教育总目标

《规程》第一章第三条明确规定，幼儿园教育的目标即幼儿园的任务是："实行保育与教育相结合的原则，对幼儿实施体、智、德、美诸方面全面发展的教育，促进其身心和谐发展。"这里强调的是"体、智、德、美"的全面发展，注重的是身心和谐发展。

（二）幼儿园教育的目标

教育的目的是教育的根本问题。要把受教育者培养成什么样的人，在教育活动开始前，就清晰地存在于教师的头脑中，教师的一切教育活动都是为了实现这个目的。我国学前教育的教育目标具体体现在《纲要》和《规程》中。幼儿园保育和教育的主要目标是：

其一，发展幼儿智力，培养正确运用感官和运用语言交往的基本能力，增进对环境的认识，培养有益的兴趣和求知欲望，培养初步的动手能力。

其二，促进幼儿身体正常发育和机能的协调发展，增强体质，培养良好的生活习惯、卫生习惯和参加体育活动的兴趣。

其三，萌发幼儿爱家乡、爱祖国、爱集体、爱劳动、爱科学的情感。培养诚实、自信、好问、友爱、勇敢、爱护公物、克服困难、讲礼貌、守纪律等良好的品德行为和习惯，以及活泼、开朗的性格。

其四，培养幼儿初步的感受美和表现美的情趣和能力。

幼儿园的教育目标是教育目的在幼儿园阶段的具体化,反映了幼儿园人才培养的规格和要求,对于幼儿的全面发展提出了更具体的规范,表明了在教育影响下显现出的幼儿发展变化,全面指导着幼儿园的教育教学工作。

(三)各领域目标

教育目标需要通过具体的教育活动的展开来逐步实现。对于幼儿园教育而言,在《纲要》中,把幼儿学习活动的范畴相对划分为健康、社会、科学、语言、艺术等5个领域。这五大领域是对幼儿园保教并重、全面发展的教育目标的具体化,是目前幼儿园教育的工作指南。

1.健康领域目标

身体健康,在集体生活中情绪安定、愉快;生活、卫生习惯良好,有基本的生活自理能力;知道必要的安全保健常识,学会保护自己;喜欢参加体育活动,动作协调、灵活。

根据《纲要》的要求,该领域目标的含义有以下几个方面:

首先,帮助幼儿形成正确的健康观念。身体方面:幼儿的身体健康以发育健全、具备基本的生活自理能力为主要特征,具体指幼儿的各个器官、组织的生长发育正常,没有生理缺陷,能有效抵抗各种急、慢性疾病,体质不断增强。衡量幼儿的身体健康情况一般体现在身高、体重、头围、胸围、臀围等方面;心理方面:幼儿的心理健康以情绪愉快、适应集体生活为主要特征,具体指幼儿的心理发展达到相应年龄组幼儿的正常水平,情绪积极、性格开朗、无心理障碍,对环境有较快的适应能力。

其次,要强调自我保护和锻炼并重。健康教育的目标既重视掌握必要的保健知识、提高保护自身的能力,又强调通过体育活动提高身体素质。其中,了解必要的安全保健知识并提高相应技能,形成初步的自我保护意识,是保健教育的主要目标。而培养对体育活动的兴趣,增强动作的协调性、灵活性,是体育锻炼的主要目标。

再次,要注重健康行为的形成。幼儿健康教育是根据幼儿身心健康发展的特点,提高幼儿对健康的认识,促使幼儿形成健康的行为,维护幼儿健康的教育活动。这里健康行为的养成是其核心目标,因为幼儿的健康认知、健康态度和健康行为三者之间并非简单的一致关系,特别是健康行为,往往由于幼儿缺乏内在的动机或自控能力而无法形成习惯,如为什么坚持每天刷牙能保护牙齿牙龈健康、为什么喝过多的饮料对健康不利等,因此需要教师和家长的指导、帮助和鼓励。

2.社会领域目标

能主动地参与各项活动,有自信心;乐意与人交往,学习互助、合作和分享,有同情心;理解并遵守日常生活中基本的社会行为准则;能努力做好力所能及的事,不怕困难,有初步的责任感;爱父母长辈、老师和同伴,爱集体、爱家乡、爱祖国。

根据《纲要》的要求,该领域目标的含义有以下几个方面:

培养幼儿积极、正确的自我意识。幼儿的自我意识是逐渐形成的,自我意识的发展,是让幼儿从“自我中心”中摆脱出来,使其正确认识自己,并能正确认识别人。自我评价是自我意识的一种表现,由于受到年龄发展水平的影响,幼儿自我意识发展水平较低,还不能对自己进行独立、客观的评价,幼儿园的孩子往往根据教师的评价来评价自己和别人。因此,教师的评价对幼儿自我意识特别是自我评价有着十分重要的影响。而自我意识的形成又是在一定的环境中通过与他人交往产生的,如与同伴的交往、与成人的交往,在这个交往过程中能够正确认识自己、正确评价自己。

建立良好的社会关系。这里的社会关系是指幼儿与自身的关系(自信、主动、自觉、负责等),幼儿与他人的关系(乐群、互助、合作、分享、同情、爱心等)、幼儿与群体或集体的关系(遵守规则、爱护公物和环境等)、幼儿与社会的关系(爱家乡、爱祖国等)。良好的社会关系会使幼儿终身受益。

3.科学领域目标

对周围的事物、现象感兴趣,有好奇心和求知欲;能运用各种感官,动手动脑,探究问题;能用适当的方式表达、交流探索的过程和结果;能从生活和游戏中感受事物的数量关系并体验到数学的重要和有趣;爱护动植物,关心周围环境,亲近自然,珍惜自然资源,形成初步的环保意识。

根据《纲要》中对科学领域目标的规定,我们要认识到科学教育不再只注重静态知识的传递,而是更注重培养幼儿的科学态度以及探究、解决问题的能力,并能够与他人积极交流、和谐相处。

根据《纲要》的要求,该领域目标的含义有以下几个方面:

第一,激发并保持幼儿的好奇心。幼儿阶段是萌生和形成好奇心的时期。他们有一种本能的“探究反射”,发展这种心理因素,对孩子开阔眼界、开掘智力潜能大有好处。好奇心是促使个体对新的事物去观察、探索而获得经验的一种原始内在冲动,是幼儿情绪情感发展的重要标志。对于幼儿创造力的发展、求知欲和兴趣的形成,有重要作用,它是人类求知的最原始的内在动力。因此,对幼儿来说,应善于激发和培养其好奇心。

第二,发展幼儿实际探究和解决问题的能力。《纲要》中提出,应密切联系幼儿的实际生活，利用身边的事物与现象作为探究的对象，尽量创造条件让幼儿参加实际的探究活动，使他们感受科学探究的过程和方法。科学教育的目标强调幼儿能运用多种感官、动手动脑、探究问题。幼儿思维过程的明显特点之一是"动作思维"，即边做边想，边想边做。面对各种疑惑或问题，幼儿通过运用各种感官，积极地观察、操作、试验，对探究结果进行推理，得出结论，用适当的方式表达并与同伴进行交流，从而学会学习、学会生活。

第三，实施环境教育，树立环保意识。环境教育的目的在于教育幼儿认识并关心环境问题。同时，为解决当前面临的问题及防患于未然，要教给幼儿必需的知识和实践能力。在科学领域，《纲要》进一步要求在幼儿生活经验的基础上，帮助他们了解自然及环境与人类的关系，爱护动植物，关心周围环境、亲近大自然、珍惜自然资源，形成初步的环保意识。

第四，让数学与科学有机融合。在教学中应注意引导孩子运用已有的生活经验与周围生活中感兴趣的事物来学习，让幼儿感受周围环境中的数、量、形、时间和空间等现象，体会数学与大自然以及人类社会的密切联系，使之成为科学探究的工具之一。

4. 语言领域目标

乐意与人交谈，讲话礼貌；注意倾听对方讲话，能理解日常用语；能清楚地说出自己想说的事；喜欢听故事、看图书；能听懂和会说普通话。

根据《纲要》的要求，该领域目标的含义有以下几个方面：

第一，重视语言运用能力。幼儿期是口语发展的关键期，要"养成幼儿注意倾听的习惯，发展其语言理解能力。鼓励幼儿大胆、清楚地表达自己的想法和感受，尝试说明、描述简单的事物或过程，发展语言表达能力和思维能力"。

第二，培养早期阅读能力。我国在《纲要》的内容中，也第一次明确地把幼儿早期阅读方面的要求纳入语言教育的目标体系，提出要"培养幼儿对生活中常见的简单标记和文字符号的兴趣；利用图书、绘画和其他多种方式，引发幼儿对书籍、阅读和书写的兴趣，培养前阅读和书写技能"。由此可见，早期阅读对幼儿的口语表达能力和思维的发展等起着非常重要的作用。幼儿早期阅读能力的培养程度，将会影响其终身学习的学习能力和水平。

第三，创造宽松、自由的语言交往环境。语言能力是在运用的过程中发展起来的，发展幼儿语言能力的关键是创建一个能使幼儿想说、敢说、喜欢说、有机会说的并能得到积极应答的环境。因此，创建一个良好的语言环境非常重要，如给予幼儿充足的自由交流的时间，组织丰富多彩的活动以扩展幼儿的语言经验和表达的机会等，尤其是对有语言障碍的幼儿要给予特别的关注。

5.艺术领域目标

能初步感受并喜爱环境、生活和艺术中的美;喜欢参加艺术活动,并能大胆地表现自己的情感和体验;能用自己喜欢的方式进行艺术表现活动。

根据《纲要》的要求,该领域目标的含义有以下几个方面:

第一,幼儿通过艺术活动的方式进行自我表达。幼儿艺术活动本身具有的形象性、开放性和自主性等特点和愉悦功能,符合幼儿思维、情绪情感发展的特点,因此成为幼儿自我表达的主要方式。它为幼儿的自我表达提供了宽阔的天地,如幼儿园里的表演区,幼儿在表演区里可以通过唱歌、跳舞等自娱自乐。

第二,提供各种艺术感知活动,激发情趣,丰富幼儿的审美心理。《纲要》中的艺术观强调感受与创造并重,把艺术教育定位在审美教育范围内,强调对幼儿审美感受的培养。如幼儿随机自创的舞蹈、无意间哼出来的曲调,以及其不拘一格的绘画作品,都可以使幼儿获得满足感,体验成就感。

第三,营造宽松的氛围让幼儿自主地进行探索。要强调幼儿艺术活动对幼儿自身的影响作用以及对幼儿发展的促进作用,改变艺术作为技能训练和表演的功能。应当适时鼓励幼儿自由创作,提高幼儿对事物的感受能力。这里幼儿的"创作"更能体现在活动过程中的不拘一格、天真烂漫。

(四)幼儿园教育活动目标

幼儿园教育活动目标,是幼儿园教育活动预期的结果。幼儿园教育活动目标的实现,是包含该教育活动在内的幼儿园课程的目标的实现。换言之,幼儿园教育活动目标是幼儿园课程目标的下位目标。

不同年龄班及学期的某一领域的目标任务还要通过一系列的教育活动的设计和实施才能逐步完成。这样,不同年龄班及学期的某一领域目标还需要分解并落实到一个个具体的教育活动中。教师应根据幼儿的年龄特点、原有水平和能力、活动的内容和性质来确定具体的教育活动目标。

如,在教师在组织幼儿认识"1"和"许多"这个教育活动时,提出下列教育活动目标:(1)能区别"1"个物体和"许多"物体;(2)理解"1"和"许多"之间的关系("许多"可以分成"1"个、"1"个……"1"个、"1"个合起来是"许多");(3)学会在生活中正确运用"1"和"许多"等词汇。这些教育活动目标具体、明确,具有可操作性,便于检测,它直接影响对教师的教学和活动评价。

可见,幼儿园教育的活动目标体现的是一种对实践活动的价值追求,是可观察、可测量、可评价的,它具体指导着教育活动的进行,并通过教育活动效果的反馈不断得以调整和完善。

二、幼儿园教育目标的结构

（一）幼儿园目标体系结构的框架

在教育目的的指导下，《规程》和《纲要》等分别提出了幼儿园保育和教育目标，以及各领域教学目标，形成了一个完整的目标体系。一般来说，幼儿园教育目标的结构体系可分为5个层次：第一层次为幼儿教育总目标，即幼儿园保育和教育目标；第二层次为幼儿在五大领域的发展目标；第三层次为各年龄班幼儿发展的学期目标；第四层次为各年龄班幼儿发展的月目标；第五层次为各年龄班幼儿发展的具体活动目标，如日目标、各项具体活动目标，如下图所示。

相对稳定的宏观的方向性目标——专家指导小组制定

- 幼儿园教育总目标（体、智、德、美）
- ↓
- 幼儿园各领域目标
  - 健康领域：身体健康、卫生习惯、安全保障、体育运动
  - 语言领域：礼貌用语、理解能力、表达能力、普通话
  - 社会领域：品德行为、社会交往、个性特征、适应环境
  - 科学领域：认知、感知、探究等能力，环保意识
  - 艺术领域：兴趣爱好、理解能力、表现能力、创新能力
- ↓

不断调整的微观的动态性目标——幼儿园教师制定

- 各年龄班幼儿发展的学期目标
- ↓
- 各年龄班幼儿发展的月目标
- ↓
- 各年龄班幼儿发展的具体活动目标

图2—1　幼儿园教育目标的层次架构

幼儿园教育总目标是根据我国教育的目标来确定的，以上目标都是围绕幼儿园教育的总目标层层分解而制定的，并且是用总目标来检查评定的。从第一层到第五层，每一层目标都是上一层目标的具体化，又都受上一层目标的制约，由此共同构成达到总目标的阶梯。

（二）幼儿园教育目标体系确立的意义

预期的教育目标，是通过目标结构及其整、分、合的运转过程而实现的。结构是功能的保证。我国幼儿园教育目标结构，是在国家幼儿教育总目标的宏观指导下，由各教育领域和教材分类目标、幼儿身心素质发展目标、学段目标、单元主题教育目标及一个个具体教育活动目标等组成的。这是通过“综合—分析—综合”的思维过程而形成的纵横交叉、有机结合的目标系统。对于该目标体系确

立的意义,笔者引用了华东师范大学学前教育专家黄瑾[①]的研究分析来表述。

1.适应社会发展的需求,有助于促进幼儿全面和谐的发展

《纲要》指出:幼儿教育应为幼儿的近期和终身发展奠定良好的素质基础。同时,幼儿教育又是"替一个未知的世界培养未知的儿童"。[②] 那么,幼儿教育应如何为幼儿的终身发展奠定良好的基础,以适应未来社会发展的需要呢?联合国教科文组织认为,"教育必须围绕四种基本能力来重新设计、重新组织",[③]从而提出了教育的四大支柱,即学会认知、学会做事、学会共同生活、学会生存。

教育的四大支柱为幼儿园目标体系的确立指明了方向。因而,幼儿教育的目标不仅仅局限于知识技能的获得、为幼儿入学做好准备,更要注重对幼儿良好情绪、情感,健康的生活态度,与他人相处、共同生活能力等方面的培养,这样的目标有助于幼儿在身体、认知、情感、个性、社会性等方面和谐平衡地发展。

2.适应幼儿发展的需求,体现对幼儿个别差异的尊重

《纲要》认为:"幼儿园教育应尊重幼儿身心发展的规律和学习特点,充分关注幼儿的经验,引导幼儿在生活和活动中生动、活泼、主动地学习。"同时,"幼儿园教育应重视幼儿的个别差异,为每一个幼儿提供发挥潜能,并在已有水平上得到进一步发展的机会和条件"。因而,确立幼儿园的目标体系,可以使我们更清楚地去了解幼儿身心发展的特点,遵循其发展的共同规律,科学地确定教育目标,从而提供适宜的教育。它还有助于我们把握和了解幼儿发展的差异性,通过观察研究每个幼儿发展的特点,提出更富有个性的发展目标,以适宜于每个幼儿的发展。

3.适应教师专业发展的需要,为教师实施教育提供帮助

教师是落实全面发展教育任务的具体执行者,为此,教师应有明确的目标意识,全面把握幼儿园的目标体系。幼儿园目标体系的层层分解有助于教师理解各层次目标的关系,构架由抽象、概括的保教目标到具体的教育活动目标之间的桥梁,为教师实施具体的教育活动提供帮助和指导。

确定恰当的教育活动目标是教师专业发展的一个重要组成部分。目标体系的确立有助于教师在教育活动中通过观察、记录和评价幼儿,加强对教学的反思和研究能力,根据本地区、本幼儿园、本班幼儿的不同特点,确定科学、适宜的

---

① 黄瑾:《幼儿园教育活动设计与指导》,上海:华东师范大学出版社,2007。

② 王月瑗:《课程使用指导——幼儿园目标教育活动课程教师用书》,北京:北京师范大学出版社,1999。

③ 联合国教科文组织总部中文科:《教育——财富蕴藏其中》,北京:教育科学出版社,1996。

目标。

（三）确定各层次幼儿园教育活动目标的依据

1. 制定课程目标的依据

(1)依据《规程》确定的保教目标。幼儿园的保教总目标反映了幼儿身心发展的需要和社会对未来人才培养的要求，具有政策性和前瞻性，因而对幼儿园课程目标的制定具有较强的指导意义。它是制定幼儿园课程目标的直接依据。

(2)依据课程内容的范围和幼儿身心发展的特点。教育内容不是目的，但它作为实现教育目标的重要载体，必然影响教育目标的制定。例如，在幼儿园健康教育课程中，幼儿园健康教育的内容主要有两部分：一是身体保健教育的内容；二是身体锻炼活动的内容。由此，幼儿园健康教育的目标也可按内容来制定分类目标，分别称为“身体保健教育的目标”和“身体锻炼活动的目标”。这也是课程目标表述的一种形式。但在具体阐述时，必须严格按照课程内容的板块来进行，并且要切合幼儿发展的实际。

2. 制定年龄阶段目标的依据

(1)依据课程目标。年龄目标是课程目标的具体化，受课程目标的制约。

(2)依据各年龄班幼儿身心发展的特点和课程内容的性质。课程目标作为幼儿园 3 年教育应当达成的幼儿发展目标，在具体制定时，没有考虑到小、中、大班幼儿的年龄差异。因此，将课程目标具体分解成各年龄班一年达成的目标时，应充分考虑各年龄班幼儿身心发展的特点和需要。只有这样，才能制定出适应各年龄班幼儿发展水平的目标来。另外，就课程内容而言，有难有易，有简有繁，幼儿掌握这些内容也应有先有后，循序渐进。因此，在制定本班幼儿的发展目标时，应同时考虑教育内容的性质，并根据幼儿的实际来制定出适合该年龄班幼儿的发展目标。

3. 制定单元目标的依据

(1)依据年龄目标。单元目标就是将年龄目标按时间单元或主题单元(事实上，它也有时间的规定性，且往往以周为单位)具体化，将年龄目标划分为若干个单元逐步实现。因此，各单元目标实现了也就是实现了年龄目标。

(2)依据上一单元活动的反馈信息和幼儿的最近发展区。一个单元目标与下一个单元目标之间具有延续性和渐进性。上一单元活动的反馈信息是制定下一单元活动目标的重要依据，掌握和利用这些信息有利于我们更直接、更具体地了解幼儿的发展情况，并制定出合理的目标来。同时，也有利于更好地实现下一单元活动对上一单元活动的补偿功能。

(3)依据单元活动内容的性质。单元活动的内容不同时，虽然单元目标涉及幼儿身心发展的各个方面(认知、情感和态度、动作与技能)相同,但在具体叙述时,应根据活动内容的性质,体现活动内容自身的特点或侧重点。这在以主题为内容制定主题单元目标时尤其应该重视。

4. 制定教育行为目标的依据

(1)依据单元目标。单元目标是通过一个个具体的活动来实现的。反之,一个个具体的连续进行的活动是围绕单元目标来展开的。因此,制定教育行为目标时,必须依据单元目标。

(2)依据上次教育活动的反馈信息和幼儿的最近发展区。上次活动的反馈信息是教师了解幼儿实际发展情况和水平的重要信息源,它有利于教师依据幼儿的最近发展区确定活动的具体目标,并有针对性地展开活动。

(3)依据具体教育活动内容的性质。不同的活动内容具有不同的性质和发展价值,它对一个具体活动的目标的制定具有制约性。

三、如何实现幼儿园教育目标

(一)实现教育目标的重要保证是幼儿教师

幼儿教师是按照社会要求去促进幼儿发展的,是将教育目标真正落实为幼儿发展的总设计师。首先,教师必须正确、清楚、全面地理解和把握幼儿园的教育目标的内涵,将这种"外在"的教育目标转化为"内在"的正确的教育观念,并用以指导自己的行动;其次,教师必须掌握将教育目标转化为幼儿发展的技术;最后,在教育过程中,教师要依据幼儿的实际水平,选择相适应的教育目标、教育模式、教育内容、活动方式、组织形式、指导方法等,以促进幼儿的发展。没有教师的这种努力,教育目标的实现是不可能的。

(二)实现幼儿园教育目标的基本条件是创设良好的幼儿园环境

幼儿园的环境既包括物质环境,如幼儿园园舍场地、设备、绿地等,又包括精神环境,如幼儿园的传统、情感氛围、人际关系等。良好的物质环境和宽松的精神环境,对幼儿的身心健康发展是非常有利的。

(三)实现幼儿园教育目标的主要途径是幼儿园一日活动

教师要有目的、有计划地将体、智、德、美全面发展的教育内容渗透于幼儿在园的一日生活与活动中,体现"生活即教育、教育生活化"的思想。

（四）实现幼儿园教育目标的必要手段是幼儿园与家庭、社区的合作

幼儿园与家庭、社区的合作是社会发展对幼儿教育提出的客观要求，也是幼儿教育自身发展的需要。幼儿园应积极探索能够适应社会变化的新型教育模式，并利用周边环境拓展教育空间。

总之，无论是哪一层次的活动，其内容的涵盖面一定要全面，即包括幼儿全面发展的各个方面内容。目标是综合的、整合的，它既关注社会、科学、艺术等经验的获得，又关注经验获得的方法和技能；既关注潜能开发，又关注情感的表达和个性塑造。教师始终都要做到"心中有目标"，以顺利实现师幼互动。其次，教育目标的实现是一个长期的过程，它由若干不同的阶段来完成。每个阶段性目标之间要互相衔接，体现幼儿心理发展的渐进性和连续性；同时，下层目标与上层目标之间、局部目标与整体目标之间要协调一致，以保证每一个具体目标的实现都朝总目标前进了一步，都成为实现上层目标的有效环节。目标的实现是自然流畅的，每一个"即时目标"的实现，都是以"中、长期目标"又叫"阶段目标"为方向的，各目标都关注活动过程中幼儿的发展。目标又是可调整的、可生成的，在活动过程中，教师要不断地分析幼儿的各种行为，接纳幼儿"抛过来的球"，适时调整自己的预设目标。

第三节　幼儿园教育活动的内容

幼儿园教育活动的内容是指为实现教育目标，要求幼儿学习、获得的知识、技能和行为经验的综合。对于幼儿园教育活动内容的理解，我们可以从以下两个方面来认识：首先，内容是为目标服务的，教育目标是选择教育活动内容的依据，内容的选择和编排应以实现目标为原则，保持与目标的一致性。其次，幼儿园教育活动内容不仅包括学科的知识和技能，还包括幼儿在学习过程中所形成的态度、价值观以及相应的行为方式，以保证幼儿身心的全面发展。①

《纲要》总则第二条指出："幼儿教育是基础教育的组成部分，是学校教育和终身教育的起始阶段。幼儿教育应为幼儿的近期和终身发展奠定良好的素质基础。"这就决定了幼儿学习的内容是广泛而综合的，为幼儿进一步的学习奠定基础。《规程》第二十四条也明确提出："教育活动的内容应根据教育目的以及幼儿的实际水平和兴趣，以循序渐进为原则，有计划地选择和组织。"因此，明确学习

① 黄瑾：《幼儿园教育活动设计与指导》，上海：华东师范大学出版社，2007。

内容各组成部分之间的联系为教学顺序的安排奠定了基础。教学顺序就是把这些规定了广度和深度的知识和技能，用幼儿所理解和能接受的展开形式加以序列化。

然而，尽管《纲要》第二部分“教育内容与要求”已经分别从健康、语言、社会、科学、艺术等五大领域提出了各自的内容和要求。但是这些内容和要求仍具有很强的概括性，实际上是一种观念性、方向性、指导性的内容，而不是具体的、可直接操作的内容。具体的教育内容是落实教育目标的载体，因此为更好地满足学前专业的学生的学习需求，我们还应根据幼儿园的实际，将幼儿园教育内容进一步具体化。

一、幼儿园健康教育

《纲要》中幼儿健康教育的内容与要求如下：

第一，建立良好的师生、同伴关系，让幼儿在集体生活中感到温暖，心情愉快，形成安全感、信赖感。

第二，与家长配合，根据幼儿的需要建立科学的生活常规。帮助幼儿养成良好的饮食、睡眠、盥洗、排泄等生活习惯，提高生活自理能力。

第三，教育幼儿爱清洁、讲卫生，注意保持个人和生活场所的整洁和卫生。

第四，密切结合幼儿的生活进行安全、营养和保健教育，提高幼儿的自我保护意识和能力。

第五，开展丰富多彩的户外游戏和体育活动，培养幼儿参加体育活动的兴趣和习惯，增强体质，提高对环境的适应能力。

第六，用幼儿感兴趣的方式教会他们基本动作，提高动作的协调性、灵活性。

第七，在体育活动中，培养幼儿坚强、勇敢、不怕困难的意志品质和主动、乐观、合作的态度。

幼儿健康教育的内容是教育目标的具体体现，对于能否实现目标至关重要。如何选择适合本班幼儿发展的健康内容，也是教师教育技巧和教育观念的具体体现。

根据《纲要》精神，笔者将幼儿健康教育的内容具体表述如下：

（一）保健方面

1. 日常生活习惯

主要有掌握洗手、刷牙的基本方法；学会穿脱衣服，并养成整理衣服的习惯；会使用手帕或纸巾；坐、站、行、睡姿势正确；按时排便；养成良好的作息习惯；会整理活动用具并保持其清洁；关心爱护周围的环境卫生等。

2.饮食与营养

主要有情绪愉快，愿意按时并独立进餐，保持清洁，养成良好的进餐习惯；认识常见的食物，饮食均衡，少吃或不吃零食，主动饮水。

3.人体认识与保护

主要有了解自己身体外形和主要器官，认识与保护五官；初步掌握换牙、护牙的知识；用眼科学、卫生；积极配合疾病预防与治疗；具有探索生命现象的兴趣；知道快乐有益于健康，逐渐学会调节不良情绪，形成积极开朗的性格。

4.保护自身安全

主要有对日常生活中安全常识与规则的了解及遵守，在过马路、乘车以及玩大型运动器械时能注意安全；认识有关的安全标志，遵守交通规则，初步形成自我保护意识；了解应对意外事故(如火灾、地震等)的常识，具有基本的求生技能。

(二)体育方面

1.基本动作及游戏

基本动作主要包括走、跑、跳、钻、爬、投掷、平衡、攀登、翻滚等。在体育活动中，幼儿基本动作的练习主要是通过游戏来进行的，因此各动作类游戏都是幼儿园体育活动中的主要内容。

2.基本体操

幼儿基本体操是指幼儿通过身体各部位动作的协调配合，根据人体各部位运动的特点，按照一定的程序，有目的、有节奏地进行举、摆、绕、踢、跳跃等一系列动作的身体练习，主要包括徒手操和轻器械操。

3.器械类活动和游戏

基本体操、基本动作练习和体育游戏等往往需要利用运动器械，这样不仅有利于增加运动负荷，提高动作难度，而且有利于激发幼儿的运动兴趣，调动幼儿参加体育活动的积极性。

4.形成积极参加体育活动的态度，愿意参加体育活动，积极参加户外体育锻炼，知道体育锻炼对保持身体健康的益处

二、幼儿园语言教育

《纲要》中幼儿语言教育的内容与要求如下：

其一，创造一个自由、宽松的语言交往环境，支持、鼓励、吸引幼儿与教师、同伴或其他人交谈，体验语言交流的乐趣，学习使用适当的、礼貌的语言交往。

其二，养成注意倾听的习惯，发展语言理解能力。

其三，鼓励幼儿大胆、清楚地表达自己的想法和感受，尝试说明、描述简单的

事物或过程，提高语言表达能力和思维能力。

其四，引导幼儿接触优秀的儿童文学作品，使之感受语言的丰富和优美，并通过多种活动帮助幼儿加深对作品的体验和理解。

其五，培养幼儿对认识生活中常见的简单标记和文字符号的兴趣。

其六，利用图书、绘画和其他多种方式，引发幼儿对书籍、阅读和书写的兴趣，培养前阅读和前书写技能。

其七，提供练习普通话的语言环境，帮助幼儿熟悉、听懂并学说普通话。少数民族地区还应帮助幼儿学习本民族语言。

幼儿语言教育是幼儿教育的一个重要领域，对幼儿的身心健康、全面发展有积极的影响。根据《纲要》精神，笔者将幼儿语言教育的内容具体表述如下：

幼儿语言教育主要是培养幼儿倾听、表达、欣赏文学作品和早期阅读方面的能力，即听、说、读的能力。

1. 普通话教育

包括听懂普通话；掌握正确的发音，自觉运用普通话与他人交流，掌握一定数量的词汇、句式和汉语拼音知识等；少数民族地区幼儿还要学习本民族语言。

2. 语言交往能力训练

包括学会倾听，敢于与他人交流，愿意在集体中回答问题；讲话时的语气、语调、面部表情、体态语得当，有良好的语言表达习惯；逐步掌握讲述、讨论、谈话、辩论等多种交流形式。

3. 学习文学作品

包括各类故事、诗歌、儿歌、散文、绕口令等的学习。要求能理解、会运用、会复述、会背诵，并学习续编、改编、创编、仿编故事与儿歌等，参与表演活动。

4. 早期阅读

包括掌握正确的看书姿势和翻阅图书的技能；能讲述图书的主要内容；认读常见的文字、标记；培养前阅读和前书写技能；爱护图书。

5. 日常生活中渗透语言的学习

包括按成人的要求去完成任务，运用礼貌语与人交谈；清楚表达自己的愿望、要求，回答问题、处理问题；主动学习语言，恰当运用新学的词句。幼儿与幼儿之间、幼儿与成人之间的交流是幼儿语言发展的重要途径。

三、幼儿园社会教育

《纲要》中幼儿社会教育的内容与要求如下：

其一，引导幼儿参加各种集体活动，体验与教师、同伴共同生活的乐趣，帮助他们正确认识自己和他人，养成对他人或社会亲近、合作的态度，学习初步的人际交往技能。

其二，为每个幼儿提供表现自己长处和获得成功的机会，增强其自尊心和自信心。

其三，提供自由活动的机会，支持幼儿自主地选择活动，鼓励他们通过多方面的努力解决问题，努力克服困难。

其四，在共同的生活和活动中，以多种方式引导幼儿认识、体验并理解基本的社会行为规则，学习自律和尊重他人。

其五，教育幼儿爱护玩具和其他物品，爱护公物和公共环境。

其六，与家庭、社区合作，引导幼儿理解自己的亲人以及与自己生活有关的各行各业人们的劳动，培养其对劳动者的热爱和对劳动成果的尊重。

其七，充分利用社会资源，引导幼儿实际感受祖国文化的丰富与优秀，感受家乡的变化和发展，激发幼儿爱家乡、爱祖国的情感。

其八，适当向幼儿介绍我国各民族和世界其他国家、民族的文化，使他们感知人类文化的多样性和差异性，养成理解、尊重、平等的态度。

幼儿社会领域教育的内容是指使幼儿了解社会领域所包含的特定的现象、事实、规则及问题等，它们依照一定的原则，形成一个有机的整体。它是实现幼儿社会教育目标的重要保证。

根据《纲要》的精神，笔者将幼儿社会教育的内容具体表述如下：

1. 形成良好的人际关系

包括了解父母、老师、同伴及其他人；使幼儿学会等待、分享、合作、谦让等交往技能，端正交往态度；使幼儿了解、热爱、关心自己所在的集体；养成诚实、守纪律等良好的品德和行为。

2. 爱护自然环境，适应社会环境

包括初步了解并爱护家庭、幼儿园、社区等周边环境，初步认识主要的生活机构和设施及其与人们生活的关系，理解社会民族风俗习惯、民间文化；爱家乡、爱祖国；初步掌握基本的生活自理能力，做好力所能及的事情，具备一定的社会生活的适应能力，以及自我保护意识；培养幼儿的社会责任感。

3. 遵守社会规范，形成良好的社会生活习惯

包括遵守基本的公共卫生规则，养成讲卫生的习惯；遵守爱护公物的规则，有爱护环境的意识；遵守学习活动中的规则；懂得与人交往的礼节，礼貌待人；爱劳动、爱惜劳动成果；遵守公共交通规则等。

4. 加强对自我的认识和对他人的认识

包括理解不同人的态度、情感、行为，增强自信心、自尊心以及提高自我控制的应变能力。

四、幼儿园科学教育

《纲要》中幼儿科学教育的内容与要求如下：

其一，引导幼儿对身边常见事物和现象的特点、变化规律产生兴趣和探究的欲望。

其二，为幼儿的探究活动创造宽松的环境，让每个幼儿都有机会参与探究，支持、鼓励他们大胆提出问题，发表不同意见，学会尊重别人的观点和经验。

其三，提供丰富的可操作的材料，为每个幼儿都能运用多种感官、多种方式进行探索提供条件。

其四，通过引导幼儿积极参加小组讨论、探索等方式，培养幼儿合作学习的意识和能力，学习用多种方式表现、交流、分享探索的过程和结果。

其五，引导幼儿对周围环境中的数、量、形、时间和空间等产生兴趣，建构初步的数概念，并学习用简单的数学方法解决生活和游戏中某些简单的问题。

其六，从生活中或媒体上幼儿熟悉的科技成果入手，引导幼儿感受科学技术对生活的影响，培养他们对科学的兴趣和对科学家的崇敬之情。

其七，在幼儿生活经验的基础上，帮助幼儿了解自然环境与人类生活的关系。从身边的小事入手，培养初步的环保意识和行为。

根据《纲要》的精神，笔者将幼儿科学教育的内容具体表述如下：

（一）科学方面

1. 认识常见的自然现象及其与人类、动植物的关系

包括认识四季特征，了解风、霜、雨、雪、冰、云等自然现象，以及季节气候的变化和人类、动植物生长的关系；了解常见动物的特征、繁殖方式、生活习性及其与环境的关系；了解常见植物的特征、结构、生长条件和规律，及其与环境的依存关系；学习一些饲养小动物的方法和植物种植的常识。

2. 认识日常生活中常见的物品和科技产品及其对人类的影响

包括认识家庭生活中的科技产品及其功用；社会生活中的科技产品及其和人类生活的关系；常见物品和材料的特性、功能；常见交通工具的主要功能。

3. 认识常见的科学现象

包括认识声、光、电、磁力等现象及其在人们生活中的作用。

4. 探索发现活动

包括提供观察、操作、实验的条件和机会，支持和鼓励幼儿动手动脑，激发幼儿对事物的好奇心和认识兴趣。

5. 人体的奥秘及其保护

以感官教育为主，主要包括：感官的结构和功能；感官的运用及感知能力的培养；保护感官。

此外，还有初步的性别教育、性教育和安全教育等。

（二）数学方面

主要是引导幼儿对周围环境中的数、量、形、时间和空间等现象产生兴趣，建构初步的数概念，并学习用简单的数学方法解决生活和游戏中某些简单的问题。主要内容有：

1. 量与计量

能区别和说出物体量的差异，如大小、长短、高矮、粗细、厚薄、宽窄、轻重等；能够按量的差异进行分类、排序、对应比较。初步理解量的相对性，学习量的守恒和自然测量。

2. 数与数量关系

能够认识10以内的自然数和0并学会书写，理解数的实际意义和数与数之间的数差关系；认识序数；能够手口一致地点数物品并能正确地说出总数；初步理解数的守恒；能运用加减法解决日常生活中的简单问题。

3. 几何图形

能够正确辨认常见的平面图形和立体图形，能够说出它们的名称和主要特征；能区分平面和立体图形。

4. 空间方位

能区分和说出上下、左右、前后的空间方位，能够向指定的方向运动。

5. 时间

能够区分早晨、晚上、白天、黑夜、昨天、今天、明天，知道一个星期7天的名称及其顺序，认识时钟，知道它的用途，会看整点与半点。

五、幼儿园艺术教育

《纲要》中幼儿艺术教育的内容与要求如下：

其一，引导幼儿接触周围环境和生活中美好的人、事、物，丰富他们的感性经验和审美情趣，激发他们表现美、创造美的情趣。

其二，在艺术活动中面向全体幼儿，要针对他们的不同特点和需要，让每个幼儿都得到美的熏陶。对有艺术天赋的幼儿，要注意发展他们的艺术潜能。

其三，提供自由表现的机会，鼓励幼儿用不同的艺术形式大胆地表达自己的情感、理解和想象，尊重每个幼儿的想法和创造，肯定和接纳他们独特的审美感受和表现方式，分享他们创造的快乐。

其四，在支持、鼓励幼儿积极参加各种艺术活动并大胆表现的同时，帮助他们提高表现的技能。

其五，指导幼儿利用身边的物品或废旧材料制作玩具、手工艺品等来美化自己的生活或开展其他活动。

其六，为幼儿创设展示自己作品的条件，引导幼儿相互交流、相互欣赏、共同提高。

艺术领域的内容一般包括音乐、美术、文学等形式，而这里主要指音乐和美术，文学部分主要参见语言领域。

根据《纲要》的精神，笔者将幼儿艺术教育的内容具体表述如下：

（一）音乐方面

音乐活动对于发展幼儿的感受能力、想象能力、表现能力、创造能力具有非常重要的作用。

1. 歌唱活动

主要包括学习不同类型、不同节拍的歌曲，体会歌曲的强弱、快慢及情绪变化；掌握正确的歌唱姿势、发声方法、呼吸方法；注意正确运用和保护嗓子。学习独唱、合唱、歌舞表演等不同的表演形式。

2. 韵律活动

主要有律动、舞蹈、音乐游戏等形式。一般可分为基本动作（如走、跑、跳、点头、弯腰、拍手等），模仿象征性动作（如鸟飞、下雨、开花、骑马等）和舞蹈动作及各种动作的组合。

3. 打击乐器演奏活动

包括认识常见的打击乐器，掌握正确的敲击方法；初步了解与乐器及配器有关的知识和技能。

4. 音乐欣赏活动

主要包括倾听周围环境中的音响，欣赏一些优秀的著名乐曲及舞蹈表演；感受速度、节奏、强弱的变化；用面部表情、动作及其他方式表现自己感受到的音乐形象。

5. 识谱

初步了解简单的五线谱的基础知识。

（二）美术方面

幼儿美术是幼儿所从事的造型艺术活动，它反映了幼儿对其周围世界的认识、情感和思想。美术活动对于发展幼儿的观察力、想象力，促进幼儿空间概念的形成，视觉、触觉和运动觉之间的配合，以及手部小肌肉动作的协调性与灵活性的发展有重要的作用。

1. 绘画活动

包括认识常见的绘画工具和材料，学会正确的绘画姿势；掌握各种绘画工具和材料的正确使用方法，知道绘画的内容即主题、情节、形象；了解绘画的形式语言，如线条、色彩、造型等，了解各种绘画的形式和种类。

2. 手工活动

包括纸工，如撕纸、剪纸、折纸等基本活动；泥工，如团、压、捏、搓等技法；手工制作，如利用废旧材料、自然物品等自制玩具、装饰环境等。

3. 欣赏活动

包括欣赏绘画、雕塑、工艺美术、建筑艺术等优秀作品；欣赏幼儿的美术作品或以幼儿为对象创作的美术作品；欣赏自然景物，如四季风光、花鸟鱼虫等；欣赏环境和节日装饰，如生活用品、幼儿园的室内外环境等。

以上各领域的内容虽然是分别阐述的，但是在实际的教育活动中却是相互渗透、密切联系的。教师要认识到幼儿园教育活动中的各领域活动是一个不可分割的整体，如体育活动中的排球运动，就是集计数和拍球为一体的活动，不仅锻炼了幼儿拍球的技能，同时巩固了手口一致的能力，还使他们了解了力的作用与球运动的关系。

然而在实际工作中，以上内容还需进一步具体化，教师可结合幼儿园教育的工作计划将其分解为各年龄班的教育内容、各学期的教育内容、各月的教育内容等，直至每一个具体活动的教育内容。在本书的第三章中，笔者将分别介绍具体的教育活动设计的学习，此处不再赘述。

【案例精选】

案例 1-1：系列活动：《会变的影子》

活动目标

初步认识影子这种自然现象；能够分辨出不同情况下自己影子的变化；在寻找影子的过程中体验活动的乐趣。

活动过程

1. 在不同的情况下找自己的影子，如在阳光明媚时，操场上、夜色下的社区里、灯光下等。

2. 谈论对影子的体验，如什么情况下会有影子，影子是什么颜色的、什么样子的，还看见过哪些影子等。

延伸活动

两三人自由结伴，设法把一个人的影子用粉笔画在场地上。换一个时间换一种颜色的粉笔，在同一个地方再去画同一个人的影子。看看影子有什么变化，想想如果再换个时间，影子还会不会再变。设法用不同颜色的笔，把影子记录下来。

（本案例活动引自笔者所在幼教实习基地曾用到的教学案例，有改动）

案例 1-2：大班科学活动：《玩管子》

活动目标

在玩管子的过程中，启发幼儿探索用管子改变物体运动的方向的方法，进一步体验管子在生活中的输送作用。

活动过程

1. 提供玩具和管子，让幼儿将玩具从管子的一端放进去，从另一端拿出来。提问：你是怎么玩的？有什么发现？

2. 玩“射门”游戏，尝试用连接管改变物体运动的方向。

3. 提供给幼儿各种连接管，引导幼儿发现不同形状的连接管与物体运动方向的关系。

延伸活动

管子大串联。通过观察图纸，合作把管子串联起来，运水，让幼儿发现管子在生活中所起的运输作用。

（本案例活动创意引自“九叶网”教学案例）

▶阅读推荐◀

1. 王厥轩. 幼儿园探索型主题活动案例 100 例. 上海：上海科技教育出版社，2003

2. 朱家雄. 幼儿园课程. 上海：华东师范大学出版社，2003

3. 张华. 课程与教学论. 上海：上海教育出版社，2001

▶思考与探索◀

1. 如何理解幼儿园的教育活动？

2. 幼儿园教育活动的特点是什么？试举例说明。

3. 如何确定幼儿园教育活动目标？试为 1～2 个活动确定目标。

4. 幼儿园各领域的目标是什么？如何理解各领域的目标？

5. 幼儿园教育活动的内容按领域分有哪些？各包括哪些具体内容？

第二章
幼儿园教育活动设计的基本内容

【内容提要】 幼儿园教育活动是幼儿园教育目标得以实现的重要载体。在幼儿园教育的活动设计、组织、实施及评价等诸多环节中，活动设计是非常重要的一环。它是有效实现幼儿教育目标的第一步，是实施幼儿园教育活动的前提条件，同时也是衡量教师教育能力的关键。因此，在实践中应以幼儿的发展为本，科学、规范地进行幼儿园教育活动设计。每个教育活动的具体设计包括活动目标、活动准备、活动过程以及活动延伸等方面。

【学习要求】

1. 理解幼儿园教育活动设计的基本要素。
2. 掌握幼儿园教育活动的设计方法与策略。

第一节　幼儿园教育活动设计概述

幼儿园教育活动设计作为一门学科，具有一个结构化的理论和实践系统，这一系统中包括了对促进幼儿学习的方法、条件、经验、情境、资源等的开发与研究。但是在对这一知识展开详细阐述之前，我们有必要先对一些相关的概念与原则进行学习。

一、幼儿园教育活动设计的含义

《纲要》指出，幼儿园的教育活动是“教师以多种形式有目的、有计划地引导幼儿生动、活泼、主动活动的教育过程”。活动的目的性和计划性首先体现在科学的设计上，因为幼儿园教育活动是幼儿园教育目标得以实现的重要载体，其内涵是非常丰富的，包含了大量的日常游戏、体育锻炼、学习、劳动等活动内容，这些活动又分别以各种形式展开，因此在幼儿园教育活动的设计、组织、实施及评价等诸多环节中，活动设计就显得尤为重要。

幼儿园教育活动设计，是教育活动开始之前对教育过程中的一切预先加以筹划，从而安排教育情境，以期达成教育目标的系统性设计，是教师对幼儿园教育活动的各个要素及其相互之间的关系按照一定的程序和方法进行系统性计划的过程。从静态的角度看，就是依据一定的幼儿教育目标，选择一定的教育内容和方式，在一定的时间内向儿童施加一定的教育影响的方案；从动态的角度看，就是结合本地区、本园和本班幼儿的具体特点，把幼儿教育政策具体化的过程。显然，由于每个设计者专业方面的背景知识、工作经验与能力等不同，所以会形成多种多样的幼儿园教育活动及产生不同的活动效果。

幼儿园教育活动设计是教师为促进幼儿发展而展开的一项有计划、有目的的创造性工作，它包括了解和分析活动对象的特点及实际水平，制定适宜的教学活动目标，选择合理的教育活动内容和形式，创设丰富的教育环境，提供多样的活动材料等。

二、幼儿园教育活动设计的类型

幼儿园教师开展教育活动，既要在活动开展之前进行事先设计，也应在活动开展过程中，根据幼儿活动的情况灵活地调整原有的设计。而且在活动结束后，应对活动的效果进行反思、研究，针对不足提出修改方案，为下次的实施做准备。据此，幼儿园教育活动设计的类型就可以相对划分为预先设计、临时设计和反思设计 3 种。

（一）预先设计

预先设计是教师根据幼儿当前的发展特点、能力经验和需要，结合教育目标的要求，运用适当的方法，设想活动实施的过程以及实施过程中可能出现的问题以及解决方法等，写出活动计划的过程。预先设计可以加强幼儿园教师教育活动的目的性和科学性，保证教育活动的顺利进行。

（二）临时设计

幼儿是活动的主体，但是幼儿的天生好动特性及其身心发展特点，使得活动不可避免地充满着变数。因此，教师在开展活动时不能机械地照搬原有的计划，而应根据整体活动情况，针对活动过程中出现的问题和现象，随时调整计划，进行临时设计。这种设计既可以是对预定的某个环节的临时调整，也可以是针对幼儿的自发学习而临时进行的设计。临时设计能尊重幼儿活动的主体性，使活动更能满足幼儿的兴趣需求。

（三）反思设计

在活动结束之后，教师应对自己在组织教育活动过程中的行为以及幼儿在活动中的情况进行系统分析，及时对原有计划进行修改和补充，这就是反思设计。这种不断的反思，可以促使教师不断地积累经验，改善和提高自身的教育教学技能。

三、幼儿园教育活动设计的原则

幼儿园教育活动设计的原则是教师设计教育活动时必须遵循的基本要求和指导思想。它是以幼儿园教育的目标为核心，以促进幼儿全面发展为前提、以幼儿的年龄特点为依据制定的，是建立在选择教育活动的内容与形式、创设教育活动的环境、调动多方面因素的基础之上的，也是幼儿园教师长期实践经验的概括和总结，同时也是评价幼儿园教育活动的依据之一。在进行幼儿园教育活动设计时，一般要遵循以下原则：

（一）主体性原则

教育活动设计中的主体性原则是指教师必须坚持以幼儿为活动的主体，在活动内容的选择以及活动形式的安排方面，注重激发幼儿的能动性、自主性和创造性。幼儿通过自身的实践活动、探索活动等来学习并主动建构自己的知识体系，在发现和解决问题的过程中发展自己的能力。

意大利著名教育家蒙台梭利在她的演讲中曾多次提到孩子们常说的这样一些话："请帮助我，让我自己做"；"我听到，但随后就忘记了；我看到，也就记得了；我做了，也就理解了"等。这表明幼儿有自己动手解决问题的强烈欲望和能力，教师要做的就是问题环境的创设和适当的教学方法的引导。

另外，教育活动设计中的主体性原则也是指教师应当在重视幼儿主体性的同时，适时、适地、适宜地发挥教师的主体性，即在活动设计中正确地认识和把握好教师的角色并对幼儿的学习和活动给予"指导"。

例如，笔者在幼儿园任教期间曾组织幼儿教育活动，在"小医院"的区角活动[①]过程中发现，有时区角内的“医生”因为找不到病人，而四处去“抓人”来看病，结果全班乱成一团。发现这一现象后，笔者试着介入活动，于是扮作病人去医院看病，并指明要某位小医生看。说：“因为我听说××医生的医术很高超，所以请你给我看。”看完后并付了钱。然后又就向其他活动区的人说起小医院的××医生本领真大，刚才自己肚子疼，到他那里打了一针，就不疼了，好了。你们如果觉得有不舒服的地方快去请他看看。后来小医院人来人往，热闹非凡，小医生们也就忙得不亦乐乎了。最后，组织幼儿交流、演示、讨论自己的做法，帮助幼儿归纳正确的交往情绪和态度。这样就使得幼儿能够真正成为活动的主体，使幼儿在原有的水平上得到提高和发展。

这样，幼儿的操作就会具有明确的目的性和针对性，观察也就更具有积极性，教师的主导作用和幼儿的主体地位就得到了充分的体现。

（二）科学性原则

科学性原则是指向幼儿传授的知识、技能应该是正确的、可靠的，是符合客观规律的。教学内容安排、教学组织形式选择和教学方法的运用，应符合幼儿的年龄特点和他们认识事物的规律，是切实可行的，也就是说，要保证幼儿园教育教学全过程的科学性。

幼儿期是一个人身心发展最迅速的时期，也是人一生中智力发展最快的时期。幼儿年龄小、经验少、判断力差、模仿能力强，容易受周围环境的影响和外部的刺激，而这一时期形成的认识在大脑中会留下深刻的印象，对其进一步发展将产生深远的影响。因此，对于开展幼儿园教育教学活动来说，坚持科学性原则是极其重要的。它既能让幼儿在发展的最佳时期获得大量正确、可靠的知识和技能，迅速提高其智力水平，又可为将来进一步提高奠定良好的基础。

在幼儿园教育活动设计的科学性原则中，应当把握好科学性原则的运用：

第一，教师应选择正确的、符合幼儿全面发展要求的教学内容，向幼儿传授正确的知识、技能。

第二，教师对知识的介绍、说明、讲解、分析、举例等必须准确无误，以利于幼儿形成科学的概念。

第三，教师要了解和掌握幼儿的年龄特征和认识事物的规律，根据幼儿的实际安排相应的教学内容，制定切实可行的教育教学计划，选择相应的教学模式、组织形式和教育教学方法。

---

① 资料来源：安徽省阜阳市西苑幼儿园。

第四，注意学科间的纵横联系和多种教育手段的综合运用，激发幼儿学习的积极性和主动性，培养幼儿的创造力、观察力和动手制作的能力等。

第五，科学组织幼儿一日的活动，合理安排活动时间和活动量。

（三）发展性原则

发展性原则是指设计教育活动时，应考虑要符合幼儿的现有的经验水平及“最近发展区”①，并以此为依据着眼于促进幼儿在身体、认知、情感、个性以及社会性等方面的全面而整体的发展。

发展性原则包括两层含义：一是指教育活动的设计应以促进幼儿的发展为出发点，应当充分考虑幼儿的可接受性，符合幼儿的认知规律，注意由浅入深、由易到难、循序渐进。例如，幼儿掌握数概念要从实践出发，即从接触具体的事物出发。幼儿通过自己动手摆弄、观察、触摸具体物品，从中获得有关物体数量方面的感性经验。二是指教育活动的设计也应以促进幼儿的发展为目的，应当始终贯彻以“发展”作为教育活动设计的核心，以有利于促进幼儿的发展作为依据和准则。

贯彻这一原则时应注意做到：

其一，对幼儿提出适当的要求，依据幼儿的不同水平因人施教。

其二，考虑幼儿发展的整体性，充分挖掘活动中可促进幼儿发展的因素。

（四）趣味性原则

趣味性原则是指在教育教学活动中，教师必须使各教学环节充满趣味，以引起幼儿浓厚的学习兴趣，激发幼儿学习的积极性和求知欲，使幼儿在愉快的气氛

---

① 最近发展区：20世纪30年代初，维果茨基扬弃了心理学界对教学与发展问题的研究，首先将“最近发展区”这一概念引入心理学的研究。“最近发展区”又译为“潜在发展区”，是指“儿童独立解决问题的实际发展水平与在成人指导下或在有能力的同伴合作中解决问题的潜在发展水平之间的差距。”其中，“实际发展水平”是指儿童由于已经完成的发展系统而形成的心理机能水平，是儿童已经到达的发展水平，表现为儿童能够独立解决问题的水平。“潜在发展水平”是指儿童在自己现有能力下所不能达到但在一定外界条件的帮助下能够完成一定任务的心理机能水平，表现为儿童与他人合作解决他自己不能独立解决的问题水平。维果茨基还由此提出了“教学最佳期”这一概念，并指出传统的教学处于教学的最低界限，好的教学应该处于“教学最佳期”（即最低教学界限与最高教学界限之间的期限），而“教学最佳期”是由最近发展区决定的，对儿童而言，最近发展区会因幼儿所处的社会、文化背景，所拥有经验的不同而不同。最近发展区作为一种可能性不是唯一的亦不是统一的，而是因儿童心理发展阶段以及心理发展内容而各异的。

中,带着喜悦的情绪,全身心地投入到活动中去,获取知识和技能,即要寓教育于娱乐之中。

幼儿时期,认识的发展尚处于无意性占优势的阶段,他们的学习往往受兴趣支配,而兴趣的产生主要来自周围环境的影响和刺激,受好奇的心理支配。幼儿年龄越小,越缺乏活动的目的性,情绪不稳定,注意力不能长时间集中,发展要依靠外界环境与教学中提供的各种积极刺激。因此,只有教育教学的内容、活动形式、方法等符合幼儿的特点,使他们能接受并感兴趣,才能激发其参加活动的主动性和积极性,产生强烈的求知欲望。这就要求在幼儿园的教育教学活动中,必须结合幼儿的特点进行,以活动全过程各个环节的趣味性来激发幼儿学习的兴趣性、主动性和积极性,让幼儿在整个活动中保持较持久的注意力,身心处于活跃的状态,内在的潜能得到充分的发挥。例如,各种形式的游戏,是幼儿普遍感兴趣的活动,如果增加竞赛性则更能引起幼儿活动的兴趣。竞赛性活动是最符合幼儿年龄特点的一种积极活动,也是幼儿获取知识、发展智力的有效方法和途径,在幼儿园教育教学活动中最易被广泛地运用。

可见,在幼儿园教育教学活动中,引导、激发幼儿对活动的兴趣是调动幼儿学习主动性和积极性的一种重要手段,是幼儿园教育教学工作的一个非常重要的原则。

(五)活动性原则

幼儿在活动中的学习,是有意义的学习。教师应提供学习的材料和机会,创设一个富有教育性的环境,使幼儿通过直接感知、动手操作和体验,获得经验,得到发展。

总之,科学的幼儿园教育活动设计必须恪守以幼儿为本的活动设计理念,遵循以上原则。只有这样,幼儿才会在活动中充分发挥学习的主动性、积极性,使教师真正做到为幼儿的身心和谐发展服务。

四、幼儿园教育活动设计的步骤

进行教育活动设计,首先要考虑:我们要到哪里去——教育活动的目标是什么,通过教育活动,幼儿要学习什么,将能得到什么;其次要考虑:我们怎样才能到那里去——选择什么样的教育内容、教育策略和教育方法;最后要考虑:怎样知道我们是否已经到达了目的地——如何对教育活动进行评估,如何对幼儿发展进行鉴定。具体过程如下:

(一)明确设计思路

分析幼儿并确定幼儿原有水平,就是指确定幼儿在接受新的学习任务之前的原有知识、技能、能力水平的情况,也包括了解幼儿的学习动机、学习态度还存在些什么问题。正如奥苏贝尔所说:"假如让我把全部教育心理学仅仅归结为一条原理的话,那么,我将一言以蔽之曰:影响学习的唯一的最重要的因素,那就是学习者已经知道了什么。要探明这一点并应据此进行教学。"在进行幼儿园教育活动设计时既要考虑"适合幼儿的现有水平",又要有一定的挑战性。

(二)确定教育活动目标

教育活动目标是人们对教育活动之效果的预期,是教育活动的出发点和归宿。教育方法、教育手段、教育内容的选择,教育环境的设计和教育活动过程的设计,都应围绕教育活动目标。

一个完整的教育活动目标包含以下几个方面:

1. 知识技能方面

如大班音乐活动"植物王国"的目标之一:能用肢体动作大胆表现植物的多种形态。此目标表述清楚,层次性、针对性较强,体现了教师在设计活动时有明确的目标意识,即要突出幼儿的知识技能。

2. 能力方面

如中班体育活动"猫捉老鼠"的目标确定:引导幼儿练习钻、爬、翻等动作,提高幼儿动作的敏捷性;培养幼儿动手能力、友好合作能力以及爱劳动的良好品质。

3. 情感性、社会性方面

如小班体育活动"乌龟爬爬爬"的目标确定中的"体验游戏的快乐,增强不怕困难、勇往直前的心理品质"就包含了其活动目标的情感性和社会性内容。

(三)活动流程

在已经明确了设计思路和目标的情况下,要进行如下工作:

第一,在分析教育内容时,需要把握两点:把握教育内容中的重点和难点,真正做到重点突出,难点突破;挖掘教育内容中有利于促进幼儿发展的因素,保证目标的顺利实现。

第二,确定组织形式。例如,本次教育活动采取什么样的组织形式,是集体活动、小组活动、个别活动,还是混合班活动等,这些组织形式既可以在一个教育活动中综合使用,也可以单独使用。

第三,选用适合的教育方法手段。幼儿园教育活动常用的方法有直观法、讲解法和实践法。从活动上划分，以教师为主的教育方法是演示、示范、范例和讲解等；以幼儿活动为主的教育方法是观察、游戏、练习、表达等；谈话则是教师和幼儿相互作用的活动形式。[①]

直观法是教师在教育过程中利用教具作为感官传递物，通过一定的方式、方法向幼儿展示，以激起幼儿的感性认识，使其获得生动的表象，进而达到提高学习的效率的一种教学方式。这类方法的最大优点是可以使幼儿通过直接活动获得感性认识，形成清晰而深刻的表象，便于理解和记忆。同时，还有助于集中幼儿的注意力，引起他们的兴趣，更好地巩固所学知识。直观法包括观察、演示、示范、范例等具体方法。

【案例精选】

案例 2-1:《蔬菜到底长在哪里》

孩子们兴高采烈地把从菜场买来的各种各样自己喜欢的蔬菜布置在教室的"自然角"里。我把孩子们收集的蔬菜图片和各种资料也放在"自然角"旁边，准备和孩子们一起认识、探索不同品种的蔬菜，并确立了"认识蔬菜"这一主题活动目标与计划。

然而，几个孩子却对着"灯笼辣椒"兴奋地议论不停。原来他们对"灯笼辣椒"长在什么地方发生了争论：有的认为长在树上，有的认为生在土里……意见各不相同。

他们的争论引起了大家关于"蔬菜到底长在哪里"的讨论。孩子们你一言我一语，各持己见，争论不休。面对他们当前即时生成的热点问题，我马上调整了活动目标与计划。我拿来蜡笔和纸，让孩子们把自己的想法画出来。不一会儿，一幅幅色彩纷呈、充满想象的画面出现在我的眼前。但我没有马上给孩子正确的答案，而是让他们自己尝试运用各种方法和途径查找资料，而且我还带孩子们参观了农场的菜园，让他们亲眼看到蔬菜到底是长在什么地方的。

讲解法是指教师通过口头语言生动的叙述，向幼儿说明教学内容，解释概念，阐明事实，说明事物与现象之间的联系的一种教学方法。讲解法常与演示、范例、示范和谈话等方式一起使用。讲解法可以帮助幼儿了解事物或现象的主要方面和本质特征，把不认识的事物转化为能理解的内容，是幼儿学习和巩固知识技能、培养良好思想品德的重要方法。

---

① 庄虹、陈瑶:《新编幼儿园教育活动设计与指导》，北京：北京师范大学出版社，2011。

实践活动法指教师在教育活动中，为幼儿提供一个相对独立的学习空间，创设多种以幼儿为主体的实践活动，让幼儿通过自身的实践、练习活动进行学习的方法。在这个过程中，幼儿是学习的主体，在实践活动中不再仅听命于教师的指导，而是通过反复练习、动手操作，调动各种感官的协调活动，促使幼儿的大脑处于积极活动的状态，对活动更有兴趣，使幼儿在较短的时间内获得准确、系统、完整的知识。这些可以通过游戏、操作、探究、移情训练等方式来实现。

【案例精选】

案例 2-2:《促销方法多》(大班)

时间:2010 年 10 月

游戏主题:买卖旅游纪念品

固定人数:售货员 2 人

流动参与人数:5 人

背景:

旅游纪念品商店已经开了一段时间了，孩子们对于如何进行角色分工、如何开展游戏，已经有了一定的了解。刚开始，孩子们对买卖的兴趣很大，商店的生意很好。但是，随着幼儿对买东西的兴趣的减弱，顾客越来越少了，因此导致售货员们常常在商店里无所事事。

实录:

今天的旅游纪念品商店里十分冷清，只看见两个售货员在那里无所事事，于是，他们一会儿整理一下货架，一会儿交头接耳说悄悄话。过了一会儿，两个人实在是无聊了，于是便开始商量起怎么招揽顾客了。茜茜说:“我们来画张广告贴在门口吧！这样人家看见就会来买了！”小雨表示同意。于是两人便开始分头工作，茜茜找来了纸和笔，开始画画，把自己的商品画在纸上，还画了一个很大的眼睛。广告贴出去了，可是只有两个顾客来买东西，生意还是不好。这时，小雨说:“那我们到马路上去推销吧！买一送一。人家肯定会来买的。”于是她们拿着自己的商品，站在“马路”边，开始向路过的人推销，还说买一送一。不一会儿，还真的吸引来了不少顾客。于是，两个人便忙活开了，商店里一下子热闹了起来。

反思:

从孩子们的游戏过程中，可以看出孩子们已经有了一定的解决问题的能力。她们在遇到问题时，不是逃避，而是勇敢地去面对，发现问题产生的原因，并能将自己的生活经验运用到实际生活中去解决问题。从孩子们的行为中，可以看出孩子们知道卖东西要做广告，要推销，还知道了一些促销的手段，如“买一送一”等。在游戏活动的过程中，教师基本没有参与和干涉，而是对孩子的行为和语言进行了观察和分析。在之后的讨论过程中，教师有目的地对孩子进行引导，让更多的孩子学会在碰到问题时尝试自己进行解决。

（本案例创意来自“嘉定教育网”，内容有删减、调整）

（四）做好活动准备

活动准备包括两方面的内容：教具、学具和环境创设等方面，幼儿知识经验方面的准备。

活动准备时应注意的问题：教师对教具的操作应准确、熟练；充分利用废旧物品制作教具、学具，学具要符合卫生、安全等方面的要求；重视幼儿的参与。

（五）编写教育活动计划

幼儿园教育活动计划一般包含以下内容：活动名称、活动目标、活动准备、活动过程和活动延伸。

其中活动延伸是指教学活动的延伸，是对教学活动内容的巩固和强化，可以在教学之后的游戏或其他活动中进行，也可以延伸至幼儿离园之后的活动中。

第二节 幼儿园教育活动设计的构成

幼儿园教育活动设计由目标、计划、方法、评价等几部分构成。其中，教育活动的具体内容的设计方法和过程，将会在本书的第三章中进行详细的阐述。

教师的目标意识要时刻体现在幼儿的一日生活之中，而目标的设计则是幼儿园教育活动设计的首要因素。只有恰当地确定教育活动目标，选择适当的教育活动内容，才能够保证教育活动有序地进行，达到预期的教育目的。幼儿园的教育目标，是以国家的教育方针规定的教育总目标为宗旨，以幼儿园人才培养目标为依据，针对幼儿园实际制定的切实可行的目标。幼儿园教育目标是涉及将幼儿培养成什么样的人的问题。

一、活动目标设计

（一）教育活动目标及其意义

幼儿园教育活动目标是通过某一次或某几次教育活动，期望幼儿获得的某些发展，是最为具体的目标，在整个教育活动过程中具有重要意义：

1. 教育活动目标为幼儿指明发展的方向

幼儿园教育是一种有计划、有目的的社会实践活动。其目的性反映在幼儿园总是根据社会的希望和要求去塑造幼儿。这种期望和要求概括来讲，就是教育目标。幼儿园教育究竟应该给幼儿提供什么样的教育，引导幼儿向什么方向发展，这不是家长或教师说了算的，而是由国家制定的幼儿园教育目标决定的。幼儿园教育目标明确了幼儿发展的方向，使得幼儿园教育可以有目的地促进幼儿的发展，使幼儿成为社会所需要的人。

2.幼儿园教育的全过程通过教育活动目标的指导来实现

教育目标是幼儿园教育工作的出发点和归宿。只有明确了教育目标，教育才可能有目的、有计划地创设适宜环境，选择特定内容，安排得当的方法和组织形式，以保证幼儿按照既定的方向发展。同时，教育目标确定了幼儿园各方面工作要求，诸如幼儿园的设置、规模、设备、管理、卫生保健制度、教师的培养以及幼儿园教育所要遵循的原则，使幼儿园教育中的各个要素，围绕一个共同的目标发挥其作用，使幼儿园教育工作有目的、有计划地开展。

3.评价幼儿园教育工作的重要依据是教育目标

如何评价幼儿园的教育工作质量，是广大教育工作者关心的一个问题，即幼儿园的教育在多大程度上实现教育目标，应该有一个重要的衡量标准。考察幼儿的教育目标，应把具体要求落实到每一个幼儿。

总之，确立科学的幼儿园教育目标有利于幼儿教师将注意力从“内容”引向“发展”，从“形式”引向“目标”，使教师对每个幼儿的发展状况做到心中有数，使教育能够真正有效地促进幼儿的发展。

(二)形成幼儿园教育活动目标的内容及依据

1.幼儿园教育活动目标的内容

从教育任务上看，《规程》第一章第三条明确规定：“幼儿园的任务是：实行保育与教育相结合的原则，对幼儿实施体、智、德、美诸方面全面发展的教育，促进其身心和谐发展。”从其发展规律、特点加以考察，尽管所处的历史时代和社会特点不同，体、智、德、美的具体内容不同、侧重点不同，但体、智、德、美的发展反映了人的发展的客观实际；体、智、德、美几方面的教育是人类教育的共同范畴。

从教育目标上看，本书第一章第二节对幼儿园教育活动目标进行了详细的阐述。

从发展方向看，《纲要》第一部分总则第五条明确指出：“幼儿园应尊重幼儿的人格和权利，尊重幼儿身心发展的规律和学习特点，以游戏为基本活动，保教并重，关注个别差异，促进每个幼儿富有个性的发展。”第二部分“教育内容与要求”明确规定：“幼儿园的教育内容是全面的、启蒙的，可以相对划分为健康、语言、社会、科学、艺术等五个领域，也可作其他不同的划分。各领域的内容相互渗透，从不同的角度促进幼儿情感、态度、能力、知识、技能等方面的发展。”

五大领域的目标内容对幼儿的健康成长意义重大，健康领域是幼儿成长的基础；语言领域是幼儿交流交往、提高认知水平的基本条件；社会领域是幼儿发展的组成部分；科学、艺术领域是培养幼儿全面素质的重要方面。

2.制定幼儿园教育活动目标的依据

一是相关的政策法规：幼儿园教育目标是依据《中华人民共和国教育法》、《幼儿园管理条例》、《幼儿园工作规程》提出的，它规定了幼儿园向幼儿实施素质教育、促进幼儿全面发展、为社会培养一代新人的方向。

二是社会的要求：教育方针或教育目标是社会政治、经济、生产力发展水平、文化等因素对教育提出的要求。幼儿园教育目标（包括体、智、德、美内容）的提出，是根据上述情况以及幼儿的身心发展规律，由教育者对受教育者实施的一种有目的、有计划、系统的全面影响，培养受教育者成为为社会政治、经济服务的人。

三是遵循教育的总目标：我国教育目标共分5个层次。第一个层次为最高层次，即是国家的基本教育方针。它是指导其他层次的总纲和依据。第二个层次为各个教育阶段的目标，即是由幼儿、小学、中学、大学等阶段的教育目标构成的。第三个层次是为不同年龄的教育对象确定的教育目标。第四个层次为近期或短期的教育目标，如一周、一个月、一学期、一学年等的教育目标。第五个层次为具体目标，即落实到每一节课或每一次活动的教育目标。这5个目标层次都是围绕总目标而制定、用总目标来检查评定的。幼儿园的教育目标，也是由我国教育总目标来确定的。

四是幼儿身心健康发展的需要：幼儿园的教育目标必须反映幼儿生理、心理发展的需要。一般来说，生理需要容易满足，但心理需要往往易被忽视。幼儿希望在集体活动中有自己一定的地位，希望成为一个独立的个体，并以自己的方式、速度来发展。

3.教育活动目标表述应注意的事项

（1）教育活动目标陈述的应是在开展教育活动之后，幼儿在体、智、德、美等方面的能力和情感、行为技能方面的变化，即要表述结果，无需表述过程。

教育活动目标不应陈述“教师做什么”，因为教育活动目标预期的是幼儿的学习结果，用“教师应该做什么”的语句陈述，在逻辑上是讲不通的；再者，如果教育活动目标陈述的是“教师应该做什么”，如“教育幼儿热爱劳动和爱惜劳动成果”，那么教师“教育”过了，他的目标就达到了，但是对幼儿的情感是否发生了变化，能不能经得起测量和检查，以教师的行为陈述的教育活动目标是没有回答的。

教育活动目标与我们以前写教案时所写的“教学要求”是不一样的，“教学要求”写的是“教师应该做什么”，而教育活动目标所写的则是“幼儿……”这也反映了一种观念的转变，即由原来的关注教师的“教”，转向关心幼儿的“发展”。

(2)教育活动目标的陈述要尽量用具体、明确的，可观察、测量的行为术语。陈述预期幼儿要获得的学习结果，应尽量避免使用含糊的和不切实际的语言陈述教育活动目标。因为教育活动目标是以具体明确的表述方式说明幼儿完成学习任务以后要达到的“目的”，如不能清楚地表达幼儿要达到的目的，那么，幼儿很可能会走错方向。目标不明确，对确定教育活动内容、对教育活动过程与教育活动策略的安排以及对学习结果的评价都是不利的。如，有位教师在写生活活动的教育目标时写的是“培养幼儿的独立生活能力”。这样表述的教育目标一是过于含糊且不具有可测量性和可操作性，对教育实践不具有指导意义，二是它所反映的“培养”是“教师应该做什么”，我们应该把它改为“学会独立地穿脱衣服、吃饭、上厕所……”这样的目标就比较具体，有可观察性和可测量性，同时对教育活动的具体实践也具有指导作用。制定具体、可测量的教育活动目标的目的：一是使整个教育活动过程目标明确，有利于教育活动的开展；二是能更好地对教育活动的结果进行评价。

(3)教育活动目标的陈述应反映学习结果的层次性。认识领域的教育活动目标一般反映记忆、理解、运用 3 个层次，不能把教育活动目标笼统地陈述为“掌握……”因为这样的教育活动目标不够具体，在教育活动过程中就不易操作。在制定教育活动目标时，我们还可以参考布鲁姆的教育活动目标分类学的划分方法。

(4)对需要经过长时间的教育活动才能实现的教育活动目标，在具体教育活动中的表述一定要慎重。如，情感、态度、能力、行为习惯、道德品质等方面的教育目标，一般而言不是一次、两次教育活动就能实现的，并且它比认识、技能领域更内在些，所以要把它们具体化为可观测的行为确实不容易。遇到这些教育目标时，教师只要明确规定幼儿必须参加的活动，而不必精确规定每个幼儿应从这些活动中学习到什么。如“升国旗唱国歌”这样的教育活动，我们规定幼儿在升国旗唱国歌的过程中的态度、表情、行为等即可。

(5)教育活动目标表述中应突出重点。每一个教育活动都有可能促进幼儿多种能力的发展，我们需要选择其中能代表知识技能和能力发展重点的一两个最重要的方面，在目标中加以表述，避免主次不分。例如在一则教育活动案例中，描述中班综合活动“报纸的烦恼”的目标有：“了解报纸与人们的关系；有爱惜报纸、保护环境的意识；积极想办法利用旧报纸。”从此活动目标可以看出，这是一个以社会和操作实践为主的综合活动，做到了重点突出。

(6)教育活动目标应符合实施班级幼儿的实际水平和能力,适时调整,保证目标切实可行。幼儿是活动的主要参与者,活动应根据幼儿的经验与发展水平进行设计。当然目标并不是限制教师和幼儿进行活动的枷锁,而是活动过程中有效的推动力。当幼儿在自主活动中产生新的需要时(尤其是在幼儿即时生成与发现内容时),教师一方面可以把它作为目标调整的依据,但是另外一方面还要考虑幼儿的兴趣点是否有探索的价值。如下面这个案例中幼儿对教师预设的活动目标并不是不感兴趣,而是由此又发现了新的兴趣点,由于孩子有天生的好奇心,教师就据此及时调整了目标,以顺应幼儿的探索需求,满足幼儿的好奇心,同时也让幼儿在新的活动中学习新的知识,有新的发现。

另外,教师还要根据幼儿的"最近发展区"及时调整目标。在幼儿探索过程中,教师要善于观察、了解幼儿的探索行为,使活动目标能自然、有效地融入幼儿的探索活动中,从而使幼儿在不断的师幼互动中尽兴探索、自主发展。

【案例精选】

案例 2-3:《"鸟"与"飞机"》

研究"鸟的本领"时,我制定的即时目标是:帮助幼儿了解鸟的各种本领以及鸟的一些生活习性。

可是,主题刚刚进行不久,当一些小朋友看到一本有关鸟和飞机的图书时,忽然对飞机产生了浓厚的兴趣:"飞机这么重怎么能飞?""飞机翅膀不会动怎么会飞呢?"我立即找来了有关飞机的图书和玩具,对他们的兴趣和探索行为予以支持。同时,还引导他们比较小鸟与飞机有什么不一样的地方,进而有意识地帮助部分孩子深入探索有关问题,并调整、增加了原有的即时目标。

(本案例来自北京市中华女子学院附属幼儿园,有删减)

二、活动计划设计

幼儿园教育是通过教育活动来实现的,幼儿园的教育活动是保证教育目标实现的重要途径之一,它不仅为幼儿系统地提供新的学习经验,而且是帮助幼儿把学习经验系统化,引导其心理水平向高一层次提升的重要手段。教育活动的设计是对一个活动的具体行动规划,是教师进行教学的蓝图,也是教师取得良好教育效果的十分必要的准备工作。教育活动的设计,是进行富有成效的教育活动的关键。

幼儿园教育活动计划是指为实现幼儿教育的目的,由幼儿教师根据《纲要》所规定的内容和要求,结合幼儿园的实际和幼儿的特点,设计对幼儿进行全面教育的工作方案和实施规划。制定幼儿园教育活动计划,可以增强教育教学工作的目的性、自觉性、针对性和统一性，是做好教育教学工作的前提和依据，是实现幼儿园教育任务，提高教育教学质量的重要保证。因而制定教育教学活动计划也就成为幼儿园的领导者和教师必须具备的基本能力。

（一）制定幼儿园教育活动计划的要求

幼儿园教育活动计划的制定，应该体现科学性、可行性和灵活性的特点，使计划更好地发挥其教育作用。科学性活动计划的制定要符合教育目标、教育规律和幼儿的身心发展规律。某些教师在制定教育计划时，不测查幼儿身体和智力等方面的发展情况，不了解幼儿现在发展水平，盲目地制定教育计划，这样就不能保证教育质量的提高，教育活动也收不到预期的效果。因此，制定幼儿园教育活动计划是一项细致的工作，在制定教育活动计划时应考虑以下要求：

1. 在《纲要》的精神指引下进行

《纲要》是幼儿园教育工作的纲领性文件，计划的制定应按照《纲要》的要求，保证幼儿在体、智、德、美各方面都得到发展。幼儿教师应深刻领会《纲要》的精神实质，合理地安排幼儿的日常生活、教育教学活动和节日娱乐等活动，并通过计划科学地反映出来，用以指导工作。

2. 符合幼儿实际

幼儿园的教育对象是幼儿，每个幼儿的情况各异，为了使教育教学活动有的放矢，幼儿教师在制定教育活动计划时，必须以幼儿卫生学和幼儿心理学的理论为指导，从幼儿的实际发展水平出发，考虑各年龄班幼儿的身心特点和个体差异，考虑他们生理、智力、情感、交往、安全、卫生等方面的需要，注意动静交替、智力活动和体育活动交替、室内活动和室外活动交替、集体活动和分组活动及个别自选活动的交替等，制定出既符合幼儿实际，又有较高要求的活动计划。

3. 保持教育教学的系统性和统一性

在幼儿园教育教学活动中，虽然不要求传授系统的知识，但任何一项教育教学活动的安排，都应做到由易到难、由浅入深、由具体到抽象、由个别到一般。各年龄班之间、学期之间，甚至月、周、日的具体教育教学活动之间都要注意衔接，保证教育教学过程的连贯性。同时，在对幼儿进行教育的过程中，各项教育教学活动之间，以及教学内容、方法、手段、组织形式等方面都应保持密切联系，发挥教育教学工作的整体作用。幼儿园所有工作人员，特别是各年龄班级的工作人员都要统一认识，步调一致，并与家长保持联系，通力合作，力求各方面密切配合，保证教育影响的系统性和统一性。

4. 因地制宜，切实可行

幼儿园制定教育活动计划并不是目的，其目的在于通过计划的执行保证幼儿园教育任务的完成。因此，制定教育活动计划必须因地制宜，结合季节特点，充分考虑幼儿园的师资、设备情况和财务状况、环境等。这样制定出来的计划才具有可行性，也才能收到预期的效果。

（二）幼儿园教育活动计划的制定

制定幼儿园教育活动计划，一般要做到以下几个方面：

1. 情况分析

制定幼儿园教育活动计划应从实际出发，首先要分析本园、本班的具体情况，正确估计班级幼儿园的智力、体质的发育程度及思想品德和行为习惯等；分析前一阶段执行计划、完成任务的情况，取得的成绩，分析获得的经验、存在问题及其原因等；了解本园本班本阶段现有物质条件；明确本学期的季节特点及社会人文特点等。

2. 任务明确

经过认真分析，在掌握实际情况的基础上，按照《纲要》规定的大、中、小班的教育任务，明确计划期内的具体项目，经过层层分解，最后具体到诸项计划之中。教育教学任务不但要具体，而且要全面。

3. 内容选定

选择教育教学内容是完成教育教学任务、实现教育目标的重要保证。因此，明确计划期的具体任务以后，必须广泛收集有关资料，有比较地选择那些符合幼儿实际的、科学的、思想性和趣味性相统一的内容；或对指定的内容进行发掘、综合、创新，以增添活动的情趣，激发幼儿的主动性和积极性，发挥幼儿的想象力和创造力，使其知识、智力和个性获得全面的发展。

4. 时间安排

根据选定的教育内容，结合幼儿园和班级的实际情况、地区和社会的客观环境、季节特点以及前期的教育教学实践经验，本着全面照顾、保证重点的原则，将教育教学内容分解，并计算活动时间，以进行科学合理的安排。特别是大型的活动，在时间安排上应统筹考虑，如“六一”庆祝活动等。

5. 计划编写

编写计划是教师制定教育活动计划的最后形成阶段。计划的编写应有一定的规范，可以用文字说明，也可以用图表形式表示，可以详述，也可以简述，教师可根据自己的具体情况来决定。但是，不管采取哪种编写形式，都要注意目的明确、要求具体、条理纲目清楚、简明扼要、重点突出、切实可行、便于检查。

(三)幼儿园教育活动计划的分类

幼儿园教育活动计划是多种多样的,它们从不同的角度反映了《纲要》所规定的任务、内容和要求,对幼儿教师的教育教学活动予以指导,是幼儿教师开展教育教学工作的依据和全面实现全园教育任务的基本保证。

幼儿园教育教学计划可以按照不同的标准划分。根据计划的指导范围,可以分为全园性计划和班级计划;根据计划的时间长短,可以分为学年计划、学期计划、月计划、周计划、日计划和具体教育教学活动计划;根据计划的具体内容,又可以分为思想品德教育计划、各科教育计划、行为习惯计划、游戏活动计划、劳动计划、日常生活计划、节日娱乐计划、参观计划、家长工作计划,以及各种形式的单项活动计划等等。

多种多样的教育教学计划并不是孤立存在的,而是相互联系、相互渗透的。任何完整的计划实际上都是由计划的时间、计划的内容和计划的指导范围等构成的,是时间、内容、范围的有机统一。在幼儿园教育活动实践中,通常有以下几种计划:

1. 学期教育工作计划

学期教育工作计划包括全园学期教育计划和班级学期教育教学计划。

全园学期教育计划是由园长负责制定的计划,集中反映全园在一学期的教育教学任务、要求和工作重点。它是全园教师学期教育教学工作的依据,一般包括以下主要内容:

(1)前言。介绍本园的基本情况,包括班数、幼儿人数、教职工情况、设备及环境现状、上学期教育教学工作的主要成绩及存在的问题。

(2)本学期全园教育工作的总任务、指导思想、基本要求和工作重点。

(3)本学期教育教学工作的具体任务、主要活动及日程安排。具体内容有:首先是对体、智、德、美几方面提出具体任务和措施,分别列入计划;确定每月教育教学工作重点、具体要求及活动安排;各个班级教育教学工作的具体要求;各项全园性活动的负责人及日程安排。

在执行计划过程中,由于情况变化进行修改和补充是允许的。长计划需有短安排,每月计划要落实到周,园长要安排每周日程表,在一周工作中根据工作重点提出一两项主要工作要求,要把重点工作与一般工作结合起来,保证全部工作的完成。

班级学期教育教学计划,在每学期开始前,由幼儿教师根据本学期园务计划和全园学期教育计划,依据《纲要》教育内容要求,结合本班的实际制定的学期教育工作计划。它反映了班级学期教育的具体项目、内容、要求和工作重点等,是各年龄班教师学期教育教学工作的依据。

表 2—1 班级学期教育教学计划

_____园_____班_____至_____年度 第_____学期

项目	情况分析	内容要求	学期目标	备注
身体发展				
认知发展				
社会性发展				
家长工作				
其他				

班级学期教育计划大致包括以下内容：

(1)班级情况分析，即全班幼儿的基本情况，包括班级人数、男女生比例、幼儿智力水平、道德和健康状况、个性特征及家庭教育状况等。

(2)本学期幼儿要达到的目标，依据《规程》提出的本学期全班幼儿在体、智、德、美几方面应达到的目标。

(3)教育教学内容及措施。依据已经确定的本学期目标来安排，包括游戏、生活卫生习惯及各领域的学习等各项内容及措施。

(4)家长工作的内容要求和联系方式。

2. 班级月教育教学计划

班级月教育教学计划，是在学期开始前，由幼儿教师根据班级学期教育计划，紧密结合本幼儿园实际情况和季节特点制定的月教育工作计划，是对学期计划的具体化。它把各月份教育工作的具体内容、要求和措施，有中心、有重点、有顺序地安排到各月份中去，以保证教育教学工作的连贯性和一致性，是各年龄班教师每月教育工作的依据。

表 2—2 班级月教育教学计划

_____园_____班 _____年_____月

<table>
<tr><td colspan="2">上月情况分析</td><td colspan="3">本月工作重点</td></tr>
<tr><td colspan="2"></td><td colspan="3"></td></tr>
<tr><td>项目</td><td>月目标</td><td>内容要求</td><td>活动准备</td><td>备注</td></tr>
<tr><td>身体发展</td><td></td><td></td><td></td><td></td></tr>
<tr><td>认知发展</td><td></td><td></td><td></td><td></td></tr>
<tr><td>社会性发展</td><td></td><td></td><td></td><td></td></tr>
<tr><td>个别幼儿</td><td></td><td></td><td></td><td></td></tr>
<tr><td>家长工作</td><td></td><td></td><td></td><td></td></tr>
<tr><td>其他</td><td></td><td></td><td></td><td></td></tr>
</table>

3. 班级周计划

班级周计划，是根据班级学期教育计划、班级月教育计划和全园一日活动计划，结合上一周计划的执行情况，由幼儿教师安排一周中每天的教育活动内容和要求。一般是在上一周末制定下一周的教育教学工作计划，由园长审阅后执行。具体通过每日活动安排体现一周的教育工作重点、内容要求和具体措施。它是各年龄班教师每周逐日教育工作的依据。

班级周计划是幼儿园比较具体的一种教育计划。它包括从幼儿入园到离园期间，幼儿每日活动的各方面和各环节。需要注意以下事项：

(1)考虑一周中每日的情况，如周一不应向幼儿提出过高、过严的要求，安排活动时以游戏为主，其他教学活动也应以复习和游戏为主，而周五同样应安排一些较为轻松的活动。

(2)幼儿生活与组织的常规内容及要求，如晨检、早操、睡眠、进餐、卫生要求等不必天天写，只需将要求综合写在计划的相应栏内，每天按预定的要求进行即可。但是新的教育教学内容和要求必须详细地写在计划内，比如一周的工作重点和每日的工作要点、对个别幼儿教育的要求、家长工作等。同时，逐日计划还要将行为习惯及品德教育融入各项活动之中，并提出具体的要求。

(3)因地制宜，要从幼儿的特点和实际情况出发，做到动静交替，不同性质的教育活动、脑力活动和体力活动要交替进行，即同种类型的教育活动一日内、一周内要有适当的间隔；活动的安排上要考虑其最佳时间，并从一日、一周活动的整体来统筹安排各项教育活动，使幼儿园教育从整体上发挥最佳的教育效果，做到保教结合、教养并重。

(4)对班级周计划要认真填写以便付诸实施，有效地指导幼儿教师的教育教学工作，保证全园学期教育教学工作计划、班级学期教育教学计划、班级月计划真正落到实处。

表 2—3 班级每周逐日教育教学计划

____园____班____年____月____日　　第____周

内容要求 星期 项目	一	二	三	四	五
思想品德					
行为习惯					
生活活动					
体育活动					
教育教学活动					
自由活动					
个别教育					
家长工作					
活动记录					
其他					
小结					

表 2—4　××幼儿园周工作计划表

第一周计划

班级:中(1)班　　周次:第1周　　日期:9月5日/9月9日　　教师:

本周 工作重点	主题内容:我升中班了 1.观察中班环境的变化,感受升中班的快乐和自豪。 2.了解中班孩子应该遵守的日常行为规范,增强自律意识。 3.认识新的环境和小组群体,知道同伴间应友好相处,学习协商等合作方法。				
个别教育	喜欢上幼儿园,与同伴友好相处。				
星期	一	二	三	四	五
区角活动 目标 内容材料	阅读区:请幼儿每人带一本书,放在阅读区,互相交流阅读。 科学区:提供1～10的数字卡片及供幼儿操作的豆类或棒类。 建构区:提供插塑积木。				
户外活动 目标内容	桌面游戏 培养幼儿合作分享能力	区角活动 培养幼儿操作能力	根据幼儿园提供的玩具自由活动	根据幼儿园提供的玩具自由活动	根据幼儿园提供的玩具自由活动
教学活动 目标内容	活动一: 熟悉新环境、新朋友 活动二: 诗歌:《别说我小》	活动一: 科学:数楼房 活动二: 音乐:《滑滑梯》	活动一: 诗歌:《弟弟妹妹怎么了》 活动二: 小组标记	活动一: 故事:《小红花找朋友》 活动二: 绘画:美丽的花	活动一: 认识手 活动二: 美术:小手的秘密
游戏活动 目标内容	打敌人 学习滚球的灵活性	智力游戏: "走迷宫"	语言游戏: 说相反。发展幼儿语言能力	体育游戏: "稻草人"。培养幼儿躲闪能力	音乐游戏: "找朋友"。通过游戏熟悉同伴
生活活动 目标内容	1.知道口渴了要及时喝水。 2.学会自己整理物品,不能乱放东西。				
家园联系	1.请家长帮助孩子养成早睡早起、按时来园的习惯。 2.有空时让孩子学学写自己的名字。				

4.一日活动计划

一日活动计划,是根据幼儿在园的一日生活规律和特点,以及季节特点,制定全园的一日活动安排及时间分配,具体表现形式是幼儿园一日作息时间表和一日活动日程表。

幼儿园一日活动的各个环节都蕴含着幼儿全面发展教育的契机,因而必须进行科学合理的安排,并通过作息时间表或者活动日程表体现出来,作为各年龄班教师组织幼儿一日活动的依据。一份好的一日活动计划,不仅能够使幼儿在一天当中生活得有条不紊、心情愉快,而且对提高幼儿的独立性、自主性以及良好生活和行为习惯的形成都会有积极的影响。

为了使幼儿园一日活动安排及时间分配得科学合理,最大限度地发挥一日活动

的各个环节和整体的教育作用,作息时间表或一日活动日程表必须满足以下要求:

(1)一日活动中幼儿园各项具体活动的安排必须符合幼儿的生活规律。

(2)各项活动时间的分配要科学合理。如小班幼儿生活自理能力差,睡觉、起床、吃饭的时间要比大班幼儿稍长。大班幼儿的一日活动重在良好的学习习惯培养,这是为其将来升小学打好基础。

(3)站在幼儿的角度,以其喜闻乐见的形式,做好一日活动中各活动之间的过渡。时间上应尽可能地减少空闲和等待。

(4)作息时间表或一日活动日程表不只是活动时间与活动项目的搭配和安排,同时还必须与教育目的、教育内容、教育方法、课程结构等联系在一起,充分反映幼儿自选活动与教师组织和指导的活动、户外活动与户内活动、比较安静的活动和有一定生理负荷量的活动、个人活动与集体活动、日常生活活动与教育教学活动等之间的时间分配比例和活动项目交替。

(5)一日活动安排及时间分配应富有节奏,有重复性,还应具有灵活性和可行性。力争使活动形式多样,让幼儿获得尽可能多的体验,使幼儿一日活动有条不紊地进行。

表2-5 ××幼儿园一日活动计划(夏季)

项目	大班	中班	小班
来园活动	7:15～8:00	7:15～8:00	7:15～8:00
早操与体育活动	8:00～8:30	8:00～8:30	8:00～8:30
喝奶	8:30～8:45	8:30～8:45	8:30～8:45
集体教育活动	8:45～9:20	8:45～9:10	8:45～9:05
升国旗(星期一)	10:20	10:20	10:20
户外自由活动	10:20～10:45	10:20～10:45	10:20～10:45
洗手	10:45～10:55	10:45～11:00	10:45～11:00
眼保健操	10:55～11:00		
午餐	11:00～11:30	11:00～11:30	11:00～11:30
户外安静活动	11:30～11:40	11:30～11:40	11:30～11:40
午睡	12:00～15:00	12:00～15:00	12:00～15:00
起床空气浴、喝水	15:00～15:25	15:00～15:30	15:00～15:30
集体教育活动	15:30～16:05	15:35～16:00	15:40～16:00
吃点心	16:15～16:45	16:15～16:45	16:15～16:45
体育活动	17:00～17:30	17:00～17:30	17:00～17:30
喝水	17:30～17:40	17:30～17:40	17:30～17:40
户外安静活动	17:40～18:00	17:40～18:00	17:40～18:00
室内组织自由活动	18:00～18:30	18:00～18:30	18:00～18:30
离园	18:30	18:30	18:30

【案例精选】

案例 2-4:《“对不起”和“没关系”》

活动目标

1.懂得同伴之间发生了冲突,要互相宽容对方,这样才能友好相处。

2.懂得如何宽容别人。

活动准备

自编情境讲述:《丫丫被撞倒以后》

活动过程

1.设置情境并讲述自编故事:《丫丫被撞倒以后》。

2.提问:

(1)故事里发生了什么事情?

(2)丫丫被嘟嘟无意间撞倒之后,嘟嘟会说什么?丫丫又会说什么呢?

(3)请你想一想:丫丫、嘟嘟还会怎么做?

3.家长可以和孩子一起续编不同的故事情节:

(1)嘟嘟跑到老师身边,老师说:“丫丫乖,嘟嘟不是故意的。我让嘟嘟给你道歉,你就原谅他吧!”结果……(丫丫赶到很委屈,也哭了,很伤心)

(2)嘟嘟一直跑啊跑啊直到跑不动了,丫丫追上来,狠狠地推了嘟嘟一下,嘟嘟一下坐倒在地上了,结果嘟嘟……(哭了,很伤心)

(3)他们一直跑到老师身边,老师说:“丫丫你能原谅嘟嘟吗,你看嘟嘟是不小心撞倒你的,他不是故意的啊,你们以后还要做好朋友呢!做个宽容的孩子,好吗?”丫丫歪着脑袋想了想说:“好吧,我是个乖孩子,我不会再推嘟嘟了。”老师很高兴地摸了摸丫丫和嘟嘟的小脑袋,说道:“你们看,这样就很好,你们还是好朋友!”

“对不起……”“没关系……”丫丫和嘟嘟同时弯下腰给好朋友道歉呢!结果又撞到一起了,但是这回两人很开心地拥抱在一起。

4.讨论并演示:

(1)有意询问孩子,征求孩子的意见:“故事的结尾中你最喜欢哪一种做法?哪一种做法最合适?为什么?”跟孩子一起讨论。

(2)待讨论结束,家长有意猛地站起来,假装不小心撞倒孩子,并连忙说:“对不起。”然后观察孩子的瞬间反应。引导孩子体会之前情境描述中的人物的语言和行为,从而认识到宽容的重要性。

附故事

丫丫被撞倒以后

温暖的阳光照在幼儿园的小操场上，正是户外活动的好时机啊！丫丫、嘟嘟和其他几个小朋友在操场上正玩着“抓尾巴”的游戏。小伙伴们你追我，我追你，玩得很开心。可是突然间就听见一声尖叫：“哎哟……”大家正玩得高兴呢，都被吓了一跳。原来是嘟嘟在躲避的时候，倒退了几步，结果不小心撞倒了丫丫。丫丫倒在地上，揉着自己的脚，冲着嘟嘟大喊：“好啊！你撞倒了我，我也要把你推倒在地上，看你疼不疼！”

眼看着冲上来的丫丫，嘟嘟一边跑一边说：“丫丫别推我，我不是故意的。”“那谁让你踩疼我了，不行！”丫丫一直追着嘟嘟跑，他们俩在操场上跑了一圈又一圈……

案例 2-5：《我来喂妈妈吃药》

活动目标

1. 学会积极的自我表达情感的方式；

2. 初步领会与爸爸、妈妈沟通的恰当方式。

活动准备

搜集日常生活中亲子冲突的例子。

活动过程

1. 设置情境

一天，妈妈生病了，去医院看病回到家，还带回了好多药。宝宝很关心妈妈，就想喂妈妈吃药，但是宝宝不知道妈妈在医院已经吃过药了，一定要亲自喂妈妈再吃一次药。于是妈妈说：“宝宝是个乖孩子，你心疼妈妈，妈妈特别感动；可是妈妈已经在医院吃过一次药了，医生说一天只能吃一次，不能多吃的。”但是宝宝觉得一定要喂妈妈吃，因为在医院不是宝宝喂妈妈吃的。结果妈妈不让宝宝喂，宝宝就哭了……

2. 通过提问的方式引导孩子判断宝宝的行为是否正确？为什么？与孩子一起分享孩子关心妈妈的故事，逐步进行提问：

“这个宝宝做得对吗？为什么？”

“如果再给妈妈吃一次药，会有什么样的后果啊？”

“宝宝应该怎么做？妈妈应该怎么做？”

告诉孩子：如果再喂妈妈吃一次药，妈妈就有可能中毒了；严重的话会有生命危险的。宝宝心疼妈妈，妈妈当然很高兴了！但是生病了一定要按照医生的话去吃药，这样才能恢复健康。宝宝如果一定要再喂妈妈吃药，妈妈可以答应宝宝：下次吃药一定让宝宝亲自喂妈妈。

3. 与孩子一起续编故事。

延伸活动

针对日常生活中亲子之间容易发生冲突的案例，家长要注意引导孩子正确地表达自己的情绪，并注意与孩子的沟通方式，使孩子养成恰当地关心他人的意识。

总之，一个好的教育活动方案的设计既是教师创造性劳动的成果，也是教师综合能力的再现，更是教师教育观念的体现。只要教师努力学习、潜心研究、勤于思考、不断反思，就会不断提升自己的专业能力，设计出一个个成功的教育活动方案。

三、活动方法设计

所谓"方法"，是指向特定目标、受特定内容限制的有结构的规则体系，一般是指为达到某种目的而采取的手段与行为方式。作为引导、调节教育教学过程的规则体系，幼儿园教育活动计划中的活动方法应该能实现一定的活动目标，并符合特定的活动内容的要求，同时还要满足适合幼儿的年龄特点的要求。科学的、丰富多样的活动方法一定要符合幼儿的身心发展规律。

（一）幼儿园教育活动方法概述

幼儿园教育活动方法的设计是幼儿园教育活动设计基本要素中最核心、最灵活的要素。许多学者根据对教育活动的实践及理论研究对此给出如下定义：幼儿园教育活动方法是指为了完成一定的活动任务，师生在共同活动中采用的手段，既包括教师教的方法，也包括幼儿学的方法。它是随着教育实践的深入而逐渐发展和完善起来的，而现代化教学手段的使用，以及生理学、心理学研究的新成果，都为幼儿园教育活动方法的完善提供了良好的条件。

从不同的角度可将幼儿园教育活动的方法分为不同的类型。教师应科学、有效地运用幼儿园教育活动方法，以保证幼儿正确地掌握知识、技能，激发幼儿的活动欲望，使他们活泼、主动地学习，培养他们的创造精神。组织教育活动时选择和使用哪些方法，由目标和任务来确定，还要考虑活动的性质、活动内容的特点、幼儿的年龄特点、幼儿园的环境及设备条件等。一般在教育活动中应综合运用各种方法，以取得较好的效果。

但是现今，随着幼儿园课程改革的进一步深入，以前所倡导的常规教育方法（如讲授法、示范法等）不再呈现一统天下的局面，而是更多的辅以问题法、体验法、新视听等现代教育方法，以满足当代的教育教学改革要求。但是这些方法怎样运用于教师自己的教育活动设计之中，与特定的学习环境相结合，从而达到预设的教育目标，这是目前亟须探索的问题。

(二)幼儿园教育活动方法设计策略

1.方法策略的构成要素

(1)活动情境、目标、内容的性质与特征的合理匹配和相互融合。活动情境、目标、内容、方法、手段的合理匹配以及与教育对象的相互融合,是幼儿园教育活动设计的理想境界,也是活动设计的核心。

在新一轮的课程改革中,我国幼儿园课程相对地划分为健康、语言、社会、科学、艺术等五大领域,《纲要》也改变了以往的体、智、德、美"四育"的目标表达方式,而是以幼儿学习的五大领域分述目标,而且更多地使用"体验"、"感受"、"喜欢"等词汇。《纲要》在领域目标描述中,把幼儿的情感、兴趣、态度、个性的发展放在知识、动作技能的掌握之前,并立足于幼儿的终身发展,把"学会认知、学会做事、学会共同生活和学会生存"4 种基本学习融入各领域目标之中。因此,幼儿园教师在选择教育活动的方法时,要充分考虑各领域目标的变化和幼儿园教育总目标的变化。同时,要注意把握各领域内容各自的特点以及领域间内容的交叉与融合。

(2)幼儿个性、年龄特点、学习风格等发展差异分析与活动方式选择。教育活动是为幼儿的发展服务的。因此,方法策略的核心标准就是尊重幼儿的发展特点和发展差异,最大限度地满足幼儿的发展价值。活动应体现个性,让幼儿能够发现自己所擅长的活动或学习的方式。这一过程实质上也是引导幼儿对自身的活动或学习做反思的过程。在这个过程中,教师应注意以下几项工作:

第一,了解幼儿不同的个性特点。有的孩子活泼好动,有的孩子文静内向,有的孩子语言表达能力强,有的孩子观察力敏锐,也有的孩子虽头脑聪明却不善表达。教师要通过引导,发现每一个孩子的个性特点,运用有针对性的教育手段和方法,对幼儿进行耐心细致的引导和教育。由于孩子有些个性特征具有先天性,很难改变,因此在活动设计过程中要考虑采用何种教育教学手段和方法适应这些个性特征;而有些个性特征是后天文化熏陶的结果,是可以通过教育而改变的,如果这些个性特征不利于在特定文化背景下的学习,我们就需要在教育活动设计中考虑采用何种手段和方法来促进其改变。

第二,了解幼儿的学习风格。幼儿来自不同的家庭,天生的遗传素质及后天环境的影响,使幼儿形成了各自不同的学习风格。例如,有的孩子视觉学习能力强,而有的孩子听觉学习能力更强,有的孩子善于通过自己动手操作来获取经验。当然,在活动设计过程中让幼儿能综合运用以上各种手段,学习的优势会更大一些,也可以有针对性地设置视觉、听觉和操作实践的学习方式促使每个孩子更好地获取知识和能力。教师所做的工作便是要了解每个孩子的学习风格,用适当的方式指导幼儿学习。

幼儿的个性特征与学习风格分析，是教师在设计幼儿教育活动时重要的参考依据。同时二者之间又有着千丝万缕的联系，它们是教师选择教育教学方法和手段的前提。

(3)选用的方法应体现先进性。在教育领域，许多研究表明，教育方法的选择与使用通常具有鲜明的时代特点，体现最新的教育理念。也就是说，教育方法的选择和使用不仅受活动目标，活动内容，幼儿的年龄、个性特点、学习风格以及发展差异的制约，而且受社会发展水平的制约，尤其是会受科技发展水平的制约。现如今，随着幼儿园教育活动的目标、内容，甚至幼儿的年龄、个性特点、学习风格以及发展差异的不断变化，以及人们对新的研究成果和新的理念的获得，人们对此有了更进一步的了解。因此，在教育活动指导方法的选择上也应体现这些先进成果。

(4)教学方法的优化组合和创造更新。一般来说，在组织教育活动时，通常都会采用各种不同的方式而非单一方式，把多种方法按一定的顺序和关系配置结合在一起，形成一个最佳的组合方案。幼儿教师要综合考虑与教育活动有关的各方面因素，在众多方案中，确定一个最佳组合，这样的优化组合过程也是一个创造更新的过程。哪个组合更能有效地实现教育目标，它的创新的力度就更大。

四、幼儿园教育活动评价

幼儿园教育活动是一种有目的、有计划的活动。这个活动是否围绕活动目标展开，是否能满足社会经济发展的需求，是否反映了正确的儿童观和教育观，有没有达到预期的效果，能不能促进幼儿按照社会对人的要求而健康发展……这一切都需要通过评价来获取答案。因此，评价是幼儿园教育活动整体建构的一个重要组成部分，它是诊断教育活动中存在的问题、检查改进教育教学工作、提高教育质量的重要手段。

(一)教育活动评价概述

《纲要》明确指出："教育评价是幼儿园教育工作的重要组成部分，是了解教育的适宜性、有效性，调整和改进工作，促进每一个幼儿发展，提高教育质量的必要手段"，"是教师运用专业知识审视教育实践，发现、分析、研究、解决问题的过程，也是其自我成长的重要途径"。研究者袁爱玲和何秀英在她们的研究中指出："幼儿园教育活动评价是根据教育目标，运用一切可行的评价技术手段，有目的、有计划、有步骤地对幼儿园所开展的各种教育活动的设计方案、实施过程和实施效果进行价值评定的活动过程。”①由此我们可以从以下几个方面对幼儿园教育活动评价进行阐释。

首先，评价是一个有目的、有步骤的活动过程。对教育活动进行评价，应是评价者在一定的教育观念指引下，运用自己的相关知识，采用一定的评价方法，对教育目标、教育活动设计及实施、幼儿的相应表现欲发展、教师的专业表现与发展进行全面分析的基础上，寻找优点与不足，促进教师教育行为不断改善的理性思考与行为过程。因此，评价者在这个过程中应有很强的目的性，为实现这个目的而认真选择评价的方法与步骤，而不是随意地、感性地、片面地检查。

其次，教育目标是评价的依据。正如前文所提到的“教育目标是组织与实施教育活动的出发点与归宿”。这里的“归宿”就是说实施教育活动、指导幼儿活动，教师的心中都必须时刻装着教育目标，要以教育目标的实现为旨归，教育目标的实现状况是判断教育活动的设计与实施是否成功的标准。

再次，价值主体是评价的主体。既然幼儿园教育活动的评价是一个“价值评定”的活动过程，那么这个活动的主体就必须是幼儿园教育活动的价值主体，即幼儿、家长、教师和社会。

然后，实施的教育活动的效果是评价的对象。所实施的教育活动的效果应体现在幼儿相应的发展水平和教师的专业发展水平的提高上。因为教育活动的实施效果既受实施过程的诸因素的影响，又受教育活动设计本身的制约。同时，教育活动设计能够转化为幼儿发展水平的提高、教师的专业水平的提高才是有意义、有价值的。所以，从微观上说，幼儿园教育活动评价的内容至少应包括对教育活动设计的评价、对教育活动实施各环节的评价、对幼儿相应发展水平的评价，以及教师在本次活动过程中所获得的发展的评价。

最后，评价是一个负责任的过程。一方面，对教育活动的效果进行评价，这是对幼儿发展、教师发展、家庭与社会服务负责任的表现，说明人们关注教育活动的效能，要求教师要具有对教育的“效能责任感”②。另一方面，判定一个事物有无价值、价值大小的过程就是一个价值评定的过程，也就牵涉对教师主体和幼儿主体的评定——教师的素质、教学能力等如何，幼儿的发展水平如何，这就可能会有纵向比较，甚至还可能会产生横向比较；同时，评价结果还是教师采取下一步教育行动

---

① 袁爱玲、何秀英：《幼儿园教育活动指导策略》，北京：北京师范大学出版社，2007。

② 幼儿教师的“效能责任(accountability)”是指教师在幼儿的学习与发展上对家长、政府、社会等负有的责任。当然，也包括对教育资源的充分利用，充分发挥所有教育资源的教育价值，使之充分体现于幼儿的发展上。这是现代社会发展对幼儿教师提出的新的、更高的要求，教师们应该加以重视。

的依据，被用来指导以后的行为。这就使得评价从动机、目的到过程，从方式、方法到结果都应该是一个负责任的过程。要对幼儿的教育机会公平负责、对幼儿的不同发展方面的平衡发展负责，要对教师的个人利益和专业成长负责。

（二）评价在幼儿园教育活动中的作用

对幼儿园教育活动进行评价，可以了解教育活动的目标、计划、内容、过程、方法以及环境、设备、材料等是否适合幼儿的发展水平，是否促进幼儿的身心发展；可以了解幼儿是否达到了预定的教育目标；观察幼儿的兴趣、能力、智力、道德行为、情感和态度；发现每个幼儿的长处和短处，包括超常儿童和有障碍的儿童；还可以了解幼儿教育活动的过程、方法等存在的问题。从收集的反馈信息中进行分析，可立即对不足不利之处进行调整、修改，以期重新获得良好的教育教学效果，有助于使教师获得成就感，可鼓励教师再接再厉，不断激发教师的工作热情，这有利于教育教学水平的提高。

通过教育活动评价，还可利用反馈机制，使幼儿看到自己已有的进步，哪怕是点滴的进步，同样能使幼儿感到喜悦，影响到他的自我评价，从而进一步激发幼儿的活动动机和参与教育活动的兴趣和信心，激励幼儿继续学习，在教育活动中取得更大的进步。

通过评价，还可向家长、幼教工作者和社会人士提供可靠的信息，以使社会各界更加关心幼儿教育工作。还可以为教育决策部门提供科学而有效的参考资料。

综上，幼儿的行为反应和发展变化是对教育工作最客观、直率、真实的评价，教师要关注幼儿的反应和变化，把它看作重要的评价信息和改进工作的重要依据。

（三）幼儿园教育活动评价的原则

所谓"原则"，就是说话或行事所依据的法则和标准，是看待问题、处理问题的准则。幼儿园教育活动评价的原则就是幼儿园教育活动中评价工作中必须遵循的基本要求，是根据《纲要》的精神和评价活动过程的规律制定的，也是活动评价工作的实践经验的总结。

1. 一致性

一致性包括两方面的含义：其一是指评价和教育活动的目标是一致的；其二是指在同一范围内，对相同的评价对象必须用统一的评价标准。

坚持一致性原则是由我国幼儿教育的目的决定的，是和《规程》的要求相一致的。《规程》规定的通过体、智、德、美几个方面的教育，"促进每个幼儿的发展"，是我们进行教育活动评价工作的依据、出发点及归宿。

一致性原则还要求我们对相同的评价对象要用统一标准，体现在一致性原则的不同层次上。对大、中、小班的幼儿的教育活动的评价应有不同的标准，但是对同一年龄班或同一地区的幼儿教育活动进行的评价，标准必须是一致的。

2. 可比性

可比性是指在一定范围内（如一个区或一个市）进行评价时，要有统一的标准，使本范围内的教育活动都能依据这个标准进行评价，并能进行横向和纵向的评价。可比性原则和一致性原则是相互联系的，但一致性原则强调的是一致，而可比性原则强调的则是比较。

要贯彻可比性原则，必须对幼儿园教育活动的各个方面提供具体的、明确的可检查的标准，然后各个幼儿园之间及各幼儿园内各班之间才可以进行互相比较。同样，对评价对象自身以前的状况和现在的情况也可进行比较。

在进行横向比较时，如同类幼儿园之间进行比较，可以看幼儿各个方面的发展指标。考察幼儿的认知发展情况，可把两个或多个幼儿园幼儿认知发展具体达到的指标加以对比。横向比较有助于评出先进，找出差距，促进发展。

纵向比较时，要求注意起点，要看基础，看发展，看提高的幅度，这样可以看出一个幼儿或一个班的发展进程，而不能只看与最高水平的距离。

3. 全面性

全面性是指评价收集的信息要全面，不能片面强调某一项，更不能偏听偏信。只有这样，才能使评价工作更科学、更准确。如对某一个教育活动效果的评价，不能只听某个领导或某个专家的意见，还要听取同行的意见，听取广大家长的意见，更要考察所评班幼儿的发展水平，收集方方面面的信息进行分析和归纳，最后做出恰当的评价。

评价的全面性原则还应体现在要全面、充分地反映教育活动目标，反对过分强调某一些因素而忽视其他的因素，以免因为评价的导向性而引起教育教学工作偏航。

4. 科学性

对教育活动进行评价，要求评价者必须采取实事求是的态度，科学地确定和使用评价标准。不能单凭个人喜好或主观经验来评判教育活动质量或幼儿的发展能力与水平。评价尺度必须符合《纲要》的精神，与促进幼儿身心和谐地发展的要求相符合。

5. 定量和定性评价相结合

定量评价是对活动过程和结果从量的方面进行分析，通过数量化的说明对所评价的现象做出解释。如对幼儿智力发展水平的评价，就需用数量化的智力商数来表示。定性评价是对活动过程和结果从质的方面进行分析评价，是通过对现象进行质的深层次的分析做出评价。如对教师的教学责任心进行评价，就是从质的角度去考察和评价。数量和质量是一个事物的两个方面,既没有离开数量的质量,也没有离开质量的数量。所以在教育活动评价中,要将定量分析和定性分析结合起来,互相补充,相辅相成,才能使评价更全面、更科学。

6.评价与指导相结合

评价是按照一定的标准对被评价对象已完成的行为做出判断,评价的结果可以使被评价对象受到启发和教育,从而学有榜样,赶有方向,或吸取教训,引以为戒。如评出一个好的教育活动,可以提供给其他教师学习,甚至可以进行宣传推广。若判断一个教育活动失败,也可以使教师明确自己失败在何处,从而重新研究,争取下一次成功。

要使先进更先进,后进赶先进,就需要将评价和指导工作结合起来。指导是评价的继续和发展,它把评价的结果上升到一定的理论高度加以认识,并根据评价对象所具有的主客观条件,从实际出发,帮助评价对象掌握自身在今后一个时期内发展的方向,扬长避短,争取更大的进步。应该说,在幼儿园教育活动的评价中,有对什么问题的评价,就有对什么问题的指导;从评价到指导,从指导再到评价,循环往复,是提高教育活动质量的有力保证,也是一个必需的过程。

(四)幼儿园教育活动评价的内容及要点

1.对目标的评价

目标评价包括对终极目标、阶段目标和具体活动目标的评价。如课程目标是否符合幼儿园的教育目标,具体的单元设定及目标是否适宜等等。这里主要指对具体活动目标的评价。一般从幼儿的身体、认知、社会性等3个方面的发展情况搜集资料,做出个别的和整体的判断。上述3个方面的发展,具体是指:

(1)身体的发展。包括大肌肉动作、小肌肉动作、自我保健和生活能力。

(2)认知的发展。包括智力、数概念、自然概念和语言的发展。

(3)社会性发展。包括品德行为、情感与态度、社会交往和个性特征。

2.对内容的评价

包括对健康教育活动、语言教育活动、科学教育活动、社会教育活动、艺术教育活动这五大领域中的某一个领域或某一个具体教育活动内容的评价,分析教育活动是否建立在对本班幼儿的实际了解的基础上,其内容是否适合该年龄班幼儿的学习,是否能调动起幼儿学习的积极性,有利于他们主动学习。

3.对过程和方法的评价

一般从对幼儿、教师、环境、材料等方面因素是否被积极调动起来及达到的实际效果等方面进行评价。可以从以下几个方面进行具体评价:

(1)活动是否符合幼儿身心状况(包括幼儿能否积极参与活动)、时令季节、偶发事件及阶段教学目标的需要；

(2)活动内容、方式能否兼顾群体需要和个性差异，使每个幼儿都有进步和成功的体验；

(3)活动过程和方法能否促使幼儿与环境、与材料或与他人之间产生相互作用(包括幼儿的主体性地位)；

(4)幼儿是否有充分的材料和活动的时间；

(5)教师的指导作用发挥得怎样，有无过多干预；

(6)是否达到了预期活动目标，这是评价的关键。

4.对环境和材料设备的评价

包括评价心理环境、物质环境、材料设备等方面的创设和选择。

(1)是否和活动目标一致，适合活动内容及符合幼儿的实际特点；

(2)是否适合教育活动的开展，具有趣味性、典型性；在数量上能否保证活动进行；

(3)是否能激发幼儿积极参与活动的愿望；教师是否尊重幼儿；幼儿是否有安全感；

(4)活动中是否最大限度地利用了材料设备所具有的功能；

(5)活动区的规划是否适宜，有没有产生相互干扰的现象；

(6)活动区内的各种材料是否可供幼儿自由选用；

(7)材料的摆放是否方便幼儿拿取；

(8)材料的布置与收拾整理是否容易进行，是否让幼儿参与了布置与收拾整理。

上述4个方面的评价，都必须以教育活动的目标为核心，通过收集量化的和非量化的评价资料来进行量和质的价值判断，以调整活动目标、活动计划(教案)、活动内容、活动方法和活动过程等，为更有效地促进幼儿的身心发展服务。

(五)幼儿园教育活动评价的类型

根据不同的分类依据，评价的类型有以下几种：

1.根据评价的功能和运行时间分类

(1)诊断性评价。诊断性评价是在教育活动之前进行的预测性评价或“事实评价”，目的在于了解幼儿的基础情况，包括对幼儿的智力、技能、行为、能力、个性、情感、态度等等进行诊断，做出判断，为有效制定教育活动计划或解决某些实际问题提供依据。一般在教育活动开展前或在学期初进行这类评价。

(2)形成性评价。形成性评价是在教育过程中持续进行的，目的在于及时地做出反馈性调节，从而调整、修改、补充活动的计划、内容和方法，使教育活动更合理、更完善地开展，促进幼儿的发展。

(3)终结性评价。终结性评价是在完成某个阶段教育活动之后进行的，目的在于全面了解该阶段教育的结果，对达到目标的程度做出终结性评价，为以后制定教育活动的计划、设计方案提供客观依据。如在进行一学期的教育活动后，对幼儿的发展情况可通过终结性评价来判断教育活动是否达到预期目标，是否促进了幼儿的发展等。然后分析原因，制定以后的活动计划。终结性评价注重教育活动的结果，基本不涉及过程，是事后的评估。

2. 根据评价的参照体系分类

(1)个体内差异评价。个体内差异评价是指对某类评价对象中的每一个个体的过去和现在进行比较，或者对同一评价对象的若干侧面进行比较。如把某个幼儿学期初与学期末的动作发展测试成绩相比较，评价其进步的程度。为了弥补个体内差异评价本身的弊端(如因不作个体之间的比较而容易使被评者产生自我满足，不利于激励适宜的竞争等)，这种评价常与相对评价结合起来运用。

(2)相对评价。相对评价是在某一类评价对象中选取一个或若干个作为基准，将该类对象与基准逐一进行比较，判断其是否达到基准所具备的特征及其程度。如将某一领域的某一个优秀活动过程作为基准，把同领域的活动过程逐一与之进行比较、评价，判断其达到基准的程度。在这种情况下，相对评价所依据的标准，一般应在对被评对象的总体范围中抽取出的有代表性的样本进行标准化测试后才能制定。

(3)绝对评价。绝对评价是以某种既定的目标为参照，目的在于判断个体是否达到这些目标，而不受被评团体的影响与约束，忽略个体状况在团体中所处的位置。绝对评价中应重视稳定的绝对标准的合理性。

(4)定性评价。定性评价是用尽可能切合实际的语言、文字来描述被评对象的性质。

(5)定量评价。定量评价是评价体系中包含的相应的计量体系，以数量来显示对象的性质或功能，或反映其中的数量关系。

定量评价是定性评价的基础，定性评价是定量评价的出发点和结果。只有将两者有机结合，才能做出公正合理的评价。

3. 根据评价的主体分类

(1)内部评价，也称“自我评价”。是被评者通过自我认识和分析，对照某种标准，对自己组织的活动做出判断。由于被评者又是评价的主动参与者，可使评价进程成为自我认识与提高的途径，有利于改进工作，并接受评价结论。

(2)外部评价，也称“他人评价”。是由有关方面人士组成评价小组，或由专门人员实施评价，对被评者某方面的实态进行评价。

以上各种评价，不仅可运用于不同的教育活动中，也可运用于教育活动以后的课程。如对幼儿的一日生活的评价、教师素质的评价及幼儿的发展各方面的评价，从而对幼儿园课程内容、方法及效果做出全面的整体的评价。

【案例精选】

案例 2-6：《我给石头化化妆》

设计思路

1.《纲要》指出，教育活动内容的选择要“既贴近幼儿的生活，选择幼儿感兴趣的事物和问题，又有助于拓展幼儿的经验和视野”。本次活动充分挖掘和利用本土资源，以用贝壳、螺壳、树叶等辅助材料给石头化化妆为主线，将自然资源引入幼儿园课程当中，体现了课程的生活化、发展性。

2.在艺术活动中，常常会出现“教与不教”两个极端：一是害怕传授技能就抹杀了孩子的创造力，故步自封，也就流失了很多教育契机，使孩子得不到发展；一是传统的你教我学，依葫芦画瓢，把“技巧”当作衡量孩子的标准，孩子没有发挥想象的空间。本活动考虑到大班幼儿具有一定的想象力和创造力，可以借助石头特有的外形，利用材料进行装饰，使孩子们在活动中充分发挥想象力，提高表达能力和创造力。

活动目标

1.尝试根据石头的外形发挥想象。

2.尝试运用辅助材料装饰石头，发展个性化表达能力与创造力。

3.体验在石头上作画的乐趣。

活动准备

1.各种不同形状的石头。

2.水粉颜料，皱纹纸、泡沫胶、吸管、棉签、树枝、树叶、毛线、布料、橡皮泥、贝壳、螺壳等辅助材料。

3.人手一张垫板、一个纸盒。

4.有关石头彩塑、塑造的图书，图片资料以及教师制作的欣赏范例。

5.课件：鹅尾神石园图片。

活动过程

1.以启发孩子回忆参观鹅尾神石园来引入，激发其兴趣。

师：小朋友，你们去过鹅尾神石园吗？（利用演示文稿激起幼儿兴趣，引导幼儿观察）昨天，老师也去了神石园，看到了很多神奇的石头，还用照相机拍了下来，请小朋友一起来看一看，这些石头到底有什么神奇？

师：（逐一出示画面）你们看到了什么？

幼:乌龟、大象、拇指、犀牛、河马……

师:你看到的景象都是什么构成的?

幼:石头。

师:这是什么?(把幻灯定格在五指山景象)

幼:手。

师:对,今天也请小朋友用灵巧的手为我们大班建个神石园。

(反思:美术创作来源于生活,作品表现的是生活的内容。利用多媒体课件展示孩子熟悉的鹅尾神石园,更容易引发孩子积极讨论、自主探索的欲望)

2.引导讨论、启发想象。

(1)交流、想象。

师:(随意出示一块石头)这是老师和小朋友一起收集到的石头,你们看它像什么?

幼:脸蛋儿、乌龟、蝴蝶、头、大象、金鱼、蜗牛、青蛙、鱼……

师:小朋友们的想象力真丰富。你能告诉大家,你想用哪些材料把它装扮成人的脸蛋儿、乌龟、蝴蝶、金鱼呢?

幼:用橡皮泥做眼睛,用毛线做尾巴,粘在石头上就成了金鱼。

幼:用牙签做须就可做成蝴蝶。

幼:用小海螺做眼睛就成了乌龟。

(反思:通过想象和交流,孩子们发现,原来利用石头的形状和一些材料,可以创作出不同的作品,他们畅所欲言,跃跃欲试)

(2)教师适时给予孩子技能技巧上的帮助。

师:(出示两块石头)小朋友能用两块石头变成什么呢?

幼:变成人,一块当脸蛋,一块当身体。

幼:长颈鹿、老虎、船、小山、小树、草地……

师:你用什么材料把两块石头粘起来?

幼:透明胶、双面胶、白乳胶、橡皮泥……

师:这些方法待会儿请小朋友都去试一试,看行不行。

师:我今天还带来一种材料(泡沫胶),也可以把两块石头粘在一起。(演示方法)

(反思:在一种面向全体幼儿的艺术教育中,技能技巧的培养应该不是最主要目的,它们应作为帮助幼儿保持活动兴趣,进行创造的手段)

师:小朋友们想一想,你在给石头化妆时有什么困难,需要帮助吗?

幼:怎样才能把蝴蝶的须粘在石头上。

师:哪个小朋友可以帮忙解决这个问题?

幼:先用橡皮泥粘在石头上,把牙签插在橡皮泥上就行了。

(反思:创作过程中突显出的技能技巧问题不容忽视,当孩子思索怎样把两块石头粘在一起时,教师的启发与引导能使孩子的想象更加合理)

3.介绍材料,提出要求

师:请小朋友们看看区角架上有什么,可以用来做什么,你准备用哪些材料?

(反思:作为艺术领域中的美术教育活动,倡导的是自由表达,个性展示。我们要尊重每个幼儿的想法与创造,肯定和接纳他们独特的表现方式和审美感受,分享他们创造的快乐)

要求:

(1)先想好要用哪些材料,再拿一个盒子去取材料,在垫板上操作。

(反思:把材料投放给孩子,孩子自己想要做什么)

(2)先观察石头的形状像什么物体,直接进行创作,孩子在选择时就非常明确,需要哪些材料,怎么做,可以用来做什么,然后再进行装饰,根据石头的外形选择合适的辅助材料进行装饰。

(反思:引导幼儿根据石头特征,增加作品的美感)

(3)安静操作,注意卫生,安全使用剪刀等工具。

师:我在区角架上放了一些老师创作的作品。每个小组的桌子上还有一本画册。待会儿有困难需要帮助的小朋友可以先去看看(为想象、创作有困难的孩子提供帮助)。

(反思:投放有关石头的图片、画册,使幼儿获得技能技巧与表现形式的间接经验;投放制作的石头作品,引导幼儿观察,考虑如何根据石头本身的形状变出有趣的造型,并在欣赏中明确:要想将石头变得更形象,就要将动物和其他东西的主要特征表现出来)

4.幼儿操作,教师观察指导

孩子自由选择材料制作。教师巡回指导,鼓励幼儿用不同的方法制作出不同的作品;给予孩子技能技巧上的帮助,引导幼儿进行个性化地表达。

(反思:教师根据孩子的创作情况,关注个别差异,当幼儿遇到麻烦、受到最基本的技能技巧的干扰时,应该适时提供帮助。这样有助于幼儿获得相关的经验,在原有水平上有所发展,提升美术创造力)

5.交流、分享

(1)制作好的作品陈列在展台上,引导孩子与其他班级老师共同欣赏。

(2)未制作好的作品待区域活动时继续完成。

(反思:评价幼儿美术活动时,不应过分强调最终完成的作品,而是要把重点放在活动的过程中。应该看到孩子情感和表现上的差异,以积极评价为主,支持幼儿富有个性和创造性地表达。让每个孩子都把作品放在展台上,让人人都有成就感,从而不断激发孩子对美术活动的兴趣和热情,这种个性化的注重主体参与的评价方式有利于孩子学会自尊和尊重别人)

(作者单位:福建省莆田市秀屿区教师进修学校;资料来源:《幼教园地》2008(3))

▶阅读推荐◀

1.[美]蔡真妮.美国幼儿园的教学活动.书摘,2011(4)

2.莫源秋.关注真实情境中的幼儿教师评价.教育导刊,2009(8)

3.杨桂芳.浅谈幼儿园教育活动设计的新思路.教育研究,2008(4)

4.郭中然,刘冬梅.对159篇教育活动设计的病理诊断与对策思考.早期教育,2008(3)

5.吴振东.浅谈幼儿园教育活动结束方式的设计与运用.学前教育研究,2001(3)

6.杨枫.幼儿园教育环境创设与玩教具制作.北京:高等教育出版社,2006

▶思考与探索◀

1.幼儿园教育教学活动有哪些特点?

2.幼儿园教育活动目标可分为哪几个层次?它们的关系如何?

3.组织幼儿园教育活动应遵循哪些原则?在幼儿园教育活动中如何贯彻这些原则?

4.幼儿园教育活动设计的基本要素有哪些?如何理解这些要素所包含的内容?

5.幼儿园教育活动评价是什么?应该遵循哪些原则?

6.幼儿园教育活动评价包括哪些内容?应该怎样进行活动评价?

7.什么是幼儿园教育活动计划?它可以分为哪些种类?

8.如何理解幼儿园教育活动环境及其作用?

9.幼儿园教育活动环境的创设有什么特点?应该遵循哪些原则?

10.如何营造幼儿园精神环境?应达到什么样的要求?

第三章
幼儿园教育活动的设计与指导

【内容提要】 幼儿园教育的内容是广泛的、启蒙性的，按照幼儿学习活动的范畴相对划分为健康、语言、科学、社会及艺术等几个方面。在教育过程中依据幼儿已有经验和学习的兴趣与特点，灵活、综合地组织和安排各方面的教育内容，使幼儿获得相对完整的经验。各方面的内容都注重发展幼儿的知识、技能、能力、情感、态度等。幼儿园教育活动的设计有多种方法，教育者可以根据本园、本班幼儿的年龄特点对幼儿实施体、智、德、美全面发展的教育。本章主要依据《纲要》对各领域的划分进行具体阐述。

【学习要求】

1. 了解幼儿在健康、语言、科学、社会及艺术方面发展的特点及各领域的教育目标；

2. 掌握幼儿园各领域教育活动的设计原理、要求及方法，并且能设计具体的教育教学活动。

第一节　幼儿园健康教育活动设计与指导

《纲要》明确要求："幼儿园必须把保护幼儿的生命和促进幼儿的健康放在工作的首位，树立正确的健康观念，在重视幼儿身体健康的同时，要高度重视幼儿的心理健康。"它充分说明健康教育在幼儿园教育中的重要地位。因此幼儿园的"健康教育"要以实现幼儿的身心健康为目标，提高幼儿对健康的认识水平，帮助幼儿逐步形成有益于健康的行为和习惯，提高自我保健和自我保护的意识和能力，促进身心和谐健康发展，帮助幼儿逐渐地学会以健康的方式来生活。

一、幼儿健康发展的特点

幼儿期是一个人身心发展的重要时期。健康的身体是实现幼儿全面和谐发展的基础和重要条件。幼儿的生长发育十分迅速，并存在较明显的个体差异。

3～4 岁的幼儿骨化过程未完成，骨骼弹性大、易弯曲。肌肉力量和耐力较差。心肺系统的调节功能发育不够完善。大脑神经细胞对氧气的需要量较大。大脑皮质的兴奋过程占优势，兴奋易扩散，抑制过程较弱。因此，幼儿的平衡能力、躲闪能力较差，动作不协调，易疲劳。

4～5 岁的幼儿大肌肉发育较为迅速，动作发展有了明显的飞跃。肌肉力量、耐力、心肌能力和肺活量有了一定的提高。动作的稳定性和灵活性逐渐增强，已能承担一定的活动量。对气候变化的适应能力及对病菌的防御能力有所提高。由于神经系统的发育还不完善，动作的准确性和自控能力还较差。

5～6 岁的幼儿动作的协调性、灵活性、准确性有了很大提高，喜欢尝试一些有难度的动作，协同活动逐渐增多。此时，幼儿大脑的抑制能力逐渐增强，减少了冲动性，动作的目的性和自控能力逐渐提高。

二、幼儿园各年龄班健康教育活动目标

幼儿园各年龄班健康教育活动目标如下表所示。

表一 幼儿园各年龄班健康教育活动目标

年龄班 项目 目标	小班	中班	大班
身心保健	学会正确地使用小勺，独立进餐，保持愉快轻松的进餐情绪。 了解几种常吃的食物，逐渐喜欢吃各种食物，愿意喝白开水。 学会正确的洗手方法，知道饭前洗手、饭后漱口与擦嘴，学习使用自己的毛巾和手帕。 学会自己上厕所，养成定时大便的习惯，愿意早、晚刷牙。 愿意在幼儿园睡觉，学习自己动手穿、脱衣服和鞋袜，并把它们放在固定的地方。 学习在大型运动器械上活动的正确方法，能排队玩，不推挤，不做危险动作。 乐意接受预防接种和身体检查，并知道其好处，不将手或其他异物放在嘴、鼻、耳里。 知道外出时基本的安全知识，不单独到危险的场所去玩。 喜欢上幼儿园，并能初步适应集体生活，在一日活动中情绪稳定、愉快。 知道一些表达情绪的表情，乐意表达积极愉快的情绪。 从自身的活动中认识自己，喜欢自己。不怕黑、不陌生，能克服胆怯心理。 对自己感兴趣的活动，能持续一段时间。	学习使用筷子，能愉快、安静地进餐，知道爱惜粮食。 喜爱各类食品，养成不挑食、不偏食的良好饮食习惯。 养成正确的盥洗习惯，逐步学会自理，愿意保持个人卫生。 能独立有序地穿、脱衣服并整理好。午睡时不影响他人，能安静入睡。 进一步知道五官是人体的重要器官，初步掌握保护它们的方法。 记住一些生活中常用的紧急求助电话号码，了解一些紧急情况下的自救方法。知道基本的交通规则。 学习在运动中的自我保护方法，了解如何简单地处理外伤。 了解生活中的药品及化学用剂的主要作用，知道不随意服用和触摸玩弄。 喜欢集体生活，能愉快地参加幼儿园的各项活动。 体验表达情绪的多种方式。掌握一些调节、控制自己情绪的方法。 了解自己与他人的不同，不嘲笑别人的生理缺陷或缺点，愿意帮助别人。 喜欢探索，爱发问，有较强的好奇心。	知道不同的食物有不同的营养，不暴饮暴食。 生活有规律，会独立有序地穿、脱衣服并折叠好。能自己整理床铺，能感受身体的舒适度。 初步了解身体的主要器官及其功能，学习简单的保护方法。 主动保持个人和生活场所的卫生，愿意维护公共环境的整洁。 书写绘画时握笔姿势、坐姿要正确，会使用文具，爱惜文具，学会整理文具。 知道周围环境中可能出现意外事故的各种因素，懂得必须遵守规则，学会保护自己。 认识一些交通、安全标志，知道它们表示的意义，愿意遵守交通规则。 知道生活中的一些特殊电话号码及其作用，学习对付突发意外事件的方法。 合群、开朗，积极主动参加幼儿园各项活动，并从中感受到快乐。 懂得用适当的方式表达情绪情感，主动运用一些方法调节与控制自己的情绪。 正确认识自己，能较客观地进行自我评价。 积极探索、主动尝试，有创新意识。

续表

年龄班 项目 目标	小班	中班	大班
体育锻炼	愿意并愉快地参与体育活动，感受运动带来的愉快。 会用多种小型体育器械进行身体锻炼，并愿意与老师一道摆放、收拾体育器械。 能上体正直、自然协调地走或跑；能听信号向指定方向走或跑；在一定范围内四散跑，能注意倾听和理解老师的指令，并做出反应。 能较轻松自然地双脚向前行进跳、纵跳。 喜欢玩球，会滚球、拍球和自抛自接球；会自然地用沙包等投掷物进行游戏。 能手膝着地协调地向前爬；喜欢与同伴一起大胆地玩大型运动器械，克服恐惧感，锻炼胆量。 能在平行线、窄道中、小斜坡上上下走，身体平稳不摇摆，提高身体控制能力。 能听懂基本的口令和信号，并做出相应的动作，较合拍地做模仿操，初步掌握体育活动的规则及要求，不做危险动作，不影响他人活动；在成人提醒下，有一定的运动保健意识。	喜爱并积极参加体育活动，体验运动带来的快乐。 开展多种形式的身体锻炼活动，并能与同伴摆放和整理体育活动材料。 能按节奏上下肢协调地走或跑；能听信号变速走或跑；能走跑交替，有不甘落后的争先意识。 会立定跳远，能双脚在直线两侧往前跳，原地蹬地起跳触物；能从 30～35 厘米处向下跳，落地轻。 双手交替拍球，能左右手轮流拍球；会双人抛接球；能协调用力地投远，近距离投准；发展手眼协调能力。 主动参加各种钻、爬、攀登活动，能手脚着地向前爬行，手脚灵活协调地攀登，有一定的坚持性。 能大胆地在平衡木上上下肢协调走；原地自转至少 3 圈；保持身体平衡。 能较熟练地听多种口令和信号做出相应的动作，能听信号进行队列练习，能随音乐节奏做徒手操和轻器械操，动作基本到位。 能遵守体育活动的规则与要求，会与同伴合作游戏。能解决一些简单的问题，有一定的运动健康意识及能力。	热爱并主动参加体育活动，初步形成良好的运动习惯。 会用各种运动器械或废旧材料，开展不同操作形式的锻炼活动，并能独立或合作摆放和整理活动材料。 能轻松自如地绕障碍曲线走或跑；较灵活地追逐躲闪跑；有不怕苦、不怕累的精神，坚持完成运动任务。 能从较高处向下跳、助跑跨跳；会跳短绳并尝试练习合作跳绳。 能较协调地单手运球，能肩上挥臂投准目标，喜爱各种球类活动。 能熟练协调地钻、爬；能手脚交替、协调地攀登和攀行；养成勇敢不怕困难的良好意志品质。 能在平衡木上变换手臂动作走，在有间隔的物体上走。 能熟练地听多种口令和信号进行队列练习；能随着音乐节奏有精神地做徒手操和轻器械操，动作有力到位。 能自觉遵守体育活动的规则和要求，有集体观念；与同伴合作协调地游戏；勇于克服困难，并体验战胜困难后的愉悦；运动保健意识和能力逐步增强。

三、幼儿园健康领域活动的组织形式

(一)身体及心理保健

第一,结合日常生活从养成基本的健康行为习惯入手。理解健康教育就是生活教育的原则,应当在幼儿一日生活的各环节(盥洗、进餐、清洁、睡眠、游戏等)渗透健康教育的理念,实施健康教育策略。

第二,以健康常识的普及为主,结合各科教学进行。如绘画时学习正确坐姿、执笔姿势,在语言活动中鼓励幼儿大胆地表现自己,提高幼儿人际交往能力,在科学教育中帮助幼儿了解科学小实验的安全知识,激发幼儿的求知欲,培养他们的探索精神……

第三,注重集体健康行为指导与个别健康行为指导的有机结合。

第四,幼儿健康教育的内容、形式和侧重点应和幼儿年龄特点相符合。

第五,幼儿园和家庭同时为幼儿提供良好的生活环境,尤其是和谐的人际关系,从而促进幼儿心理健康发展。

第六,在日常生活中帮助幼儿形成正确的自我意识,保持积极、健康、稳定的情绪,养成开朗的性格并具有良好的社会适应能力。

第七,通过集体教育、个别教育及心理诊治等方式,预防、控制和矫治幼儿各种心理病态以及不良行为。

第八,以身体运动为方式,促进幼儿心理的健康发展。通过身体运动能力的提高,促进幼儿自我概念的形成;培养良好的个性心理品质;培养良好的社会适应能力;使幼儿保持愉快的情绪。

(二)体育锻炼

1. 幼儿早操活动

幼儿早操活动是做操和晨间体育锻炼活动的总称,其内容丰富多样。除了排队、变换队形和基本体操练习之外,慢跑或走跑交替活动,各种简单的模仿性动作、配有音乐的律动和舞蹈、活动量不大的体育性游戏和其他利用机械开展的小型多样的体育游戏等,都可以作为幼儿早操活动的内容。幼儿早操活动是幼儿锻炼身体的重要途径。

早操活动是幼儿一日生活开始的体育活动,早晨空气新鲜,特别是冬天,早操活动,能提高幼儿对自然环境的适应能力,增强抵抗力、预防感冒,培养幼儿不怕冷和不怕困难等意志品质。每天早操活动内容的多少、难易程度、活动量大小都要根据幼儿年龄、体质、动作水平、季节等具体情况来安排。另外,做操作为一种有组织的集体活动，还能培养幼儿良好的组织性和纪律性。

2. 幼儿体育课

幼儿体育课是一种有目的、有计划、有组织的教育活动，是实现幼儿身体锻炼目标的基本途径之一。在《纲要》的精神指导下并结合已有的研究，我们把幼儿园体育课的结构分为 3 个部分：

第一，准备部分。

任务：把幼儿组织起来，集中注意力，说明课程的内容和要求，激发幼儿的学习兴趣和锻炼身体的积极性，使幼儿精神振奋，情绪饱满。通过发展上、下肢及躯干部位大肌肉群、关节、韧带的活动，促进肢体的全面发展，学习正确的身体姿势，使幼儿身体各器官机能较快地进入工作状态，在生理和心理上为基本部分做好充分准备。

内容：通过集合、排队的形式将幼儿组织起来，向幼儿简要说明课程的内容和要求，进行队列和队形练习，做徒手操或轻器械操或律动操以及舞蹈和活动量不太大的游戏等。其目的是尽量使全身各大肌肉群、关节、韧带得到充分的活动，这都属于一般性的准备活动。

专门性的准备活动主要是指为基本部分要进行的内容做准备。例如基本部分学习跳跃动作，在做完一般准备活动后，可再进行下肢各关节等专门性的活动。准备活动的内容和方法是多种多样的，主要是根据本节体育课的任务，幼儿的特点，正确、合理、灵活地安排。

准备活动的时间，可根据课程的任务、幼儿身体的具体情况而定。一般占总时间的 20%～25%。年龄越小，时间越短，准备活动与基本部分的界限也就越不明显。

第二，基本部分。

任务：主要是完成本节课的教学任务，帮助幼儿掌握体育动作技能，提高身体素质，培养幼儿良好品德。

内容：以《纲要》所规定的内容为主。

时间：一般占用全课总时间的 60%左右。

这部分的活动量达到最高峰，甚至多次出现高峰。在教学时一定要掌握好幼儿的活动量。教学的组织形式应灵活多样，全班一起活动或分组活动。特别是教新内容时，教师为了指导方便，有利于幼儿的学习和对动作的掌握，最好不采用分组或分散进行活动的方式。

在安排内容时，要注意与准备部分的内容衔接和向结束部分的过渡，以及锻炼幼儿身体的全面性。

第三，结束部分。

任务:使幼儿的身体由运动状态逐渐恢复到相对的安静状态。有组织地结束这一节课。

内容:走步、放松活动,做安静性的游戏,活泼轻快的舞蹈或律动,进行课程的小结等。

时间:一般占用全课总时间的10%左右。

结束部分和基本部分之间有时无明显界限,如基本部分的活动量偏大,结束部分用的时间可稍长一些;基本部分的活动量不大,结束部分用的时间就可以短些。对课程的小结要简单扼要,要有针对性。对幼儿应以表扬为主,对表现较差的幼儿应从积极方面,以关心的态度提出希望和改进的意见,绝不能排斥和责怪。

幼儿体育课活动量的安排需要注意一些问题:

第一,幼儿体育课活动量的基本特点。幼儿体育课活动量的安排必须适应幼儿身体运动机能活动变化的规律和特点,活动难度都应由小开始,逐渐增大,最后再由大逐渐减小。时间为:小班15～20分钟,中班20～25分钟,大班30分钟左右。

第二,注意运动的强度与密度的合理搭配。为了保证幼儿体育课活动量适宜,需把幼儿身体运动的强度与动作密度结合起来考虑,注意合理搭配与协调。如果运动的强度较大(如单脚跳跃的动作练习、快跑的练习等),则动作密度可以适当减小一些,使幼儿有适当的休息时间;相反,如果运动的强度较小(如钻、走的动作练习等),动作的密度则可以适当增大些。一般来讲,幼儿体育课中包含几种身体动作的练习或几种不同的活动,这时,各种身体动作的练习或活动之间更需要综合考虑运动的强度和动作的密度的合理安排问题。

第三,注意上肢活动与下肢活动的有机结合。如果选择了跑的动作练习,就不要再选择跳跃的活动,因为它们均属于腿部的动作练习,否则幼儿腿部的运动负荷就会过大,最好是选择上肢部位的活动(如拍球、投掷)或全身的活动(如手膝着地爬)等。

第四,注意季节、气候的特点。在不同的季节、气候条件下,幼儿体育课活动量的安排也应有差异。冬季活动量要大些,如多安排些跑或跳的练习;夏季活动量要小些,可选择钻、投掷等动作的练习,有条件的话,可以让幼儿在有树阴遮挡的场地上活动,避免幼儿中暑。

3. 户外体育活动

户外体育活动根据《纲要》所指出的,首先要保证各班至少要有1小时户外体育活动时间,时间统一安排使之“课表化”。在活动中注意发展幼儿个性。

户外体育活动的内容:以发展幼儿基本动作为主的各种体育游戏,如跳绳、踢毽子、拍球等;体育课上不便于开展的在各种大型器械上的练习,如上攀登架、荡秋千、打滑梯、坐摇船等;团体操表演准备或参加比赛可在户外体育活动时间进行练习;日光浴、空气浴、水浴等锻炼也可在户外体育活动时间进行。

户外体育活动的组织:根据幼儿园的场地、器械设备、幼儿的生理特点和作息时间,合理安排一天的户外体育活动。1小时的户外体育活动的时间不宜集中,但也不宜过于分散。时间过于集中,幼儿容易疲劳;时间过于分散,幼儿会得不到充分活动,达不到锻炼身体的目的,甚至使幼儿产生厌倦情绪。

户外体育活动时间一般应这样安排:

早晨:10~15分钟,可进行散步或游戏等。

上午课后:20~30分钟,可进行集体的或分散的体育游戏。

下午:30分钟左右,可进行分散的或集体的活动。

在活动中,要求幼儿按照自己的常规和游戏规则,有秩序地进行活动,注意避免事故的发生。要教会幼儿使用玩具和大型体育器械的方法。饭前、饭后半小时之内不宜进行体育活动。

4.训练小肌肉的活动

小肌肉群的发展是幼儿身体锻炼的又一重要内容,不可忽视。在幼儿园,训练幼儿小肌肉的活动形式也是多种多样的,如摆搭积木、串珠活动、夹豆比赛、撕纸比赛、手指游戏等,教师要利用日常活动时间,多组织这类活动,以促进幼儿小肌肉的发展。

除此之外,幼儿健康教育活动的组织形式还有“幼儿体育活动区活动”、“幼儿室内体育活动”、“幼儿运动会”、“幼儿远足或短途游览”等等。

四、适宜的幼儿园健康领域活动组织方法

《纲要》要求:“既要高度重视和满足幼儿受保护、受照顾的需要,又要尊重和满足他们不断增长的独立需要,避免过度保护和包办代替,鼓励并指导幼儿自理、自主的尝试。”孩子们都喜欢“寓教于乐”的教育手法,因此教师应根据幼儿的身心特点及健康教育的内容选择具有多样性、趣味性和针对性特点的教育方法。由于健康教育活动的内容不同,因而在方法上也应有所区别。

身体保健教育活动常用的方法:动作与行为练习法;讲解演示法;情景表演法;讨论评议法;感知体验法。以感知体验法为例,例如,在大班“食物的旅行”活动中,让幼儿喝豆浆、吃饼干,启发幼儿通过感知说出食物在身体中经过了哪些地方,使幼儿知道食物在身体中经过的器官,并且通过体验饼干在口腔中变软、变碎的过程,了解食物在各器官中的变化。

身体锻炼活动常采用的方法有讲解示范法、练习法、语言提示和具体帮助

法、游戏法。以讲解示范法为例，例如，在教给幼儿新动作之前，教师总是要给予适当的讲解示范，在介绍如何使用运动器材时，也必须结合实物或模型进行生动而有趣的讲解演示。

此外，幼儿身体锻炼的方法还有比赛法、领做法、信号法等等。

【案例精选】

案例 3-1:《快乐泡泡浴》

活动目标

1. 通过欣赏音乐，在引导幼儿感受乐曲的同时，体验洗澡的乐趣，知道常洗澡可以保持身体健康。

2. 用肢体语言来表现音乐，发展语言表达能力。开拓幼儿的思维，培养他们的创造力。

活动重点

引导幼儿感受音乐，体验洗澡的快乐。

活动准备

浴帽、小毛巾、淋浴头

活动过程

1. 欣赏音乐

(1)导语：今天老师带来一首好听的歌曲请小朋友们听一听，听完以后说一说自己听歌曲时的感受。

(2)请幼儿说一说听到音乐的感受和听到音乐后想干些什么。

2. 猜一猜、学一学

(1)欣赏老师跳舞。

猜一猜老师在干什么？(洗澡)

(2)学一学老师做的动作。

3. 参与活动

过渡语：老师给小朋友们准备了好大一间淋浴室，你们想不想和老师一起洗澡啊？

播放音乐，并请小朋友跟着音乐做一做动作。

4. 整体欣赏，参与实践

(1)把小朋友带进甜甜的梦里。

(2)通过让小朋友说一说自己梦见了什么来发展幼儿语言、开拓幼儿思维。

(3)跟着音乐做自己梦里梦见的故事从而更深刻地感知音乐。

（本案例来自安徽省阜阳市民族幼儿园）

总之，幼儿园健康教育活动的方法是多种多样的。在开展具体活动时，应注意综合运用多种方法，并根据幼儿的情况、活动的不同内容和组织形式、幼儿不同的活动方式，以及环境、器材等条件的具体情况，灵活运用。

五、幼儿园健康教育活动的实施与指导

（一）幼儿身体锻炼活动实施与指导的一般要求

1. 确定幼儿在身体锻炼活动中的主体地位，重视通过幼儿自身的身体练习来实现锻炼身体的目标

（1）重视灵活运用多种方法激发幼儿参与活动的兴趣，提高幼儿参加活动的主动性和积极性。

（2）注意精讲多练，为幼儿提供身体锻炼的机会和条件。

（3）尊重幼儿，多用鼓励、表扬等正面教育的方式、方法。

2. 灵活地调控运动的负荷

运动负荷既包括生理负荷（活动量），又包括心理负荷，虽然在活动设计时已考虑到这些负荷的恰当安排，但活动中的具体情况将直接影响运动负荷的变化，因此，教师在具体实施活动时应注意：

（1）既要按照活动方案有目的、有计划地帮助幼儿进行身体锻炼活动，又要根据幼儿具体的活动情况，运用观察等方法灵活调节活动的节奏（甚至改变活动的计划），确保运动量的变化符合人体生理机能的变化规律。

（2）注意情绪负荷的高潮不宜出现过早。

3. 树立随机教育意识，灵活机智地指导幼儿的活动

随机教育是教师有目的、有计划的教育活动的补充和完善，有利于教师应付和处理偶发事件，使活动自然而顺利地进行下去。由于幼儿的思维主要靠具体形象，所以随机教育所抓住的事例往往具有情境性、直观性，容易被幼儿理解和接受。为此，教师在组织实施每一次身体锻炼活动时都应注意：

（1）树立随机教育意识，抓住教育契机，灵活地进行随机教育。

（2）随时观察和了解幼儿在活动中的情况，善于发现问题，及早排除一些影响活动顺利进行的因素和问题。

（3）开展随机教育要适度。随机应变，处理好突发事件。在遇到突发事件时，教师应处变不惊，灵活指导幼儿顺利进行活动。

（二）幼儿体育课的实施与指导

第一，做好活动前的准备工作。包括幼儿的知识准备，活动前的场地、器材

和玩具的置备与布置，熟悉活动计划，做好活动前幼儿及场地的安全、卫生工作等。

第二，教师的情绪、语调和态度等会直接影响幼儿的情绪和兴趣，因此，教师要注意自身言行对幼儿情绪兴趣的影响和感染，要以积极的态度和高昂的情绪投入到活动的组织和指导中去，并有执行活动计划的高度责任心和灵活性。

第三，灵活运用多种指导方式，既面向全体，又应注意个体差异，做好个别教育。

第四，控制好活动的时间。一般小班为15～20分钟，中班为20～25分钟，大班为30分钟左右。

第五，重视在活动中发展幼儿的智力，并通过建立活动常规，利用活动的有关内容，培养幼儿良好的品质和个性，促进幼儿身心全面健康地发展。

第六，注意做好活动后的复习辅导和检查评价工作，总结经验教训，不断提高自身的组织指导能力。

（三）幼儿早操活动的实施与指导

第一，做好活动前的准备工作。

第二，给幼儿提供足够的活动器材，并鼓励幼儿自选器材。

第三，在活动的不同时间，指导幼儿利用同一器材或选用不同的器材选择各种玩法，指导幼儿进行创造性的活动，全面锻炼幼儿的身体。

第四，丰富早操活动的内容。早操活动的内容一般都是幼儿基本学会和掌握的内容，一般不进行新内容的学习（除器材的不同玩法外）。基本体操的内容一般应一学期更换1～2次，以提高幼儿做操的积极性和做操的能力。做操时，应注意幼儿动作姿势的正确、到位（教师可领做，并镜面示范），发现错误应及时用语言提示或具体帮助的方法加以纠正，并注意引导幼儿做操时动作和呼吸的合理配合。

第五，根据季节和气候，灵活调节早操活动的时间和内容。注意早操活动的安全和卫生，即应保证场地整洁、所用器械的安全和卫生、播放音乐的音量不宜过大，等等。

第六，做好个别教育工作。

（四）户外体育活动的实施和指导

户外体育活动与早操活动有一定的相似之处，但由于户外体育活动与早操活动相比，其活动的内容和形式灵活性更大，因此在指导时应注意：

第一，保证幼儿有足够的户外体育活动时间。

第二，提供足够的活动器械，提供给幼儿充分的自由活动机会和条件。在活动的不同时间，应注意投放新的不同的活动器材，开展不同的活动。

第三，活动前应向幼儿提出活动的具体要求和注意事项。活动中要注意观察了解每个幼儿的具体情况，有针对性地、灵活地加以指导，注意因人施教，做好个别教育工作。

第四，启发幼儿在活动中积极思考。尤其在小型多样的体育游戏活动中，要鼓励和引导幼儿创造多种玩法，发展幼儿活动的创造性，增强幼儿的智力。同时，应要求幼儿遵守活动规则，爱护活动器材，团结合作，处理好同伴间的相互关系，以促进幼儿社会性和良好品德、个性的形成。活动结束时，要求幼儿整理和收拾好活动的器材。

第五，灵活运用多种指导方式指导开展幼儿的户外体育活动。尤其应加强对幼儿自选活动的指导，避免活动失控。为此，教师一方面应限制幼儿的不当或过分活动，另一方面又要调动那些消极活动的幼儿参与活动的积极性，达到全员锻炼身体的目的。

第六，注意户外体育活动的内容与其他形式的身体锻炼活动的密切配合。

第七，保证户外体育活动的安全和卫生。

六、当前健康教育存在的误区和亟待解决的问题

1.对健康概念的认识不清楚

目前教师对“健康”的概念和健康教育所包含的内容还不明确，对于“健康”概念的多元化认识不清晰，还局限在生理健康上，停留在个人化的健康观念上，属于“生物医学模式”的健康观，而对于现代社会的健康观的多元性和整体性缺乏必要的认识。

2.心理健康教育未引起重视

有的孩子由于家庭或是教育缺陷以及幼儿心理发展滞后等方面的原因，出现了一些心理不健康导致的行为异常现象。例如：自私、脾气暴躁、攻击性强等。但幼儿园现行的健康教育内容大都采用单一的生理保健的保育模式，心理健康教育与保健在很大程度上被轻视。教师在实施健康教育时，对这些已经出现的心理问题往往关注较少。

总之，幼儿教育是一个科学全面的保教过程，而现代的幼儿教育更侧重于德、智、体这具有代表性的三大素质，其实也就是搞好智育、保育、体育这三方面。由此可见，幼儿的健康教育在现代教育中有着不可替代的作用。让孩子在快乐中学习、在运动中享受，是我们每一名教师的责任和义务，我们要树立“健康第一”的教育理念，推动素质教育的深入开展。

第二节 幼儿园语言教育活动设计与指导

语言在幼儿的认识和思维过程中发挥着重要作用,幼儿阶段是语言发展的关键时期。幼儿园语言教育活动是有目的、有计划、有组织地对幼儿进行语言教育的过程,它不仅可以促进幼儿的语言发展,对幼儿的身心健康、全面发展也具有积极的影响。

一、幼儿语言发展的特点

幼儿语言的发展是随着神经系统的成熟和思维水平的提高,在运用语言与人交往的过程中逐步实现的,既受年龄因素的制约,又存在较明显的个体差异。神经系统的发育、发音器官的调节控制、听觉器官的辨别等,是影响幼儿语言发展的主要因素。

3～4 岁的幼儿由于神经系统发育还不完善,发音器官和听觉器官的调节、控制能力相对较差,所以他们有些音发得还不够准确和清晰。此时是他们语言发展的关键期。这时的幼儿已经能听懂日常生活用语,会向别人表达自己基本的想法和要求,只是语句不够完整,有时会出现时断时续的现象。他们对词义的理解比较表面化和具体化。

4～5 岁的幼儿基本能够清楚大部分语音发音,能听懂日常一般句子和一段话的意思。他们掌握词汇的数量和种类迅速增加。在使用简单句的基础上,其语言能够逐渐连贯起来。

5～6 岁的幼儿在正确的教育和影响下,能够清楚地发出母语的全部语音,并能听懂更多比较复杂的句子,理解一段话的意思。能够掌握表示因果、转折、假设关系的连接词,掌握表示类概念的词汇;能够用语言描述事物发展的顺序,并且会有意识地组织句子,表达时能运用各种语气。

二、幼儿园各年龄班语言教育活动目标

在教育过程中,我们常常将幼儿园语言教育的阶段目标用活动类型的方式进行分类表述,以便教育工作者在计划某一学期的教育工作时有参照指标。下述的阶段目标是从不同类型语言教育内容的角度,将幼儿园语言教育目标分解到每一个年龄阶段。

(一)小班

1. 谈话活动

能听懂并愿意说普通话。

在教师的引导下,学习围绕主题谈话,能用短句表达自己的意思。

初步学习常见的交往语言和礼貌用语。

学会安静地听同伴说话,不随便插嘴。

喜欢与同伴交谈,愿意在同学们面前讲话。

2. 讲述活动

理解内容简单、特征鲜明的实物、图片和情景。

愿意在同学们面前讲述。

能正确地说出讲述内容的主要特征或主要事件。

能有兴趣地运用各种感官,按照要求去感知讲述的内容。

能安静地听老师或同伴讲述,并用眼睛注视讲述者。

3. 听说游戏

乐于参加游戏活动,在游戏中大胆地说话。

在游戏中尝试按照规则运用简单语句说话。

养成在集体活动中倾听别人讲话的习惯,能听懂并理解较简单的语言游戏规则。

能发准确某些难发的音,初步掌握方位词及人称代词,学习正确运用动词。

4. 文学作品学习活动

喜欢欣赏文学作品,对文学作品的语言感兴趣。

能初步感受文学作品的语言美,知道故事、诗歌和散文是不同体裁的文学作品。

学习理解文学作品的情节内容或画面情节,能用语言、动作、表情等方式表达自己对文学作品的理解。能在文学作品原有基础上扩充想象,仿编诗歌、散文中的一句或续编故事结尾。

5. 早期阅读活动

喜欢看书,知道看书的基本方法,能初步看懂单幅儿童图画书的主要内容。

能用口头语言将儿童图画书的主要内容说出来,学会感受语言和其他符号的转换关系。

对文字感兴趣,能在成人的启发下认读简单的文字。

在活动中以描画图形的方式练习基本笔画。

（二）中班

1. 谈话活动

学会耐心倾听，不随便打断别人的谈话。

乐意与同伴交流，能大方地在同学们面前说话。

能说普通话，较连贯地表达自己的意思。

学会围绕一定的话题谈话，不跑题。

学会用轮流的方式谈话，不抢着讲，不乱插嘴。

继续学习交往语言，提高语言交往能力。

2. 讲述活动

能主动地在同学们面前讲述，声音响亮，句式完整。

学习按照一定的顺序讲述实物、图片和情景的内容。

能积极地倾听别人的讲述内容，发现讲述方式的异同，并从中学习好的讲述方法。

养成先仔细观察，后表达讲述的习惯。

逐步学会理解图片和情景中展示的事件顺序。

3. 听说游戏

能听懂并理解多重游戏规则。

在游戏中能准确传达对方的话语，并能用语言恰当地表达。

能说简单而完整的合成句。

能较迅速地领悟游戏中的语言规则，并能及时做出反应。

4. 文学作品学习活动

学习理解文学作品中的人物形象，感受作品的情感基调，能运用较恰当的语言、动作、绘画形式表达自己对作品的理解。

喜欢不同形式的文学作品，主动积极地参加文学活动。

知道文学作品语言与日常生活语言的不同，进一步感受文学作品的语言美。

能根据文学作品提供的线索，扩展想象，仿编或续编一个情节或一个画面。

5. 早期阅读活动

能仔细观察图画书画面的人物情节，看懂单页多幅的儿童图画书的内容，增强预知故事情节发展和结局的能力。

在阅读过程中初步了解汉字的由来和简单的汉字认读的规律，并有主动探索汉字知识的愿望。

喜欢描画图形，尝试用有趣的方式练习汉字的基本笔画。

懂得爱护图书，知道图书的构成，有兴趣模仿制作图画书。

（三）大班

1. 谈话活动

能主动、积极、专注地倾听别人谈话，迅速掌握别人谈话的主要内容，并从中获取有益的信息。

能主动地用普通话与同伴交流，态度自然大方。

能围绕话题谈话，会用轮流的方式交谈，并能用恰当的语言表达自己的情感，与同伴分享感受。

逐步学会用修补的方法延续谈话，进一步提高语言交流水平。

2. 讲述活动

通过观察，理解图片、情景中蕴涵的主要人物关系和思想感情倾向。

能有重点地讲述实物、图片和情景，突出讲述的中心内容。

在同学们面前讲话态度自然大方，能根据场合的需要调节自己讲话的音量和语速。

讲话时语言流畅，不停顿，用词用句较为准确。

3. 听说游戏

在游戏中学习正确运用反义词、量词和连词等，并能说完整的合成句。

养成积极倾听的习惯，迅速把握和理解游戏中较复杂的多重指令。

不断提高幼儿倾听的精确程度，准确掌握和传递有细微差别的信息。

在游戏中按照规则迅速调动个人已有的语言经验编码，并进行迅速的语言表达。

4. 文学作品学习活动

乐意欣赏不同体裁、不同风格的文学作品，在文学活动中积累文学语言，并尝试在适当场合运用。

在理解文学作品人物、情节或画面情景的基础上，学习理解作品的主题或感受作品的情感。

初步感知文学作品语言和结构的艺术表现特点，开始接触文学作品的艺术语言构成方式。

依据文学作品提供的想象线索，联系个人已有经验扩展想象，并创造性地进行表述。

5. 早期阅读活动

能与同伴合作制作图画书，进一步了解图画书的构成。

知道图画书中的画面与文字的对应关系，开始有兴趣地阅读图画书中简单的文字。

积极学习认常见的汉字，进一步了解汉字认读的规律，提高观察模拟的能力，并能注意在生活中运用已获得的书面语言。

掌握基本的书写姿势，在有趣的图形练习中做好写字的准备。

将语言教育目标分解为不同的要求，形成对每一年龄阶段儿童逐步提高要求的具体目标，这是年龄阶段目标的一个特点。这一年龄阶段目标的另一个特点，是儿童语言发展指标和相关学科知识的融合。这就促使我们将语言教育目标贯彻到儿童所学的学科知识中去。换言之，语言教育目标为儿童语言方面的发展规定了具体的发展方向，在每一年龄阶段的目标中，对幼儿掌握知识、获得能力提出了一定的要求，期望通过相应阶段的学习，使幼儿在语言方面、在原有水平的基础上再提升到一个新的高度。

三、幼儿园语言领域教育内容的主要类型及组织形式

幼儿园语言教育的内容是幼儿学习语言、获得语言经验的载体。既包括专门的语言活动，也包括渗透在幼儿的一日生活之中的语言活动。

专门的语言教育，其核心是通过让幼儿在教师直接指导和参与下进行的比较系统的语言学习，帮助他们获得全面发展的最基本的语言知识、能力和情感态度。包括：文学活动、谈话活动、讲述活动、语言游戏（听说游戏）和早期阅读。

1. 语言文学教育活动

主要采用欣赏、仿编与创编等形式。

活动中，教师在选择作品时要注意，如果选择优美的，重在欣赏的作品，最好用欣赏的形式；若是选择有趣的、操作性强的，事物之间关系明显的，重在幼儿体验的作品，最好用仿编与创编的形式。在设计任何一个具体活动时，都不要受到模式化的影响，教师应尽可能让幼儿在自由的、宽松的、舒服的环境中欣赏作品，同时注重生动逼真的情境在活动中的重要作用。

2. 谈话活动

谈话活动是一种有目的、有计划地组织幼儿学习语言的教育活动，旨在创造一个良好的语言环境，帮助幼儿学会倾听别人谈话，围绕一定话题进行谈话，习得与别人交流的方式与基本规则，提高幼儿言语交往的水平，培养与人交往的能力。在组织谈话活动时，一般有如下步骤：

首先，创设谈话情境，引出谈话话题。通过一定的情境，激发幼儿的兴趣，启发幼儿对话题有关经验的联想，打开谈话的思路，做好谈话的准备。这是谈话活动不可或缺的一个环节。

其次，幼儿围绕话题自由交谈。这一步骤的目的在于调动幼儿个人对谈话话题的知识储备，运用已有的谈话经验，相互交流个人信息。这个步骤非常重

要，它是幼儿能否大胆打开“话题”的重要保证。

再次，拓展话题并学习谈话经验。经过幼儿自由交谈的活动阶段后，教师要适时将幼儿集中起来，通过逐层深入的谈话，引导他们逐步扩大谈话范围，学习运用新的谈话经验，使其谈话水平进一步提高。这个步骤直接关系到幼儿谈话经验的学习，关系到活动目标的实现，教师要做好充分的准备，自己“说什么”和“怎么说”都要考虑全面，否则，可能会直接影响谈话活动的质量。

最后，幼儿在谈话活动中学到新的谈话经验后，教师要创造条件鼓励幼儿将这些新的经验在日常生活中不断加以练习和实践，并学会迁移谈话。

【案例精选】

案例 3-3：《我的妈妈》（小班谈话活动）

活动目标

1. 引导幼儿围绕主题谈话，学会用简短的语句介绍自己的妈妈。

2. 培养幼儿注意倾听同伴讲话的习惯。

3. 培养幼儿关心和疼爱妈妈的情感。

活动准备

1. 事先请幼儿观察自己妈妈的日常生活，了解妈妈在家做些什么事。

2. 每人带一张自己妈妈的照片。

活动过程

1. 教师用谈话的方式引出谈话话题。

2. 将幼儿分成几个小组或要求幼儿两两结伴，拿着自己带来的照片向同伴作介绍，要求幼儿清楚地说出妈妈的长相，在家做些什么事以及妈妈的职业。

教师轮流参与幼儿的小组谈话，了解他们的谈话内容，间接引导幼儿围绕主题谈话。

3. 引导幼儿集体谈“妈妈”。幼儿自由交谈后，教师请个别幼儿在同学们面前谈自己的妈妈。

4. 通过与幼儿一起讨论的方式，扩大谈话范围。如咱班某某小朋友讲得非常好，他是怎样讲的？先讲的什么，接着讲的什么，最后讲的什么？

5. 情感教育。引导幼儿想一想：妈妈都很爱我们，小朋友也应该关心、疼爱自己的妈妈。

6. 把自己心目中的妈妈画出来。

（本案例来自北京市中华女子学院附属幼儿园）

3. 讲述活动

幼儿园的讲述活动以培养幼儿独立构思和表述一定内容的语言能力为基本

目的，锻炼幼儿的独白能力，培养幼儿的语言表达能力，提高其语言表达水平。讲述活动是幼儿园语言教育的一个重要形式，在幼儿园语言教育中占有重要的地位。

讲述活动包括以下几个步骤：

首先是感知理解讲述对象，主要是通过观察的方式进行。教师要调动幼儿各种感官对讲述对象进行观察、感知理解，以获得认识，为讲述打好基础。同时，教师应根据活动的具体要求指导幼儿观察。

然后运用已有经验自由讲述。在幼儿对讲述对象有一定的理解后，教师就应该调动幼儿的积极性，让幼儿有足够的机会运用已有的言语和知识经验进行讲述。这个阶段是幼儿自由发挥的阶段，在这个环节中，教师要注意：一是在幼儿自由讲述前交代清楚讲述的要求，特别是要提醒幼儿结合讲述对象进行讨论；二是在巡回指导时，不必着急告诉幼儿什么，而是要注意倾听，既要听讲得精彩的部分，又要倾听能力较弱和能力中等的幼儿的讲述，这样的倾听有助于教师了解幼儿对讲述对象的感知，为下一个步骤的顺利开展奠定良好的基础。

其次是学习新的讲述经验。让幼儿清楚、有条理地进行讲述，不断提高幼儿的口语表达能力。

再次是集中倾听，在幼儿学习了新的讲述经验后，再次分组讲述，然后每组推荐一名幼儿在同学们面前讲述，其他幼儿认真倾听，这个阶段是幼儿再学习的阶段。它不仅要求幼儿能认真倾听他人的讲述，还可以让幼儿评价同伴在哪些方面讲得好，哪些方面比自己强，哪些方面与众不同。教师要做好以下的指导：一是在幼儿分组讲述时认真倾听他们的讲述，并做到因人施教，对讲得好的幼儿给予肯定，并帮助讲得不好的幼儿分析自己的不足之处，鼓励那些胆小的幼儿大胆讲述；二是在少数幼儿讲述完后给予具体、详细的评价，可以帮助幼儿对自己的讲述做出正确的判断，并学习他人的长处。

最后是巩固与再实践，这个阶段既可以放在基本活动中，也可以放在延伸活动中进行，其主要目的是提供练习机会，帮助幼儿学习新的讲述经验。可以让幼儿分组自由讲述，也可以在语言区中进行。教师的指导主要在于：一是了解每位幼儿的讲述水平和进步情况；二是帮助幼儿迁移新的讲述经验。

4. 听说游戏

听说游戏是由教师设计组织、为培养幼儿倾听和表述能力而专门设计的，用游戏的形式组织的语言教育活动。其设计与实施有其独特的规律，按照下列结构去设计实施活动，可以产生更好的教育效果。

(1)创设游戏情景，引发幼儿兴趣。这一步骤的主要目的，在于向幼儿展示游戏的氛围，引发幼儿参与游戏的兴趣。

(2)交代游戏规则，明确游戏玩法。这一步骤的目的是，要幼儿通过教师布置的任务以及讲解要求，明确游戏的玩法。教师利用讲解和示范相结合的方式，引导幼儿理解游戏的规则。

(3)教师指导幼儿游戏。这样有利于幼儿在活动过程中，熟悉游戏规则，进一步明确和掌握游戏的玩法，掌握在游戏中运用语言交往的基本思路，从而为独立开展听说游戏做好充分的准备。

(4)幼儿自主游戏。通过前面3个步骤的活动，幼儿已经比较熟悉游戏的规则和玩法，逐步掌握独自开展听说游戏的能力。

5.早期阅读活动

早期阅读活动是有计划、有目的地培养幼儿学习书面语言的教育活动。这种早期阅读活动，为幼儿提供集体学习的环境，帮助幼儿接触书面语言，提高他们对书面语言的理解能力，培养他们对书面语言的敏感性，为进入小学的正式书面语言学习打下良好的基础。

幼儿园需要为幼儿提供丰富的阅读材料，其中一项重要内容便是图书阅读活动，而图书的选择也至关重要：

第一，内容既要符合幼儿的年龄特点，又要贴近幼儿的生活经验，即既容易理解又好玩有趣。

第二，要为幼儿的阅读和理解带来一定挑战。如故事的讲述形式或采用重复的结构方式、或情节与情节之间存在一定的逻辑关系，这样的读本就便于孩子们阅读和理解。

第三，图画书的画面和颜色也是选择的一个因素，颜色应是鲜明的，画面结构应是简单的。

第四，能培养孩子良好的品质、习惯，感受生活的快乐。例如儿童心灵成长图画书系——《青蛙弗洛格的成长故事》系列图书(湖南少年儿童出版社)；感受爱的图画故事——《猜猜我有多爱你》(少年儿童出版社)；小女孩的行为成长范本——《玛蒂娜系列》(中国少年儿童出版社)等系列图书均可以作为早期阅读活动中的经典图书阅读材料。

渗透的语言教育，其核心是促进幼儿与教师、同伴之间的有效言语交流。包括：生活中的语言学习、自由游戏中的语言交往以及其他领域(活动区、户外活动)的语言渗透等，如科学领域、美术活动、社会活动等的相互渗透。

四、幼儿园语言教育活动的实施与指导

(一)语言运用的情境创设

1. 宽松的语言运用情境

幼儿园的语言活动,首先要为幼儿创设宽松的心理氛围。宽松的心理氛围是幼儿敢于表达的重要条件,它体现了教师对幼儿的尊重,体现了师生之间平等和谐的关系。不怕幼儿说错话,在幼儿说话过程当中不要为了纠正语言而打断幼儿的话,教师要允许幼儿说得暂时不对、不完整,要相信孩子会在交往的过程中说得越来越准确,越来越完整。在孩子表达的时候,教师要成为孩子的倾听者,表现出倾听的兴趣,在这一过程中有再次激发幼儿说话的积极性。幼儿间存在着认知、性格、能力等方面的差异,语言学习具有个别化的特点,《纲要》中提出"对语言有障碍的儿童要给予特别的关注"。而幼儿语言的学习只有在交流时才对幼儿产生意义,因此,教师应了解他们之间的差异,对有特殊需求的幼儿,要在交流的过程中给予特殊的帮助。

2. 为幼儿提供真实丰富的语言运用情境

一方面在专门的语言教育活动中,让幼儿学习在不同的语言情境里运用相应的语言交流方式来与人交往,另一方面,日常的语言交往是真正真实而丰富的语言教育环境,幼儿园语言教育不能忽视日常的和渗透的环节。

3. 为幼儿提供创造性运用语言的环境

创造性的语言环境就是《纲要》所提出的幼儿"想说、敢说"的环境,也就是幼儿可以随时大胆提问的学习环境。创造性培养是贯穿和融合在教育过程的一切活动之中的。由于幼儿的语言运用能力与他们的认知能力以及社会能力是整合一体地发展的,所以我们教师要避免提问太多,要给幼儿提供多提问的机会。

(二)语言教育环境的创设

环境在幼儿语言教育中是一个非常重要的教育因素,它的教育作用是无处不在的,而且是渗透在幼儿一日生活中各环节中的。创设能引发幼儿"对话"的语言环境,抓住幼儿发言的兴趣点。

1. 布置多彩的墙壁,引发幼儿"对话"

《纲要》强调了幼儿园的空间、设施等应有利于引发、支持幼儿的语言学习活动。因此,布置多彩的墙壁,以潜在的、间接的方式吸引幼儿注意,逐步引导幼儿的语言学习,是非常重要的。

2. 充分发挥语言活动区的作用

多元化的语言环境的创设，有利于幼儿由被动学习转化为主动学习。首先是材料的多样化。如图书资料、碟片、电脑网络、电话、答题卡、访问卡及书写材料等。让幼儿在发现、提出问题时，不简单地依赖教师来给予答案，而是把自己的发现自豪地告诉同伴，从而使语言活动朝着深层次发展。其次是材料投放形式的多样化。适当地用上一些简单的辅导材料如小屏风、小栅栏或小操作台、表演台等将区域进行开放式分割，让区域之间互不干扰，不影响幼儿的学习与交流。

（三）其他领域教育活动中语言教育的融合

幼儿的语言学习仅仅靠专门的语言教育活动和日常生活中的语言教育还远远不够，还必须将幼儿语言能力的训练渗透到其他领域的教育活动中去。

1. 在数学教育活动中融合语言教育

数学领域教育活动和语言教育活动不同，它虽然没有太多优美动听的语句以及丰富的词汇，但需要幼儿有快速的反应能力、敏捷的思维能力和精确的语言表达能力。对幼儿来说，数学活动是比较枯燥乏味的学习活动，为了提高幼儿学习数学的兴趣，教师应该常常采用游戏的方式，让幼儿在玩玩说说中掌握有关概念。

2. 在科学教育活动中融合语言教育

在科学教育活动中，幼儿通过各种渠道获得大量的有关客观世界的信息，要通过语言和其他方式向他人表达、传递自己对客观事物的认知与感受，告知自己观察的结果，提出疑问，抒发愉悦的情感，评价他人的探索结果。幼儿通过信息交流，使感知到的周围世界的第一印象在头脑中形成表象，又通过语言或其他方式表达出来，这不仅使幼儿对客观事物的理解更为清晰，而且也有助于幼儿语言能力的发展。

科学教育活动中的语言信息交流主要包括描述和讨论两种方式。描述是指在教师的指导下，幼儿讲述自己在科学探索中的发现、疑问等。讨论是指幼儿与同伴之间、幼儿与老师之间互相探讨各自的发现、想法和疑惑。幼儿在描述和讨论中既可以提出自己的观点与想法，又可以交流自己的探索、操作过程或操作方法，以及从中获取的情绪体验。教师要给予幼儿充分的表述和讨论的机会，鼓励幼儿学习用简单明确的语言表达、描述有关发现。教师要在科学教育活动中，在幼儿充分感知事物和现象的基础上，随机丰富幼儿的词汇，逐步要求幼儿用完整、连贯、通顺的语句表达意愿。

3.在音乐教育活动中融合语言教育

语言和音乐有着非常密切的关系。在音符、节奏以及旋律变化的过程中,幼儿会编出不同的故事。凭着幼儿对音乐的特别情感和特殊领悟力,可在中、大班的音乐教育活动中加入学语言的内容。这种活动应在幼儿充分感受音乐、理解音乐形象的基础上进行。

4.在美术教育活动中融合语言教育

幼儿的世界到处充满着美的色彩,他们爱画、爱玩、爱制作。教师可在美术活动中抓住幼儿的这一特点,让他们对自己的作品进行讲述,也可以在绘画和手工活动中,加进幼儿喜闻乐见的儿歌形式,提高幼儿学习的兴趣。通过念儿歌、做手工,让幼儿动手又动脑,既能受到美的熏陶,又能提高口语表达能力。

5.在体育活动中融合语言教育

在体育活动中,幼儿的活动量往往比较大,他们兴致高,有时不能控制自己的情绪。根据这一特点,在爬、跳、跑等活动中,应先让幼儿观看教师的示范,请幼儿讲述并讨论教师的动作要领及注意事项;然后请幼儿模仿教师的动作,再请他们讲一讲是怎样做好动作的。这样,既注意了活动的动静交替,又使幼儿通过自身的体验,讲出了活动特色,提高了语言表达能力。

各领域教育活动都有独特的价值,在促进幼儿身心和谐发展方面有着不可替代的作用。我们不能为强调语言教育而忽视其他领域的教育,何况有时在其他领域的教育活动中,语言教育并不占据主要地位,不能为促进幼儿语言发展而使其他领域的教育活动本末倒置,这是开展教育活动时应该注意的问题。

(四)日常生活中的语言教育

幼儿园的语言教育活动不应当孤立进行,应渗透在各个领域的各种类型的活动中。要使幼儿的语言得到较好的发展,幼儿园就应当创造一个良好的语言环境,这不仅包括为幼儿提供促进语言发展的物质环境(书籍、书写工具等),更重要的是要有一个促使他们积极地听、说、读、写的心理环境。

《纲要》提出了"对有语言障碍的幼儿要给予特别关注",教师要在日常的活动中注意观察幼儿的语言,要及时发现与其他幼儿存在差异的幼儿,及时与其家长联系,教师要帮助这样的孩子增强语言交流的自信心。

1.倾听幼儿说话

当幼儿向教师讲述某件事时,教师不仅要注意倾听幼儿语言中的语词、句子,更应关注幼儿语言中所传达的信息。在实际操作中,教师应当耐心地与幼儿对话,还可以尝试做"秘书",记录幼儿所说的话,在完成以后再读给他听。

2. 为幼儿提供谈论的真实环境

幼儿一定要在真实的情境中才能有话可说。比如，教师与幼儿围绕某个主题，交流先前的经验、参观、访问，然后再就探索来的经验和感受进行交流、分享，并用各种方式予以表现，这些都是幼儿可以进行交谈的真实环境。

3. 重视幼儿与幼儿之间、教师与幼儿之间的谈话

幼儿彼此之间的交谈，不仅是他们交换意见的方法，也是他们语言交流能力增强的途径。幼儿之间的交谈可以帮助他们将想法转化成词句，从而提升运用语言的能力。教师应当在日常生活中鼓励幼儿间的交谈，努力避免自己成为幼儿注意的焦点。

交谈可以在集体活动中进行，如小组学习讨论某个问题，分享某个活动的经验，或是谈论某件物品等，也可以在日常生活中进行。

4. 运用能够引发对话的问题与回答

教师在与幼儿进行语言交谈的过程中，有两个方面需要注意：一是要提开放式问题；二是要以扩充的方式回应幼儿的问题。提开放式问题的目的是要让幼儿了解，许多问题不只有一个答案。同时，开放的问题可以引起更多的交谈，从而促进幼儿语言发展。如果教师所提的问题只有一个答案，当答案明了以后，对话也就停止了。回应幼儿的问题，或是回应他们所说的某件事时，教师应当尽可能扩充他们的语句，因为这种扩充对于丰富幼儿的语言是比较有效的。

5. 让幼儿参与书写

对幼儿强调文字的作用并让幼儿参与书写是十分重要的。

强调文字的作用，并不是每天一定要教孩子认多少个汉字，而是要教师在日常生活中，在需要的情况下，对文字给予提示，让幼儿从事一些与书写有关的活动。比如，当孩子画好一张画后，告诉老师他所画的内容，这时，教师就可以将他说的话记下来，然后再读给他听；小组讨论某个问题时，教师将每个孩子的发言记下来，然后将孩子们的发言归纳、整理；在孩子们计划自己的活动时，让孩子们用小纸条记下、画下自己将要做的事，并让他们在小组里把所“写”的计划读给别人听，这些都是孩子的书写活动。

五、需要注意的问题

理解《纲要》的语言教育要求时，教育工作者在工作中需要关注以下几方面：

第一，能创造一个自由、宽松的语言交往环境，支持、鼓励、吸引幼儿与教师、同伴或其他人的交谈，体验语言交流的乐趣。从教育环境的要求、教师的角色和作用、交流的范围及与不同团体交往的特点等方面思考，幼儿口头语言发展需要幼儿对语言交流感兴趣，真正理解交流的功能，培养幼儿积极主动和自然的交流的能力。

第二，培养幼儿注意倾听的习惯，发展他们的语言理解能力。倾听是幼儿感知和理解语言的行为表现。就幼儿语言学习和发展而言，倾听是不可缺少的一种行为能力，良好的倾听行为习惯的养成也是从学前阶段开始的。只有懂得倾听、乐于倾听，并且善于倾听的人，才能真正理解语言的内容、语言的形式和语言运用的方式，掌握与人进行语言交流的技巧。

第三，鼓励幼儿大胆、清楚地表达自己的想法和感受，尝试说明、描述简单的事物或过程，发展思维能力和语言表达能力。对幼儿来说，以一定的语言内容、语言形式以及语言运用方式表达和交流个人观点的行为，是幼儿语言学习和语言发展的主要表现之一。只有懂得表述的作用、愿意向别人表达自己的见解，并且具备表述能力的人，才能真正地与人进行语言交际。

【案例精选】

案例 3-4：表情与情感（大班语言活动）

活动目标

1. 丰富情感词汇，引导幼儿学习描述人物的表情，能较连贯地描述不同的情绪体验。

2. 培养幼儿良好的倾听习惯，锻炼幼儿独创性想象能力。

3. 丰富幼儿的情感，能通过观察他人的表情，体谅、理解他人的心情，提高其移情能力。

活动准备

黑板、粉笔；"小树哭"、"太阳笑"、"小鸟惊慌"的表情图片；各种描述情绪、情感词汇的字卡；磁带、录音机。

活动过程

1. 以简笔画的形式分别绘画出不同的表情人物脸谱。请幼儿仔细观察，提问："他笑了，说明他心里有什么感受？还能用什么词来说？"

引导幼儿说出描述表情的词汇。提问："刚才我们说的都是些描述表情的词，谁知道还有哪些描述表情的词汇？"（以轮流的形式让每个幼儿都有机会来说）

2. 自由讲述：讲述经历过的最高兴、伤心、生气或害怕的事情。（教师倾听幼儿的讲述。请个别幼儿讲述给大家听）

3. 出示图片："小树哭"、"太阳笑"、"小鸟惊慌"。提问："看一看它们的表情是什么样的？想一想它们为什么会有这样的表情？发生了什么事呢？"（要求幼儿想得和别人不一样）

4. 做游戏

听说做:教师描述一段情景,幼儿说出并做出相应的表情。如:我一边吃冰淇淋,一边看着有趣的动画片。(高兴、开心、快乐)

看说做:教师出示字卡,请幼儿用语言、动作和表情来表现字卡上的情绪。

幼儿讨论:"你喜欢哪一种表情,为什么?""当你看到别人伤心、生气或愤怒的时候,你会怎么做?"(关心、安慰,讲开心的事,和他一起玩,请他吃好吃的)

听音乐:生活中有许多东西会影响我们的情绪,请幼儿说说所听到的乐曲表现的情绪态度。让幼儿用动作表现音乐的情绪,说出心里的感受。

在音乐声中总结:今天大家都很开心、高兴,我们每天都应该保持高高兴兴、快快乐乐的情绪。

(本案例来自北京市花家地幼儿园)

第三节 幼儿园社会教育活动设计与指导

幼儿社会教育,是指以发展幼儿的情感——社会性为目标,以促进幼儿的社会认知、激发幼儿的社会情感、培养幼儿的社会行为为主要内容的教育。幼儿社会教育也是做人的教育,是形成和完善幼儿人格的教育,是幼儿全面发展的需要。

一、幼儿社会认知发展

(一)一般特点

幼儿社会认知发展是非同步、非等速的,其发展水平遵循认知发展的普遍规律,但不完全受认知发展的影响,与社会交往密切相关。幼儿社会认知过程是一个逐步区分认识社会性客体的过程,主要区分:人与物的不同;照顾者的不同情绪,不同的意图与行为等。

(二)内容

1. 幼儿自我意识的发展

发展内容	发展特点
自我认知	由主客不分到将自己与外在事物分离,代词"我"的使用标志自我意识的形成。其认知有外在化的特点。
自我评价	从轻信和运用成人的评价到自己独立的评价;评价常常带有主观情绪性与外在性。
自我控制	幼儿从接受外部言语指导及诱因逐渐发展到根据自身要求和内部诱因来控制行为,从不自觉行为发展到自觉行为。

2. 对他人认知的发展

发展内容	发展特点
对他人外形认知	2岁以后，幼儿能逐步发现自己与他人在外形上的差异。准确地使用“你”、“他”这两个人称代词时，标志幼儿已把他人当作独立的个体。
对他人心理状态的认知	能通过行为特征与结果来理解他人内在情绪与推断他人在集体中的地位。

3. 对社会环境和规范的认知

发展内容	发展特点
对社会环境的认知	由近及远、由简单到复杂，逐步扩展和深化。
对社会规范的认知	幼儿的自我中心思维使他们还不能完全理解规则的真正目的。在游戏和行为中往往按照自己的规则进行。他们往往首先在别人的行为中发现违规现象。

二、幼儿园各年龄班社会教育活动目标

（一）小班

引导幼儿熟悉集体生活环境，认识集体中的同伴与成人，初步了解他们与自己的关系，使幼儿逐步适应集体生活。

使幼儿保持愉快的情绪，不好哭，不怕生，愿意与他人交往；培养幼儿初步的自我意识，鼓励幼儿积极参与集体生活和学习，培养幼儿的独立能力。

引导幼儿掌握日常生活中简单的礼貌用语，使幼儿能够遵守日常行为规范。

引导幼儿与同伴共同活动，不争夺或独占玩具，不把幼儿园的图书、玩具带回家。

教育幼儿爱长辈、爱老师，不提无理要求，不无缘无故发脾气。

激发幼儿从事简单的自我服务性的劳动的兴趣，鼓励幼儿学习做力所能及的事；引导幼儿初步了解周围成人的劳动，使幼儿懂得尊敬劳动者、珍惜劳动成果。

（二）中班

引导幼儿进一步了解关心周围的同伴及成人，初步理解他们的需要和情感，会同情、关心和帮助他人。

引导幼儿了解周围的社会机构、交通设施、风景名胜，知道它们与人们生活的关系，激发幼儿爱家乡、爱家乡人的情感。

引导幼儿在与同伴及成人的交往中，正确地使用礼貌用语，进一步激发幼儿

与他人交往的意愿，提高幼儿与人交往的技能，使他们学会自觉地与他人合作，懂得谦让。

鼓励幼儿自己的事情自己做，愿意为班级、为家庭做力所能及的事，使幼儿进一步了解周围成人的劳动，懂得劳动的艰辛，懂得要尊敬劳动者，珍惜劳动成果。

鼓励幼儿初步学会正确评价自己与同伴，鼓励幼儿敢于承认错误、改正缺点，做一个守信用的人。

鼓励幼儿大胆地表达自己的见解，能克服困难，完成任务；鼓励幼儿有始有终地做一件事，引导幼儿学会自我控制。

（三）大班

引导幼儿进一步了解自己所在的集体，知道自己是集体中的一员，主动地做对集体有益的事，使幼儿具有初步的集体荣誉感。

引导幼儿主动、正确地使用礼貌用语，以恰当的方式与他人交往，与同伴友好相处；使幼儿学会主动照顾、关心中小班的幼儿。

引导幼儿自觉遵守幼儿园的各项规章制度，控制自己的情绪和行为；引导幼儿自觉遵守社会公共规则；鼓励幼儿热爱劳动，爱惜劳动成果，爱护公共财物。

引导幼儿大胆地表达自己的意见，学会独立地解决碰到的问题和困难；引导幼儿做到做事有信心、有耐心，认真地完成老师布置的任务。

使幼儿学会分辨简单的是非，懂得要学习好的榜样，不模仿不良行为，激发幼儿初步的爱憎感。

进一步引导幼儿正确评价自己与他人，愿意学习他人的优点，不讥笑他人的缺点，不自满，敢于承认并改正自己的缺点。

三、幼儿园社会领域教育活动的组织形式

幼儿园社会领域教育活动可以相对地划分成专门的社会教育活动和非专门的社会教育活动。

（一）专门的社会教育教学活动

专门的社会教育教学活动是指教师根据社会教育的目的和要求，结合本班幼儿身心发展的规律和特点，选择恰当的社会教育内容，借助合理的教育方式和方法，对幼儿进行专门社会教育的活动形式。专门的社会教育活动，目标是明确的，计划是周密的，内容也是系统和集中的，可以有针对性地增进幼儿的社会认知，激发幼儿的社会情感，引导幼儿的社会行为。

【案例精选】

案例 3-5:我的名片(大班)

活动目标

1.通过活动学习,使幼儿能说出名片的作用。

2.通过制作名片,使幼儿能认识到自己的爱好。

3.通过互赠名片,加深幼儿间的了解,增进友谊。

活动准备

1.教师自制名片2小张、2大张,内容一样。(若用幻灯机则不需大张)

2.空白名片纸多于小朋友人数。

3.水彩笔、小剪刀(幼儿自带)。

活动过程

1.开始部分(导入)

(1)情景表演:公交车上。两位许久未联系的好朋友相遇——分手赠名片。

(2)问题:他们互相给的是什么?(导入课题——名片)

2.进行部分

问题:他们为什么互相给名片?

欣赏表演中的名片。

(1)问题:小朋友能说出名片的作用吗?

(过渡语:小朋友们想不想拥有自己的名片呢?)

(2)动手做名片。

①教师示范,注意强调与前面的名片的变化,如图案、形状、颜色、信息的变化。

②幼儿操作。

(3)结束部分:互赠名片,在老师编的儿歌中结束活动:"小小名片不起眼,大大作用不一般,送给同班某某某,结成朋友乐滔天。"

延伸活动

"名片展"、学儿歌。

活动评析

名片是一种社会文化,幼儿在日常的生活中应有所接触,名片是成人为了介绍自己而使用的,幼儿并不需要使用名片,幼儿对认识名片和使用名片充满了新鲜感。活动使用了多种教学方法,情境表演让所有幼儿对名片有了最初的认识,通过谈话使幼儿了解名片的作用,通过做名片和使用名片,进一步熟悉名片,并体验使用名片的快乐。活动步骤循序渐进,活动方式多样,幼儿在活动中增加社会认知(认知名片),学会了适当的社会行为(与他人相互赠送名片)。

(本案例来自北京市和平街幼儿园)

(二)非专门的社会教育教学活动

非专门的社会教育教学活动,是指教学活动的目标并不专门指向社会领域,在促进幼儿某一方面发展的同时也促进了幼儿社会性的发展。例如,健康、科学、语言活动中就暗含着对幼儿的社会教育。再如,户外体育游戏的目的是通过幼儿的跑、跳等发展幼儿大肌肉群的动作,增强他们的体质,但也磨炼了幼儿的意志,引导幼儿学会与小朋友友好相处、遵守游戏规则等。因此,在非专门的社会教育活动中,也总是引导着幼儿按照社会的价值取向、社会的道德规范行事,这也同样促进了幼儿社会认知、社会情感和社会行为的发展。

1. 其他领域的教育活动

由于社会教育具有潜移默化的特点,社会教育总是渗透于健康、语言、科学、艺术等领域中。如科学领域,在增加幼儿科学知识量的同时,可以培养幼儿对科学的积极态度和勇于探索的科学研究精神;语言领域,在发展幼儿的语言表达能力、培养幼儿对文学作品的兴趣的同时,还能让幼儿学会分享、合作,激发幼儿的同情心和保护小动物的美好情感等。再如艺术领域,当教师教幼儿学习跳藏族舞时,可适时地向幼儿介绍藏族人的服饰、生活环境、饮食习惯,通过与其他民族的比较,使幼儿感受到我们生活在一个多民族的大家庭里,增强幼儿的民族自豪感;健康领域,不但要使幼儿身体得到锻炼,还可以培养幼儿勇敢、坚强、乐观的态度。在其他领域的教育活动中,尽管教育的目标并不专门指向社会领域,但教学活动中因为暗含社会教育的价值,同样使幼儿受到社会教育。

所以,在每一次教育活动中,教师都应该保持社会教育意识,挖掘出各领域活动中的社会教育价值,不时地对幼儿进行社会教育。

2. 随机的教育活动

随机的教育活动,是指教师抓住偶发事件或情景,随时随地对幼儿进行社会教育的活动。幼儿的一日生活丰富多彩且富有变化,社会教育就渗透于一日生活的各个环节中,教师要具有较强的社会教育感知力,利用提问、谈话、表扬、动作等方式,启发、暗示幼儿应该怎样做或不应该怎样做,或引导幼儿对问题进行讨论,发表个人见解,以达到强化良好行为、纠正不良行为的目的。

3. 日常的生活活动

日常的生活活动是指在正规的教育活动之外,在幼儿生活的各个环节可以随时进行的社会教育的活动。《纲要》指导要点中不仅体现出了正面教育的思想,也渗透着生活教育的理念,尤其是社会领域教育更多地发生于日常生活中,借助日常生活而进行。在日常生活活动中加强对幼儿的社会教育，不仅能提高幼儿的自我服务能力、独立生活能力和培养他们为集体服务的精神，还能培养幼儿独立、自强、勇敢的社会品质。例如在入园时，幼儿主动对老师问好，在离园时主动跟老师说再见，培养幼儿文明礼貌的好习惯；进餐时，可以教育幼儿不挑食、不偏食，使他们懂得珍惜粮食，尊重他人劳动。因此，日常生活活动是对幼儿进行社会教育的重要机会，作为教师要善于抓住每一个机会对幼儿渗透社会教育的思想，并长期一贯地坚持下去，使它成为正规社会教育活动的有效补充。

4. 自由的游戏活动和区(角)活动

作为幼儿最喜爱的活动，游戏在幼儿的世界里具有举足轻重的作用，游戏之于幼儿非常重要。苏联著名教育家马卡连柯曾说过："未来的活动家，首先是在游戏中培养出来的。"[①]游戏可以促进幼儿交往能力的发展和协作行为的发生，使其社会角色意识和社会角色规范得到强化。在游戏中，幼儿要学会遵守游戏的规则，也即社会的行为规则，懂得人与人之间要尊重、合作、分享和互相帮助，通过游戏中所扮演的角色，理解社会中的人际关系。游戏促进了幼儿与同伴之间的和平交往，能在一种公平的氛围中解决相互之间的矛盾和冲突，逐步从自我中心状态发展成为一个社会人。如"娃娃家"，这是每个人在童年时都要玩的游戏。游戏前，幼儿需要先协商确定扮演的角色，这一过程培养了幼儿的协商、合作能力；游戏中，幼儿要根据自己所承担的角色做出相应的行为，并且角色之间要相互协调，这可使幼儿逐步摆脱"自我中心化"，提高协调人际关系的能力。

区(角)活动同游戏活动一样，也是幼儿自愿选择活动内容与合作伙伴，以小组形式进行的活动。区(角)活动能够更充分地满足幼儿不同的发展需要，体现幼儿的兴趣特点，活动过程中幼儿能够主动发表自己的意见，耐心倾听别人的看法，逐渐具有合作意识和互相尊重的民主态度，这也是非专门的社会教育教学活动。

【案例精选】

案例 3-6：游戏"老狼、老狼几点钟"

活动规则

一个小朋友扮演老狼，其余小朋友扮演小羊，小羊围着老狼问："老狼、老狼几点钟？"老狼可任意回答时间，当老狼说到"12 点钟"时，狼就要抓小羊，小羊可以跑到"家里"，被抓住的小羊即退出游戏。

---

① [苏]A. C 马卡连柯著，诸惠芳译：《儿童教育讲座》，河北：河北人民出版社，1997。

活动评析

这个游戏是幼儿园里最常见的游戏，可以用在各领域活动中。在该游戏中，社会教育的主要价值体现在培养幼儿的"去自我中心化"，大部分幼儿在游戏时，除了要顾自己快速奔跑之外，还要站在老狼的角度，考虑老狼会往哪个方向追、老狼跑步的速度等。

四、幼儿园社会领域活动适宜的组织方法

（一）一般方法

1. 实践练习法

这是一种通过真实的生活事件和生活情境，培养幼儿的基本社会生活能力和技能，并增进幼儿的相关知识，激发幼儿的社会情感的方法。这种方法的特点是充分利用现实生活，在生活事件、生活活动中，充分利用一切可以利用的机会，让幼儿练习、实践，以形成和巩固或改变幼儿基本的社会行为。实践练习法是典型的"做中学"的方法。如值日生、自我服务、力所能及的园内公益劳动、待人接物、解决矛盾和冲突等。

2. 参观法

社会领域中的参观法是指引导幼儿进入一定的现实社会场景，使他们通过多种感官，感知社会现象的方法。

社会领域的观察法主要是针对一个或两个社会事物或现象进行深入的观察，以视觉为主要感知渠道。即根据社会领域教育的目的与任务，组织幼儿在园内或园外的场所，让幼儿通过对实际事物和现象的观察、思考而获得新的社会知识与社会规范的教育方法。它能使幼儿教育活动与幼儿实际生活紧密地联系起来，通过身临其境、耳闻目睹的方式接触社会、接受教育。参观法的运用必须服从教育目的，根据教育的要求进行。参观前教师的准备工作是根据教育目的和要求确定参观的地点、对象和参观的步骤，制定好参观的计划。参观时要指导幼儿围绕参观目的进行观察感知。参观结束后，教师要帮助幼儿对参观内容作小结，使幼儿对参观内容有个概括性的了解。

3. 调查法

教师引导和启发幼儿针对社会环境、社会事物及社会现象的相关问题，通过多种途径和手段收集相关材料，并对材料进行思考、分析，从而发现社会现象存在的状态，或是社会问题产生的原因，或是社会现象之间的联系。

幼儿社会教育中的调查法，主要是解决"是怎样的"和"为什么是这样的"等问题。幼儿通过调查，对社会生活有了感性的和较为具体的认识。幼儿参与的

调查不同于成人的调查：一方面在于调查的内容是浅显的、易于发现的、与生活直接相关的，蕴含的关系应该是较为明了的；另一方面是调查手段以视觉感性的手段为主，看、问、听等是调查的重要方式。

4.讲解法

讲解法是向幼儿说明一些简单的、基本的知识和道理，让幼儿了解规则及其意义，使幼儿知道一些基本的事实，知道判断事物的基本标准，即什么是对的、什么是不对的，应该怎样做和为什么要这样做。讲解法不是幼儿社会学习唯一的方法，但却是一种重要的方法。讲解法的使用有一个基本的前提，那就是依靠幼儿自己的探索和思考很难把握事实、道理或规则的本质，或幼儿自己的探索和思考达成目的的时间代价过高。教师的讲解有助于降低幼儿理解的难度，使幼儿真正掌握相关的内容。教师无视幼儿能力的过于深奥的讲解以及不顾幼儿兴趣的过于重复的讲解都不利于幼儿的社会学习。

幼儿园社会教育中的讲解应该是感性的、生动的、具体的，应是关注幼儿兴趣和已有经验的。

5.表演法

表演法是教师有计划、有目的地引导幼儿通过身体动作、语言及表情去体验、感受一定角色的情感和行为，从而达到社会性—情感发展的目的的一种教育方法。一般应有明确的主题。主题可以是幼儿商定的，也可以是教师和幼儿共同确定的。幼儿可根据这个主题自行确定，或在教师的帮助下确定相应的角色。

幼儿园社会教育中的表演总是指向特定的发展目标。教师可以根据幼儿发展的需要和幼儿行为、情感发展的实际状况，确定表演的主题和相应的角色，并为幼儿表演创设或引导幼儿共同创设特定的情景，为幼儿的表演提供相关的材料。一般幼儿表演的主题来自现实生活事件或艺术作品（文学作品、电视等）。对幼儿现实生活的关注，有助于表演主题的丰富和生动，也有助于激发幼儿的表演欲望。

6.谈话法

谈话法是教师与幼儿及幼儿和幼儿之间围绕某个问题进行的思想和情感交流。语言交流是其核心的表现形式。它经常表现为教师和幼儿之间及幼儿和幼儿之间的相互提问、对答。

谈话法在幼儿社会领域教育的使用，有助于幼儿表达对社会事物和现象的经验，有助于幼儿和教师互相分享思想和情感，也有助于幼儿形成一些正确的观念。教师的引导在谈话过程中起着很重要的作用，教师要引导幼儿加入谈话的话题，并表达自己的想法，提出自己的疑问，使谈话围绕教育活动的目标进行。话题可以是教师提出的，也可以是幼儿提出的，但任何话题都一定要蕴含社会教育的目标，并具有可谈性，即谈话能够深入下去。一般说来，话题与幼儿生活的关系越密切，就越具有可谈性。谈话可以在全班进行，也可以在小组中进行，要根据需要灵活地组织。

（二）特殊方法

1. 价值澄清法

它是在L. E拉塞斯等人合著的《价值与教学》一书中首次被提出的。价值澄清理论的基本内容是：每个人都有自己的价值观，而且每个人都按照自己的价值观行事。尽管价值是相对的、个人的，是不能被他人灌输的，但是理智的人类应该有能力学会运用此法。

2. 移情训练法

移情是设身处地地站在别人的位置上，从别人的角度去体验别人的情感。移情训练就是通过故事、情景表演及日常交谈等形式，使幼儿理解、分享别人的情绪情感体验，使幼儿在日后的生活中，对他人类似的情绪、情感会产生习惯性的理解和分享。移情训练的主要途径有讲故事、编故事、情境表演等。使用移情训练法，首先要依据幼儿社会性情感发展需要，选择符合幼儿年龄与认识发展需要的情绪、情感；其次是要使移情发生建立在情绪识别与命名上。

3. 观察学习法

社会心理学家把观察学习的过程具体分析为4个步骤，针对这4个步骤，对教师也有一些基本要求：

(1)注意。幼儿注意被模仿的行为模式。教师应当设计容易引起幼儿关注的行为模式。这种行为模式应该有鲜明的特点，或具有权威感等引人注目的特点。

(2)记忆。在幼儿注意和观察之后，脑中存入刺激，留有表象记忆。教师要给幼儿记忆的机会，模式出现停留时间长一些，行为展示慢一些、清楚一些。

(3)行为复出。观察并记住了新的行为模式，在动机作用下再现有关模式行为。要使观察到的模式表现为幼儿自己的行为需要驱动力，因此教师应该提供环境，提供条件让幼儿实践观察到的行为模式，尽管最初只是粗略的近似的行为。

(4)强化或调节。

4. 角色扮演法

就是创设现实社会中的某些情境，让幼儿扮演一定的社会角色，使幼儿表现与这一角色一致的且符合这一角色规范的社会行为，并在此过程中感受角色间的关系，感知和理解他人的感受、行为经验，从而掌握自己承担的角色所应遵循的社会行为规范和道德要求。角色扮演法可以使幼儿通过承担某种角色，了解角色的行为特点，设身处地理解角色心情，有利于利他行为的产生。

五、幼儿园社会教育活动的实施与指导

1. 为幼儿创造条件，提供时间和空间

教师要留有充分的时间和足够大的空间，使幼儿能在自然的状态下进行社会学习。

2. 有目的地引导幼儿向更高层次发展

教师要善于判断幼儿的发展水平，根据幼儿的发展特点对幼儿进行教育，使幼儿在原来的水平上有新的提高。

3. 随机教育

幼儿的生活是千变万化的，要善于发现生活中的教育契机，及时对幼儿施教，这样可以得到幼儿的认同，收到最佳的教育效果。同时也要注意实施随机教育的合理方式，这就要求教师要有强烈的教育意识和责任感。在日常生活中进行随机教育，如幼儿入（离）园时可以渗透礼貌教育，幼儿在自由活动中争抢器材时教师可以渗透团结友爱的教育；在其他领域教育时也可以渗透社会领域的教育，如语言教育“萝卜回来了”，可以对幼儿进行友爱互助的教育；在节日中也可以渗透社会教育，如“三八”节进行爱妈妈的教育。

4. 家园配合

（1）及时向家长通报本班近期的社会教育目标，使家长对此心中有数，从而也能有目的地配合。

（2）和每一位家长建立“家长联系卡”，在“社会性发展和教育”栏目中客观反映幼儿在园的表现，及时提出教育建议。

（3）利用家长接送孩子的短暂时间，主动和家长交谈，听取幼儿在家表现及家长对此的看法。

（4）组织一些社会教育活动，并请家长参加。

（5）教师可就某一社会教育主题指导家长对幼儿进行有目的的观察，更深层次地了解幼儿，以便采取有针对性的教育。

第四节　幼儿园科学教育活动设计与指导

一、科学教育活动

幼儿科学教育是指幼儿在教师的指导下，通过自身的活动，对周围的自然界进行感知、观察，以及提出问题、寻找答案的探索过程；是幼儿获取广泛的科学、技术经验和具体事实，主动建构表象水平上的粗浅的科学概念、学习科学方法和技能、发展智力的过程；是发展幼儿好奇心，使幼儿感受到自己的能力，得到愉悦情绪的体验，产生学习科学技术的兴趣，以及对自然界和人工自然的关注和爱护的过程。

（一）幼儿学习科学的特点

3～4 岁的幼儿认识过程带有很大的情绪性，缺乏有意性，对周围环境中的事物的认识易受情绪的影响。色彩鲜艳、生动活泼、能发出悦耳声响的客体都能引起孩子的愉快情绪，于是，幼儿就有兴趣去认识，如各种小动物；而对色彩单调的静态的客体，孩子就不感兴趣，也就可能不会有认识的要求。认识方法以模仿为主。认识活动具有表面性，思维带有直觉行动性。

4～5 岁的幼儿好奇心强，好问好学，对周围环境产生浓厚的兴趣。他们经常向成人提问题，问题多半停留在“这是什么，那是什么”上。他们喜欢集体教育活动，并且能根据自己的直接感知去理解客体中的一些表面的、简单的因果关系，对事物的认识，易受事物形状、颜色、大小和活动性等外部的非本质特征的影响，容易做出错误的因果关系判断。这一年龄段的幼儿常常按照自身的生活经验作为判断推理的客观逻辑依据。

5～6 岁的幼儿求知欲强，对很多事物不仅问“是什么”，还要问“为什么”。他们开始能从内在的原因来理解事物或现象，但由于事物和现象中的内在因果关系比较复杂，所以他们对不同的事物和现象中的关系理解水平不一，对日常生活中所不熟悉的复杂的因果关系还很难理解。抽象概括能力开始发展。

（二）幼儿园各年龄班科学教育活动目标

幼儿各年龄班科学教育目标如下表所示。

表二　幼儿各年龄段科学教育目标

	小班	中班	大班
知识方面	1.引导幼儿观察周围常见的个别自然物(动、植物和无生命物质)的特征,使他们获取粗浅的科学经验,初步了解它们与自己生活、与周围环境的具体关系; 2.引导幼儿观察周围常见自然现象的明显特征,使他们获取粗浅的科学经验,并感受它们和自己生活的关系; 3.引导幼儿观察日常生活中直接接触的个别人造产品的特征及用途,使他们获取粗浅的科学经验,感受它们给生活带来的便利。	1.帮助幼儿获取有关自然环境中有生命物质、无生命物质及其与人类关系的具体经验,了解不同环境中个别动植物的形态特征和生活习性; 2.帮助幼儿了解四季的特征及其与人们生活的关系,观察简单的理化现象,获取感性经验; 3.引导幼儿获取生活中常见的科技产品的相关知识,初步了解它们在生活中的运用。	1.帮助幼儿初步了解不同环境中的动植物及其与环境的相互关系; 2.为幼儿介绍周围生活中的环境污染现象和人们保护生态环境的活动; 3.帮助幼儿获取有关季节、人类、动植物与环境等关系的感性经验,形成四季的初步概念; 4.引导幼儿探索周围生活中常见的科学现象,获取有关的科学经验; 5.让幼儿接触周围生活中的现代科学技术,及其在生活中的运用。
方法技能方面	1.帮助幼儿了解各种感官在感知中的作用,学习正确使用各种感官感知的方法,发展感知能力; 2.帮助幼儿掌握根据一个或两个特征从一组物体中挑选出物体并归为一类的分类方法; 3.帮助幼儿掌握通过目测等简单方法比较物体的形体大小和数量的差别; 4.引导幼儿用词语或简单的句子描述事物的特征或自己的发现,与同伴、教师交流; 5.帮助幼儿学习日常生活中常用科技产品的简单使用方法,参与简单的制作活动。	1.帮助幼儿学会综合运用多种感官感知事物的特征,发展观察力; 2.帮助幼儿学会按照指定的标准对物体进行简单分类; 3.帮助幼儿学习运用简单的工具进行测量的方法; 4.引导幼儿用自己的语言描述自己的发现,并与同伴、教师交流; 5.指导幼儿学习使用常见的科技产品的方法,运用简单工具进行制作活动。	1.使幼儿能主动运用多种感官观察事物,学会观察的方法,提高观察力; 2.使幼儿能按照自己规定的不同标准对物体进行分类; 3.帮助幼儿学习使用各种工具进行测量,掌握正确的测量方法; 4.引导幼儿用完整、连贯的语言与同伴、教师交流自己的探索过程和结果,表达愿望,提出问题和参与讨论,以及能够表达自己的愉快情绪,并能够和他人交流和分享; 5.引导幼儿学习使用常见科技产品的方法,运用简单工具和多种材料进行制作活动,能够发现物品和材料的多种特性和功能,并表现出一定的创造性。

续表

	小班	中班	大班
情感方面	1.激发幼儿对周围事物的好奇心,使其乐意感知和摆弄他们能够直接接触到的自然物和人造物; 2.萌发幼儿探索自然现象和参与制作活动的兴趣; 3.使幼儿喜爱动植物和周围环境,并能在成人的感染下表现出关心、爱护周围事物的情感。	1.发展幼儿的好奇心,引导幼儿喜欢探究周围生活中常见的自然现象、自然物和人造物,愿意参加制作活动; 2.培养幼儿关心、爱护动植物和周围环境的情感。	1.支持和鼓励幼儿好奇、好问、好探索; 2.激发幼儿对自然环境和现代社会生活中的科技产品产生广泛的兴趣,能自己发现问题、提出问题、寻求答案; 3.使幼儿喜欢并能主动参与科学探索活动和制作活动; 4.培养幼儿主动关心、爱护周围环境的情感,并付诸行动。

(三)幼儿园科学教育活动的设计要求

幼儿园科学教育活动的设计,是对科学教育活动的各要素(即目标、内容、材料、学习活动、媒介、时间、环境和方法)按一定的方式进行编制和处理,从而形成特定的相互关系的过程。它一般分为3个层次:学科领域层次、单元教育活动层次和具体教育活动层次。这里的科学教育活动设计是指具体活动层次的设计,是根据已经拟定的学期、月或周计划对某一具体活动的设计。幼儿园科学教育活动的设计要求如下:

第一,发展性。促进幼儿的发展是幼儿科学教育活动设计的着眼点,幼儿的发展应是全面的发展。

第二,趣味性。设计的着眼点应放在幼儿活动的趣味性上。通过科学教育活动,进一步激发幼儿探索科学的兴趣。

第三,开放性。活动的形式和设计的思考等都应是开放性的。如提问不限于唯一的答案,形式不局限于单一性,还可以延伸到园外、社区等地进行。

第四,活动性。要使幼儿在科学教育活动中,通过他们自身的动手、动脑、动口等操作活动,主动发现,获得经验,得到发展。因此,要为幼儿提供充分活动的机会。

第五,整合性。要在活动过程的设计中,完成活动目标、活动内容和活动形式的整合。活动目标中有知识、能力、情感和态度的整合;内容中可有科学内容之间的整合,也可将科学内容和其他领域的内容整合,如"春天"主题中还可容纳语言、美术、音乐等方面的内容。

【案例精选】

案例 3-7:泥塑(1～4 岁)

设计思路

橡皮泥和各种泥团、泥坯都可以捏成不同的形状,孩子都非常爱玩。在玩泥的过程中不仅能锻炼幼儿精细动手技能,还能够让他们充分感受操作的乐趣,同时激发他们的想象力、创造力。因此,家长和教师可为幼儿提供充足的泥制材料,帮助他们在操作中得到发展。

活动内容(本活动可以依据孩子的不同年龄选择不同的游戏玩法)

1～2 岁:把橡皮泥摊成一片,把着宝宝的小手,用塑料刀将橡皮泥做成人或小动物的形象,表现各种物体,引发宝宝的兴趣。根据制作出的不同形象,可以让宝宝来编故事,既可激发宝宝的想象力,又可提高其语言表达能力。

2～3 岁:帮助学前儿童把不同颜色的橡皮泥混合在一起做成一个球。家长还可以混合一些蓝色和红色的橡皮泥,放在手里捏成球形后教宝宝将球搓成一条细长的绳子,然后在此基础上把绳子连接成三角形或正方形等不同的形状,鼓励宝宝模仿着做。在做的过程中,引入“大小”、“形状”、“长”、“短”、“平的”、“圆的”等词汇,帮助宝宝提高动手能力,发展宝宝的空间智慧。

3～4 岁:在家长或教师的示范下,让学前儿童先把泥或面团揉成白薯形状,再把泥团摔扁或者按扁,转 180°后平面朝上形成船甲板,再在甲板上贴好上层船舱,插上红旗和小部件,待晾干后进行装饰,即成为一艘漂亮的泥轮船。用同样的方法搓一个梭形的泥团,在泥团尾部捏出 4 个尾舵,成为一个飞艇初型,然后在艇身下部粘上吊舱和发动机,干燥后着色装饰,就制成了泥飞艇。

活动评析

此类技术制作活动是让幼儿在自由操作中获得技术体验,分年龄段实施具体活动,就是考虑到不同年龄的幼儿小肌肉发展能力的程度不同,因而教师在设计活动的内容时也要有针对性。但由于幼儿年龄较小,所以家长和老师的帮助、引导特别重要,尤其是在活动中的个别指导。家长和教师应尽量耐心、仔细地观察幼儿的操作,帮助其完成操作,让孩子体验操作的乐趣。

(本活动来自安徽省阜阳市阜阳师范学院附属幼儿园)

(四)幼儿园科学教育活动的实施与指导

1. 幼儿园科学教育活动内容的准确定位

(1)选择教育内容。科学教学不同于过去的常识教学,在原“常识教学”的基础上增加了现代科技、环境保护等新内容,所以内容选择的范围相当大。教育内容的生活化不仅让幼儿更好地理解和掌握了知识，而且它更是引发幼儿主动学习的重要前提和条件。教师要发现、保护、培养幼儿可贵的好奇心和探究兴趣。例如，自由活动时，幼儿喜欢将黑板上的磁性教具一块块排队，其实他们对磁铁有所发现并想要探索；在玩弹力球时，孩子们将它们压扁又恢复，并且乐此不疲，教师就应因势利导，扩展成幼儿科学教育内容，生成科学教育活动。

(2)划分教育内容。在教学实践中，常常出现一个教学内容可以适合大、中、小不同年级的幼儿同时学习的情况，其实这就是教学内容的划分。例如，水这个教学内容包括很多小的内容，水无色无味的特征、水的流动性、水的三态、水的用途、水的沉浮以及水与人类生活的关系等等，水的基本特征就是小班幼儿学习的重点和难点；大班幼儿在学习时，水的基本特征已不能引起他们的兴趣，他们对水的沉浮现象、水能使光发生折射等现象产生疑问，教师可以根据自己班级幼儿的特点选择重点内容。如果把发现了解水的沉浮现象作为大班幼儿学习的重点内容，那么了解水与物体的沉浮关系就是难点内容。因此教师在活动前要花大量的时间精力去观察、评估幼儿，准备教学用具，对幼儿在教学活动中可能出现的每一个现象、状况以及提出的每一个问题，要尽全力做出最全面的预测，确定合适的重难点内容，这是成功的幼儿科学教育的必要前提。

2. 幼儿园科学教育活动过程中的适当指导

(1)让幼儿产生疑惑，提出问题。例如在“沉与浮”的教学过程中，通过实验让幼儿知道什么东西能沉下去，什么东西能浮上来，同时提问哪些东西在特定的条件下能沉下去又浮上来；又如在“电池”教学活动中，通过让幼儿玩玩具、装电池，幼儿知道有的电动玩具动了，可以玩了，而有的还是动不了，咦！问题出在哪？孩子们产生了疑问。幼儿产生了这些疑惑，接下来的操作过程才是幼儿真正的主动探究的过程。

(2)让幼儿深入讨论，相互交流获得正确认识。让幼儿在集体讨论中，听取别人的意见，用事实说明问题，学会从不同角度看问题。在这个环节中，教师的指导相当具有艺术性。刚开始提的问题难度不能太大，应层层递进，由浅入深。重点是让幼儿参与，营造一个轻松民主的交流氛围。

3. 幼儿园科学教育活动材料的提供

皮亚杰的认识结构理论认为，幼儿认知和智力结构的起源是物质的活动。由此可见，科学教育活动的材料提供对幼儿认知能力起着至关重要的作用。在科学教育活动中，教师应为幼儿提供丰富的、操作性强的、符合幼儿探索需要的材料，支持和引发幼儿积极主动地利用材料。只有主动地利用材料，才能调动幼儿的积极性，体验发现的乐趣，激发探究的欲望，使幼儿的探索活动更加深入，获取丰富的科学知识经验。同时，材料的投放要有明确的主题并且要紧扣具体活动目标;投放材料难度要形成一定的层次;投放材料要有开放性;注意同种材料与多种材料的灵活运用。

幼儿园科学教育是指幼儿在教师的指导下,通过自身的活动对周围物质世界进行感知、观察、操作、发现问题、寻求答案的探索过程,并在这一过程中获取广泛的科学经验,学习科学方法,发展智力和好奇心,感受自己的能力和成功,得到愉悦的情绪体验,产生学科学的兴趣和对大自然的关注和热爱。

二、数学教育活动

幼儿园数学教育活动是幼儿园教育的重要组成部分,也是幼儿全面发展教育的一个重要组成部分。全面理解幼儿园数学教育活动的内涵,应注意以下几个方面:

第一,幼儿园数学教育活动,是指在教师的指导下(有目的、有计划地直接指导或间接影响),通过幼儿自身的活动,对客观世界中的数量关系及空间形式进行感知、观察、操作、发现并主动探究的过程。

第二,幼儿园数学教育活动,是幼儿通过有组织(多种形式)的活动,积累大量有关数学的感性经验的过程,也是幼儿主动建构表象水平上的初步数学概念,学习简单的数学方法和技能,发展思维(尤其是逻辑思维)的过程。

第三,幼儿园数学教育活动也是激发幼儿的好奇心、求知欲,培养幼儿对数学的兴趣和良好的学习习惯的过程。

(一)幼儿学习数学的特点

第一,幼儿学习数学开始于动作。

第二,幼儿数学知识的内化需要借助于表象的作用。

第三,幼儿对数学知识的理解要建立在多样化的经验和体验的基础上。

第四,幼儿抽象数学知识的获得需要符号和语言的有效作用。

第五,幼儿数学知识的巩固有赖于练习和应用的活动。

(二)幼儿园各年龄班数学教育活动目标

1.小班

其一,愿意参加数学活动,喜欢摆弄、操作数学活动材料,能在教师的帮助下按要求取放操作材料并进行活动。

其二,对生活中常见的各种物品的大小、形状、数量有兴趣,能感知5以内的数量。

其三,能按物体的外部特征进行分类。

2. 中班

其一，能专心地进行数学操作活动，对自己的活动成果感兴趣；愿意并学习用适当的方法表达、交流自己操作、探索的过程和结果。

其二，能自己选择数学活动内容并按规则进行活动。

其三，能按物体的某一特征和数量进行分类。

其四，能注意和发现周围环境中物体的数量、形状、物体量的差异，以及它们所在的空间位置等。

其五，能比较、判断 10 以内物体的数量多少；感受 10 以内相邻两数的大小关系。

其六，认识一些常见的几何图形。

3. 大班

其一，能积极、主动地进行数学活动，遵守活动规则，会有条理地摆放、整理数学活动材料。

其二，能用适当的方式表达、交流数学操作活动的过程和结果。

其三，能倾听老师和同伴的讲话，能在教师的帮助下，归纳、概括有关数学经验，感受生活和游戏中事物的数量关系。

其四，能运用对应、比较、类推、分类统计等简单数学方法解决生活和游戏中的某些问题。

其五，能按物体的两个特征或从事物的多个角度进行分类。

其六，认识一些常见的立体图形，对平面图形间的关系能有所感悟。

（三）幼儿园数学教育活动设计与指导

幼儿园数学教育活动的设计，从课程（狭义）层面来分析，包括目标系统的设计、内容系统的设计（与目标层次相应的教育内容的选择和组织）、组织途径及活动方式、方法的设计，等等。这里主要谈谈幼儿园数学教育活动的微观设计及其实施指导。

1. 幼儿园数学操作活动的设计和指导

幼儿园数学操作活动，是指以幼儿智慧运算结构和数学知识结构相互适应为原则而设计、组织的数学活动。这种活动能让幼儿在操作过程中积极主动地与同伴以及教师发生相互作用，从中习得有关数学的感性经验和知识，并在活动中萌发学习数学的兴趣，促进思维的发展。

每一个数学操作活动，一般都由 6 个要素组成，即目标、材料、规则、形式、指导和评价。因此，教师在设计时，应紧扣这 6 个要素，设计一个较为完整的操作活动。

(1)目标。目标是指某一数学操作活动所要实现的预期目的。目标应适宜而具体,并直接指向幼儿能获得的数学知识(经验)和技能,直接指向幼儿的全面发展。

(2)材料。材料是指幼儿操作的工具和材料。包括实物、图片、印章、示范性材料、工具性材料和操作作业单等。其具体要求是:

其一,材料要充分,要充分满足幼儿反复练习的需要。

其二,同一类活动的材料要有实物、图片、符号 3 个层次,以适应或引导幼儿逻辑思维的发展。

其三,学习同一概念或认识同一关系的材料要多样化,以帮助幼儿积累数学经验,并有利于幼儿概括和抽象出数学概念的属性,形成初步的数学概念。

(3)规则。规则主要指幼儿完成活动必需的步骤和要求,让幼儿知道怎样操作材料等。活动规则要注意以下 3 点:

第一,规则要体现数学概念的属性及关系、运算的性质和规律。

第二,规则要让幼儿领会和掌握。根据幼儿认知能力,可以通过不同方式让幼儿领会规则,把规则寓于材料和操作之中。如用范例板表示规则,让幼儿照做,也可用语言表述规则等。

第三,通过改变活动规则充分利用材料,使材料一物多用。

(4)形式。形式是指幼儿操作的方式。可分为个别操作、合作操作和班级操作。前两种操作形式较多被采用。

(5)指导。指导主要指教师怎样把活动的材料和规则介绍给幼儿,说明教师在幼儿活动过程中指导的要点及改变材料和规则后的活动要求。

(6)评价。活动评价的目的是确定教育效果。教师应把评价项目看作观察幼儿行为的依据和帮助幼儿学习的活动。评价内容可以是幼儿的直接行为表现,也可以是活动的结果。评价时要尊重幼儿的个别差异。

2. 幼儿园数学集体教学活动的设计和指导

幼儿园数学集体教学活动,是指在教师的组织指导下,采用集体教学活动和小组操作活动相结合的方式实施的一系列较为系统的数学教育活动。设计幼儿园数学集体教学活动,就是指设计一个在一定时间内对全体幼儿施加数学教育影响的具体方案。在具体设计时应注意考虑以下步骤和要求:

第一,根据单元目标及相应的教育内容,结合本班幼儿的具体情况(原有经验、能力和水平)确定活动内容(课题)。

第二,根据单元目标并结合活动内容的具体特点(发展价值),制定出适宜的活动目标(通常从认知、情感态度和动作技能 3 个方面考虑)。

第三,根据活动要求,准备相应的环境和材料(演示性材料、操作性材料或小组活动时操作活动的具体材料等)。

第四,设计活动过程。重点是活动程序、活动的组织形式、活动的方法等。

需要补充说明的是,当今幼儿园数学集体教学活动通常将“集体教学活动”和“小组操作活动”整合在一个活动过程之中。在小组操作活动中,至少有一组是与集体教学活动的内容相一致的(往往是教师指导的重点),而其他小组操作活动主要是让幼儿在操作活动中复习、巩固已经学过的有关数学的知识和技能。其操作顺序、要求、方法等,对幼儿来说是比较熟悉的。

将上述步骤和要求整合在一个计划中,便形成了一个具体的教学活动方案。当然,在具体设计时,远比上述过程复杂。因为,在活动过程中还涉及许多微观设计,诸如如何激发和维持幼儿在活动中的兴趣、如何组织语言和提问、如何灵活运用各种数学活动的方法,等等。有时候在活动设计时,还要考虑延伸活动的设计。

3.数学活动区(角)的设计和指导

数学活动区(角)是幼儿园数学活动环境的重要组成部分。其设置的方法,是在幼儿园幼儿活动的场所内,专辟一个小区域,放置各种可以进行数学活动的玩具、材料等物品。

数学角可为幼儿经常自由、独立(或合作)地从事数学学习活动提供环境和物质保证。同时,它也是教师对小组或个别幼儿进行数学教育的良好场所。其设计时应注意以下几点:

第一,根据本园本班条件,因地制宜地设计安排数学活动区(角),宜设置在较安静的区域。

第二,放置的玩具和材料应配合教学进度,利于幼儿的认知和操作。

第三,向幼儿明确交代材料操作的方法和要求(包括传授操作技能等)。

第四,适时适宜地对幼儿在数学活动区的活动加以指导。

第五,允许幼儿在活动中相互交流和讨论,并积极表达操作的过程和发现。

第六,操作材料应具有层次性,以适合不同发展水平的幼儿操作。

(四)幼儿园数学教育活动的组织途径和方法

1.幼儿园数学教育活动的组织途径

(1)在日常生活活动中进行数学教育。幼儿生活的周围环境中充满了数、量、形的有关知识和内容,利用日常生活进行数学教育是向幼儿进行数学教育的一条十分重要的途径。可以使幼儿在既轻松又自然的情况下获得简单的数学知识,引发他们对数学的兴趣。如上下楼梯时,可让幼儿一面走、一面计数阶梯的数量;午餐时,可让幼儿比较一下碗、勺的数量多少等等。同样,在组织幼儿散步、劳动、游览等活动时，均可随机灵活地引导幼儿认识和复习数、形的有关知识，使幼儿知道在自己生活的周围世界中充满了各种数学知识，从而引发他们探索、学习数学的兴趣。

(2)在各种游戏(或区域)活动中进行数学教育。在幼儿生活中的各种游戏(区域)活动，也涉及大量有关数量、空间、时间、形状等方面的知识。因此，利用游戏也是对幼儿进行数学教育的重要途径。如建筑游戏的主要材料——积木正是现实生活中各种形状的再现。幼儿在运用积木搭建各种建筑物和物体的过程中，可以获得并巩固各种数学知识。运用积木进行的建筑游戏涉及的数学知识，包括了空间、几何形体、测量等，而这些方面又与分类、排序、数及数量的比较(相等与不等)相联系。幼儿在选择积木、辨认形体、拼搭建筑物的过程中，激活并运用了有关数学知识，从而起到学习和巩固数学知识的作用。再如角色游戏是幼儿自己创造的反映现实生活的游戏，在各种主题的角色游戏中都不同程度地运用了数学知识和技能，从而促进了幼儿在生活中运用数学知识和技能的能力。例如，"超市大卖场"中的模仿买卖过程，能帮助幼儿复习数的加减运算；"娃娃家"中需要布置很多不同种类的家具，能帮助幼儿提高为物体分类的能力。这些活动使幼儿通过扮演角色，在游戏情节中获得了数的经验。

总之，寓数学教育于游戏活动之中，能使幼儿在自由活动和有趣新奇的游戏体验中获得数、形的经验和知识。

(3)组织正规性数学教育活动。正规性数学教育活动，是指教师有目的、有计划地组织全体幼儿，让幼儿通过自身的参与和操作，掌握初步的数概念，并以此发展思维的一种专项活动。其特点是事先经过缜密的筹划，而不是偶发和随机的；内容是只限指向数学的，而不是综合的；形式一般为集体活动方式和小组操作活动方式相结合。它不仅能使全体幼儿接受一定的数学教育，而且能保证幼儿数学教育的顺序性和系统性。它是对幼儿进行数学教育的主要活动形式。

在正规性的数学教育活动中，教师是活动的直接指导者。然而，尽管教师的直接指导较多，但幼儿仍然是活动的主体。

(4)组织各种非正规性数学教育活动。非正规性数学教育活动，是指由教师对幼儿创设一个宽松和谐的环境，提供各种数学活动设备和丰富多样的学具、玩具，引发幼儿自发、自主、自由进行的数学活动。可以专为幼儿开设数学活动室，让幼儿自由自愿地选择、操作、摆弄材料，感知体验；也可以在教室里设置数学角，投放一些供幼儿选择的数学学具、玩具，让幼儿进行探索。非正规性数学活动不仅能作为正规性数学活动的延伸，而且具有自身的结构和特点，其主要优点是：

第一，能够更好地培养幼儿对数学活动的兴趣，满足幼儿求知探索、主动探究的愿望。

第二,能适合不同发展水平的幼儿参与不同的活动的需要,使每个幼儿在原有的水平上都有所提高,从中既获取丰富的感性经验,又增强自信心和成就感。

第三,能充分发挥幼儿的独立性、自主性、创造性,最大限度地发展幼儿的思维和动手操作能力。

第四,有利于培养幼儿乐于思考、勤于思考的好习惯,并能增强同伴间的相互合作和交流。

(5)在其他各领域的教育活动中渗透数学教育。在幼儿生活的周围环境中,各种知识是相互联系和相互渗透的,而且都不同程度地体现出了一定的数量关系和空间形式。因此,数学以外的其他幼儿活动(如科学、社会、艺术、健康等)都与数学教育有关。在这些活动中结合或渗透数学教育,不仅能巩固、加深、补充和促进幼儿数学概念的发展,而且能使幼儿数学学习更为生动和有效。例如,幼儿数学教育过程可结合科学教育的内容来进行。在认识物体(如动物)时,既了解它们的习性,又进行量的比较(大小、高矮、粗细等)或数数活动。再如进行美术活动时,幼儿在绘画、泥工、剪贴的过程中,往往要准确辨认物体的形状、大小比例及位置等。同样,体育活动和体育游戏中的走、跑、跳等动作,都是认识和复习上、下、前、后、左、右等空间方位和向上、向下、向左、向右等运动方向的十分有效的手段。

2. 幼儿园数学教育活动的基本方法

数学教育活动的方法,既包括教的方法,也包括学的方法。在选择幼儿数学教育方法时,应从幼儿学习数学的思维特点出发,采用生动活泼、手脑并用、多种感官参与的形式,灵活运用多种方法,以保证幼儿园数学教育活动取得良好的效果。

幼儿园常用的数学教育活动方法如下:

(1)操作法。操作法是提供给幼儿合适的材料、教具与环境,让幼儿在自己参与活动的实践过程中进行探索,并获得数学感性经验和逻辑知识的一种方法。它是幼儿学习数学的一种十分重要的基本方法。幼儿学习数学的操作活动可与分类、排序、比较、分合、计数、计量等内容有机结合起来。如提供给幼儿各种材料(纽扣、花片等),让他们进行计数活动;提供各种几何形状的塑片、积木等,让幼儿进行形体的认识、比较、拼搭活动;提供形状、颜色、大小不同的纽扣,让幼儿进行分类活动,等等。从中让幼儿获得分类、排序、计数、辨数、辨形、数的守恒等方面的数学知识和能力。

操作法符合幼儿智慧运算结构与数学知识结构相互适应的原则,可以将其运用到幼儿数学教育的一切活动内容中去,并可以和其他各种方法有机结合,融会贯通。在具体运用时应注意以下几个方面：

第一，提供蕴含数学教育目标的良好的操作环境和材料。操作材料最好人手一份，且适合幼儿的年龄特点和实际发展水平，也要照顾到不同幼儿间的个体差异。

第二，活动前让幼儿明确操作的顺序和要求，尤其应注意向幼儿传授有关操作的技能和方法，以保证操作活动能顺利有序地进行，达到操作活动的目的。

第三，在操作过程中，教师应注意巡回指导，注意做好个别教育工作。

第四，积极引导幼儿表达操作的过程和结果，必要时要帮助幼儿将数学感性经验上升到初步的数学概念。

(2)游戏法。游戏法是指将抽象的数学知识寓于幼儿感兴趣的游戏中，让幼儿在各种自由自在、无拘无束的游戏活动中学习数学的一种方法。它是幼儿数学学习的一条十分重要的途径。

第一，操作性数学游戏。这类游戏是指让幼儿通过操作玩具或实物材料，从中获得数学知识的一种游戏。它也有一定的游戏规则。如小班幼儿学习分类时做的“图形娃娃找家”游戏，即安排3个动物玩具，分别贴上“△”、“□”、“○”的标记，让幼儿把“图形娃娃”送到有相应特征的玩具动物“家”里去。

第二，情节性数学游戏。这类游戏是指有一定的情节、内容和角色，通过游戏情节的安排来体现所要学习的数学知识的游戏活动。如为小班幼儿学习“1和许多”而设计的“猫抓老鼠”游戏，教师、幼儿分别扮“猫妈妈”和“小猫”，以游戏口吻要求“小猫”们去抓老鼠，按“猫妈妈”要求抓老鼠，最后“猫妈妈”奖励“小猫”们吃“鱼”。在这一系列情节中，渗透了“1和许多”的数学概念。这类游戏一般以一个主题贯穿整个游戏。教师在设计这类游戏时，应注意情节的安排要有助于幼儿更熟练地掌握初步的数学知识，有利于促进幼儿观察力、注意力、想象力和思维能力的发展。游戏的过程不宜太新奇，规则不宜太复杂，以免分散幼儿的注意力。

第三，运动性数学游戏。这类游戏是指寓数学概念或知识于体育活动之中的游戏。大班幼儿在学习数的组成过程中，根据自身的身体条件，可以选择一些有挑战性的游戏方式，比如通过掷飞镖、投沙包、打“保龄球”等运动性游戏，利用数学计数来记录投掷结果，根据对投掷结果的归纳来学习数的组成。这类游戏既满足了幼儿好动的天性，又渗透了初步的数学概念。

第四，运用各种感官的数学游戏。这类游戏主要强调通过不同的感官进行数学学习，强调幼儿对数、形等知识的充分感知。例如，在幼儿学习认数的过程中，可以让幼儿通过看看、听听、摸摸等活动多方面地理解数的实际意义。在学习认识、区别几何图形时，可在“奇妙的口袋”游戏中，通过触摸来感知、区别图形的不同特征。

第五,数学智力游戏。这是一种以发展智力为主要任务的运用数学知识进行的游戏。数学智力游戏能极大地调动幼儿思维的积极性,培养幼儿思维的灵活性、敏捷性、独创性以及综合运用数学知识解决问题的能力。比如,让幼儿数“重叠图形”或玩“数学接龙”等游戏就属于数学智力游戏。

第六,竞赛性数学游戏。竞赛性数学游戏是指带有竞赛性的数学游戏,它更适合于中、大班幼儿。这类游戏不仅能够满足幼儿的好胜心理,而且有助于幼儿巩固所学知识和发展思维的敏捷性和灵活性。

(3)比较法。比较法是幼儿园数学教育中常用的一种方法。无论是数的教育还是量的教育,教师们都经常使用这种方法。比较法可分为对应比较和非对应比较两种方法。前者又可分为“重叠比较法”和“并放比较法”,常用于小班和中班的教学来区别两个或两组物体(或两组以上)量或数的差异。非对应比较可分为单排比较或双排比较等,由于容易受到物体排列形式的干扰,因而一般在大班教学中使用。

(4)讲解演示法。讲解演示法是指教师通过语言和运用直观教具把抽象的数、量、形等知识加以说明和解释,以帮助幼儿理解有关数学知识的一种数学方法。例如,在某次教育活动中,教师运用动物生肖小贴画教幼儿记住自己班级的小朋友总数,每个小朋友额头上贴一个,这样全班一共有多少个生肖贴画就意味着有多少位小朋友。在这一过程中幼儿直观地感受到了数量形成的过程。可见,讲解演示法能通过教师的语言和直观教具的演示,讲清楚基本的数学知识,引导幼儿分析、抽象、概括数学经验。它是幼儿数学教育的一种传统方法。当幼儿在学习一些不易理解的新内容或某个难点时,适当地讲解演示,可以帮助幼儿克服困难,启发幼儿思路,使幼儿获得科学的系统的知识和分析、推理的方法。

但是,在使用这种方法时,应以幼儿为主体,让幼儿参与活动,因此要特别注意,活动使用的教具要新颖,能够激发幼儿的兴趣,注重形式多样(但不宜新奇、太多,以免分散幼儿的注意力)。在演示教具使用时结合语言讲解,突出重点,要求语言简练、直观,启发性强,确保幼儿明白活动规则。

(5)寻找法。寻找法是让幼儿从自身及周围生活环境和事物中寻找数、量、形不同的物体,或在直接感知的基础上,按数、形要求寻找相应的实物的一种方法。

该种方法按寻找范围或途径的不同,经常表现为以下几种方式:

第一,从自身寻找。如让小班幼儿找一找,自己身上哪些东西有2个。

第二,从已准备好的活动环境中去寻找。比如,教师在活动前在教室中预先布置好各种长方体的物体,然后让大班幼儿在教室中去找找哪些东西是长方体的。

第三,从自然环境中去寻找。

第四,从记忆表象中去寻找。这是一种运用记忆表象的间接寻找方法。例如,在幼儿学习"球体"后,让幼儿想一想:以前看到的哪些东西是球体的。

(6)类推法。类推法是指让幼儿用已有的知识和经验去推出未知的知识的一种方法。正确运用这种方法,则要求幼儿能在已掌握的知识、经验中发现规律(在教师指导下),并在类似的情景、问题中运用这些规律。例如,数的组成的教学,在学习一些较大数字的组成时,一般都采用此法。

幼儿园数学教育活动的方法是多种多样的,虽然有些教育内容具有较典型的方法使用上的规定性,但笔者主张,在各种类型的幼儿园数学教育活动中,应灵活运用多种方法。

第五节　幼儿园艺术教育活动设计与指导

一、幼儿美术教育

幼儿美术是幼儿所从事的造型艺术活动,它反映了幼儿对其周围现实生活的认识和体验。幼儿美术教育是以幼儿美术为手段实施全面和谐发展教育的重要学科,是促进幼儿心理及其整体素质发展的良好途径。它是培养幼儿审美能力的启蒙教育,能促进幼儿认知能力的发展,对幼儿创新能力提高具有积极作用。幼儿美术教育活动是满足幼儿感受美的需要的情感教育活动。幼儿美术的一般活动包括绘画、手工和美术欣赏。这3种活动既相对独立,又经常会在同一主题下交叉进行,是幼儿美术学习与体验的3种重要形式。

(一)对幼儿美术活动特点的认识

在美术活动中幼儿的涂画、剪贴等动作,是他们的一种天性和本能,反映了他们对事物的认识、理解和感受。由于受生活环境、个性品质及知觉能力和思维水平等因素的影响,幼儿美术活动的表现各不相同,但总体来说,有这样一些特点:

1. 幼儿美术活动是其"另一种语言"表达的过程

这个时期的幼儿,他们有时不能把自己的情绪、感受、体验用语言表达清楚,却在边涂、边画、边说的过程中把潜意识里的情感体验和对事物的认识与态度表达出来。虽然他们这种表达的技能尚不完备,有的色彩、造型看起来比较"像样",有的"很不像样",但都是其"另一种语言"的表达。

2. 幼儿美术活动是自娱性游戏体验的过程

幼儿视美术活动为游戏。画笔、颜料和纸张就是他们的玩具，在“创作”的过程中，他们或因其造型、色彩带来新的变化，或因这个变化的过程和结果，感受到情感的满足和情绪的宣泄，由此也会给他们带来身心的愉悦和成功的自信。

3. 幼儿美术活动是其个性化的表现过程

幼儿美术活动是以其认知发展为线索，是幼儿自发的或在成人的引导下通过对周围事物的观察、认知和感悟，产生了体验和感受，用自己创造的造型和图形符号，以稚拙美的表达方式，反映童真、童趣的个性情感过程。

4. 幼儿美术活动是表现意愿的实践过程

幼儿美术活动常常反映的是与其所经历的实践活动相关，需要幼儿通过动脑、动手实现和表达自己的意愿和想法，在活动过程中幼儿通过与人的交流、与作品的交流不断丰富自己的想法、不断充实自己的作品，是主动建构性的实践过程。

(二)幼儿园各年龄班美术教育活动目标

1. 小班

(1)兴趣。引导幼儿对周围环境中常见的、形象突出并且色彩鲜明的事物感兴趣；用支持、鼓励的方法激发幼儿参加各种美术活动的愿望。

(2)欣赏。在日常生活中，引导幼儿从具有鲜明色彩和简单造型的生活用品、美术作品及环境景物中获得美的感受，并用语言、表情动作表示对美好事物的喜爱、亲近之情；养成集中注意力、观察欣赏的习惯。

(3)表现。通过画线、玩色、撕纸、玩泥等游戏活动，学习使用各种工具材料，掌握其用途和用法；有意识地运用简单的图形和自己喜欢的颜色大胆表现熟悉的事物。另外，还可以通过其他艺术形式来表现，如引导幼儿欣赏故事、木偶剧、动画片、皮影戏、小歌剧等，让他们感受其中的美；鼓励幼儿在游戏或表演活动中借助简单的道具表达自己美的感受。

2. 中班

(1)兴趣。在生活中鼓励幼儿积极、主动地寻找和观察周围环境中的美好事物；鼓励幼儿积极参加各种美术活动。

(2)欣赏。在生活中引导幼儿从形象鲜明的生活用品、美术作品、节日装饰、环境布置及四季景色中获得美的感受，并用语言、动作、表情表达自己的感受和想象。

(3)表现。通过选择、利用各种美术材料和工具(如自然物或废旧材料)，大胆设想并制作有趣的物体；学习正确的握笔和绘画姿势，养成有序摆放和安全使用工具、材料的习惯。

3. 大班

(1)兴趣。会主动寻找和观察周围环境中的美好事物,喜欢用各种美术方式表达自己的所见、所知、所想,主动参与各种美术活动。

(2)欣赏。学习欣赏建筑、节日景色、自然风景中的美,能用语言、动作、表情表达自己的感受和想象;学习欣赏反映人类生活、劳动和自然环境的美术作品,认识作品所表现的事物和主题含义,感受作品的美感特点,了解作品的表现方法;学会和同伴一起欣赏并分享自己和他人的创作成果。

(3)表现。学习运用各种美术材料进行创作,了解各种工具的特性,尝试大胆制作有趣的物体;按照自己的喜好收集各种可用于美术创作的材料,将它们分类整理并存放,并根据需要恰当地选用。同时,主动发现并运用多种方法装饰生活环境。

(三)幼儿园美术教育活动的方法

幼儿园美术教育活动的方法,是指在美术教育活动中,为了达到活动目标,教师所采用的指导方式和幼儿在教师指导下的活动方式。教育方法的采用,应考虑幼儿的年龄特征、实际水平和美术学科本身的特点等。幼儿美术教育的方法多种多样,大致有以下几种:

1. 观察分析法

幼儿美术教育中的观察分析法是指在教师的指导下,幼儿通过多种感官感知事物的造型、结构、色彩、运动模式等审美特征,通过用脑思考,进行比较的一种方法。其目的在于帮助幼儿积累内在图式,深化表象,使幼儿获得鲜明、深刻、完整的视觉形象,激发表现的愿望。

观察时,可以引导幼儿运用各种感官感知,包括用眼看、用手摸、用鼻子闻及模仿等。如在组织绘画活动"调皮的小猴"时,教师不仅可以组织幼儿去动物园参观,还可以在参观后引导幼儿模仿猴子各种调皮的表情、姿态等,这样更能激起幼儿创作的欲望。

2. 示范与范例法

示范指教师把美术活动过程中的难点、重点直接操作给幼儿看,利于幼儿在直接模仿的条件下,学习一些参加美术活动必需的技术性的措施。示范包括整体示范和部分示范两类。

整体示范指教师把表现物体形象的过程连续地、完整地操作给幼儿看,一般在幼儿学习新的技能时用。如幼儿刚刚进入中班时,纸工活动《牵牛花》,需教师从头至尾将折叠的过程操作给幼儿看。部分示范指教师把美术活动中的某一部分操作给幼儿看。如大班绘画"美丽的公园",在活动中,教师只示范树与树的遮挡重叠的画法，其余的让幼儿自己去完成。美术活动中工具材料的使用方法示范也属于部分示范。教师在示范时，应做到动作熟练、准确，让每一位幼儿都能看清楚，有时可视具体活动内容采取蹲下或走到幼儿的面前示范等方式。

范例是指教师提供给幼儿观察欣赏的直观教具，它可以是教师的范画，也可以是实物、图片、图书等。好的范例可以帮助幼儿了解、感受事物的审美属性，充实其视觉形象，丰富幼儿的创作内容；还可以扩大幼儿的视野，帮助幼儿体验多种艺术手法，提高其审美能力。

范例的选择必须符合以下标准：形象准确，线条清晰，色彩鲜明，大小适当，能反映事物的基本特征；具有一定的艺术水平，富有美感，能唤起幼儿的情感和兴趣；符合幼儿的年龄特点，容易为幼儿所理解和接受。

示范与范例的运用都对幼儿的创造性有一定的影响，因此在美术教育活动中教师应慎重思考，要运用得恰到好处。

3. 情感熏陶法

情感熏陶法指教师为幼儿创设宽松愉快的心理环境和充满感情色彩的情境，让幼儿在最佳状态下，产生追求美、表现美的欲望和热情，积极主动地去观察，去想象，去创造。

幼儿的美术活动是在其美术动机的推动下产生和发展的。这种内在的美术动机，有赖于教师对幼儿情感因素的调动。在美术活动中，教师要为幼儿创设一个宽松愉快的心理环境。教师自身应对美术活动充满兴趣，全身心地投入到活动中去，以生动的富有感染性的语言调动幼儿对生活经验的回顾、体验。教师还应充分尊重幼儿的情感，信任幼儿的创作能力，不包办代替、指手画脚，要建立起师生间真正的平等关系。这样，幼儿就会对美术活动感到亲切、有趣，会兴致勃勃地参加。

为了更好地调动幼儿主动地投入到美术活动中的积极情感，教师可充分利用自然美好的环境进行引导，给予其美的熏陶。同时，要创设充满情感色彩的审美环境，激发幼儿的兴趣，使之产生参加美术活动的内在愿望。教师可充分利用自然美好的环境进行引导，对室内外的环境布置、各活动区（角）的创设，应尽量做到和谐优美、造型生动、色彩鲜明，符合幼儿的审美情趣。

4. 游戏练习法

游戏练习法是指通过游戏的形式，引导幼儿在愉快、积极的状态下学习美术技能，把视觉形象改变为视觉—运动形象，提高手眼协调性，培养幼儿对美术活动的兴趣。游戏练习法符合幼儿的年龄特点，它的使用是灵活多样的，游戏性的命题、游戏化的练习方式、对美术成果的游戏性处理，以及美术活动中游戏性材料的使用等，都可以把美术和游戏结合起来。

在美术活动中，教师还可通过播放一些轻松、舒缓、抒情的乐曲，营造一种美的氛围，来配合幼儿的美术活动，激发幼儿的想象和创作的欲望。

（四）幼儿美术教育活动的组织与指导

1.幼儿美术教育活动的指导原则

(1)重点突出游戏因素和生活因素。在游戏因素和生活因素这两个方面，特别要注意的是没有生活因素与游戏因素的美术活动，不是真正的幼儿美术活动。因此要加大它们在幼儿美术教育活动中的分量，突出这两个方面是会受到幼儿欢迎的。现在的幼儿美术活动缺乏游戏成分，脱离生活，使美术活动成为单纯的技巧训练，很难满足《纲要》中提出的重视“幼儿在活动过程中的情感体验和态度”的要求。其实，单纯依靠美术技巧的训练是不能完成审美教育任务的。况且，生活和游戏也都蕴含着审美教育的因素，把生活与游戏融入美术活动中，美术教育活动的效果会更好。

(2)恰当适度地处理操作因素与艺术因素的关系。幼儿美术教育肯定是要注重操作的，不能满足幼儿操作需求，一味地要求幼儿、强制规范幼儿的动作都是不切合实际的。强调幼儿美术活动中的自由创造与表现固然重要，但是，如果只鼓励自由表现，不重视表现方法的学习，幼儿在美术创作时就会出现眼高手低的现象，会严重打击他们的创作自信。

(3)强调创造因素的作用。美术是幼儿发展过程中自我表现的一种方式，在幼儿的发展过程中，他们对世界有着独特的认识与理解。由于他们缺少传统和经验的限制，所以能够在美术活动中运用自己的符号系统来反映自己的生活感受，表达思想认识，表达情感体验。而他们自己的这种表达事物的符号系统或者说是事物的结构特征，是幼儿自己的发明创造，是自己想象的结果。幼儿期是生命力勃发的时期，也是创造性发展最自由、最迅速的阶段。因此，要重视幼儿自身的这种创造潜能。

2.幼儿美术活动的组织与实施

这里讲的是教师如何带领幼儿进行有组织的美术活动，即集体同步活动、集体合作活动、集体分别活动。这里需要说明的是，下面所讲的具体组织方案仅供阅读者进行参考使用，在实际的美术教育活动组织过程中并不一定要完全按照教材的要求来实施，还需要教师灵活运用自身的教育技能和指导技巧。有组织的美术活动无论采取什么形式，它都包含3个基本环节：幼儿的美术活动过程、教师活动前的准备和活动后的记录。

(1)活动过程。活动过程大致分为开始部分、基本部分（中间部分）和结束部分。

开始部分：在活动开始前，组织幼儿迅速、安静地坐到座位上去，集中注意力。可以采取听音乐的方法，教师弹琴，幼儿听着音乐注意力渐渐地集中到音乐上，曲子终了，孩子也安静地坐好了。或者，也可以以游戏的口吻向幼儿说："现在，我们小朋友像小花猫那样，轻轻地走到自己的座位上去坐好，老师看谁走得又快又轻。"这样，一般幼儿都能快活地、又轻又快地走到座位上端端正正地坐好。不要训斥孩子，要正面引导，否则，会损伤幼儿的自尊心，打击他们的积极性，从而影响接下来的活动。

接下来是向幼儿布置任务，引起幼儿的活动兴趣，提出活动的注意事项，或者是对幼儿进行分组。这一步要做得明确、干脆，时间不要过长。然后教师根据活动的类型、内容以及幼儿知识技能的程度，采取相应的方法进行活动指导。采取什么样的方法没有固定的模式，需要教师灵活处理。

基本部分：基本部分也是中间部分，是幼儿的练习阶段，此时教师对幼儿要进行有针对性的个别指导。

结束部分：活动什么时间结束，应根据活动的内容要求和幼儿的进展情况来定。

一般来说，结束工作包括这样几个环节：首先，教师察看幼儿的进展情况。然后，收作品，当大部分幼儿即将完成时，教师要提前提出下一步的要求，要求幼儿有秩序地等待教师检查作品。在教师检查通过后，把自己的作品和使用过的工具收拾好，放到指定的地方。接着，评议作品，教师与幼儿一道谈谈对作品的看法。在这一环节中，教师要处理好与幼儿的关系，既要让幼儿充分发表自己的看法，又要把握住方向，谈出自己的有说服力的见解，不可搞"一言堂"或是任由幼儿不着边际地说说了事。在评价时，除了幼儿作品的技能技巧评价以外，还要谈谈作品给人什么样的审美感受。最后，展示和保存作品，幼儿的作品完成以后可以布置在专栏中供幼儿和家长观看，这对幼儿是一种鼓励。展示过的作品应当好好保存，可分类或分人保存，待学期末作为成果由幼儿带回家，或选一些作为资料留存在幼儿园。

(2)教师活动前的准备。活动前的准备充分与否，是活动能否成功的先决条件。活动前的准备包括以下几个方面：

第一，活动方案的设计。活动方案指各个具体的单位活动计划，它直接关系到美术教育任务的落实情况。活动方案的设计要因人而异，因活动而异。有经验的教师对活动的步骤环节掌握熟练，语言运用自如，可以集中精力考虑好活动的主要目的、大的环节和一些关键材料。

第二，技能和工具材料的准备。计划制定出来以后，教师要反复熟悉。特别是计划中涉及的技能，教师要事先练习，体会其中的重点和难点，以便有针对性地进行示范和指导。

按照计划将工具和材料准备好,注意适当多准备一些。以备临时增加或部分材料有损坏时用。

安排幼儿的座位。由于美术活动的特殊性,有时需要调整幼儿的座位,座位的安排首先应根据活动类型的需要。

另外要考虑幼儿观看教师示范是否方便和光线是否充足。除此之外,还要注意把能力不同的幼儿搭配在一起,让他们互相帮助,取长补短。

(3)教师活动后的记录。写记录时要记下幼儿活动中的重点表现与作品完成的情况,然后做出分析。这是教育效果考核的重要依据,也是总结经验、提高教育质量的重要工作之一。

【案例精选】

案例 3-8:看谁涂得美(涂色)

活动目的

1.增强幼儿对色彩的感受力;

2.加强涂色、画线、剪贴等技能的训练;

3.培养幼儿自由设计、创造的意识。

活动准备

1.画纸、彩色画笔、各色彩纸块(可以用废画报等)、剪刀、糨糊。

2.范例若干。

活动过程

1.教师出示画好的作品,问幼儿:“美不美,知道怎样画的吗?”引起幼儿的兴趣。

2.教师领做。

(1)用较粗的黑色画笔,在画纸上任意画出交叉线,然后在交叉线形成的块块内涂颜色。幼儿可以选择自己喜爱的颜色来涂。试着在相邻的块块内涂上色相、色调、色阶不同的颜色,将全部空间涂满以后,看看有什么效果,是色彩斑斓的,还是和谐优雅的。

(2)将不同的颜色纸剪成形状、大小不同的块块,选一张深色纸做底纸,在上面随意贴上,可以按颜色特征来贴,如贴上颜色相邻的纸块,取得和谐的效果;贴上对比色的纸块,取得反差的效果。

3.在贴的过程中,允许幼儿交流自己的感受。画好后,请几名幼儿展示他们的作品,并谈谈自己的感受。大家可以一起进行评价。

(本案例来自安徽省阜阳市四里小学附属幼儿园)

二、幼儿音乐教育

幼儿园音乐教育活动是以幼儿为主体，以适合幼儿的音乐为客体，通过教师设计和组织的多种形式的音乐活动使主、客体相互作用，以培养和发展幼儿的音乐感受能力、促进幼儿身心全面健康发展为目的的教育活动。幼儿音乐教育是一种审美过程，是一种通过音乐活动提高幼儿认识美、体验美、创造美的过程。幼儿音乐教育可以培养幼儿健康的审美观点，陶冶幼儿的性情，增强幼儿明辨是非、识别美丑的能力。幼儿园音乐教育活动包括歌唱、韵律活动、打击乐器演奏活动和音乐欣赏等4个方面的内容。

（一）幼儿音乐能力发展的特点

3～4岁的幼儿能够熟练地根据音乐节拍做动作，也可以完整地唱简单的幼儿歌曲，借助于音乐进行自我表现的欲望和能力大增。

4～5岁的幼儿既能够独立演奏，又能够合作演奏，对音乐的感受能力显著增强，能够借助一些词汇描述自己对音乐的感受。幼儿倾听一些不同性质的歌曲后，能从中领略不同的情绪风格。

5～6岁的幼儿唱歌的技能和音乐欣赏水平、感受能力随着年龄的增长继续提高，能够比较准确地随着节拍唱歌，并能根据自己的兴趣自创歌曲。这一时期，幼儿对音乐的感受能力和表达能力都显著增强。如能够区分不同类型、不同节奏的音乐作品，能够使用学过的词汇表达自己的感受。大多数孩子能准确地唱一些简单的歌曲，音域扩大了，节奏更准了，对力度、速度的控制更细腻，表现力更丰富了。手和脚的动作能够自然地跟上音乐的节奏、节拍，并对舞蹈表现出一定的热情和兴趣。

（二）幼儿园各年龄班音乐教育的目标

1. 小班

第一，能用正确的姿势、自然的声音一句一句地歌唱，初步理解和表现歌曲的形象、内容和情感。在教师的帮助下，能够并且喜欢为自己熟悉的短小、工整、多重复的简单歌曲增编新的歌词。

第二，基本上能按照音乐的节奏做上肢或下肢相协调的简单基本动作和模仿动作，学会一些简单的集体舞，初步体验用表情、动作、姿态与他人沟通的乐趣。

第三，学会几种打击乐器的基本奏法，能独立伴随熟悉的歌曲或乐曲有节奏地演奏，初步学会看指挥开始和结束演奏。

第四，能感受性质鲜明单纯、结构短小的歌曲和有标题的器乐曲的形象、内容、情感，并能在感受过程中产生较积极的反应，初步了解进行曲、摇篮曲、舞曲和劳动音乐的特点。

2. 中班

第一，能用不同的速度、力度、音色变化来表现歌曲的形象、内容和情感；能唱出 2/4 拍和 3/4 拍歌曲的不同节拍感觉，且学会在歌唱过程中等待和正确地表现出歌曲的前奏、间奏和尾奏；初步学会独立地接唱或与他人对唱。

第二，能够按音乐的节奏做简单的上下肢联合的基本动作、模仿动作和舞蹈动作，且随音乐的改变而改变动作的力度、速度等，学会一些创造性地改变熟悉节奏型的方法，初步了解一些创编韵律动作组合的规律。

第三，能独立使用某一种固定节奏随着熟悉的歌曲或乐曲演奏，能在集体演奏中始终保持自己的演奏速度和节奏，养成集中注意力看指挥和对指挥的要求做出积极反应的习惯。

第四，在有对比的情况下，能分辨差别较明显的乐曲的高低、快慢、强弱特征，能正确区分 2/4 拍和 3/4 拍的音乐，初步掌握前奏、间奏、尾奏、乐段、乐句的开始和结束，初步知道什么是音乐结构中的重复。同时，能在一定时间内注意力比较集中地倾听和欣赏音乐、舞蹈作品。

3. 大班

第一，能够根据不同的合作歌唱要求控制、调节自己的歌声，初步学会领唱、齐唱、两声部轮唱、简单的两声部合唱等歌唱表演形式。在集体歌唱活动中，能够产生初步的默契感，能够正确、大胆地表现不同歌曲的情绪情感，学会唱弱拍起唱的歌曲。

第二，能够比较准确地按音乐的节奏做各种稍复杂的基本动作、模仿动作和舞蹈动作的组合。进一步丰富舞蹈动作语汇，了解创编韵律动作组合的规律，学会跳一些含有创造性成分的稍复杂的集体舞。能够使用已掌握的空间知识创造性地进行动作表演，并喜欢为不同的韵律活动选择不同的道具。

第三，进一步学习更多种类的打击乐器的基本演奏方法，学习探索音色的分类，并在教师的指导下学习制作简单的打击乐器，初步体会各种演奏方案中音色、音量和节奏型配置的表现规律。在集体演奏活动中，能按指挥的手势迅速、正确地做出反应。

第四，能对歌曲、乐曲的音区、速度、力度、节拍等性质和变化做出直接判断，进一步掌握音乐的结构，能分辨乐段、乐句中明显的重复和变化关系。喜欢并较自信地使用不同艺术手段来表达欣赏音乐和舞蹈作品的感受，能比较自觉地从音乐、舞蹈欣赏中获取各种艺术和非艺术的经验。

(三)幼儿音乐教育活动设计的原则

1. 发展性原则

设计儿童音乐教育活动必须以儿童的原有基础和能力水平为依据,着眼于促进儿童身心的全面发展。"原有基础"在这里特指幼儿在新的学习情境运用已经获得的经验,不仅包括音乐的经验,也包括非音乐的经验。

2. 互动性原则

在教育活动过程中,幼儿是学习的主体,教师在活动中主要起着指导作用。在音乐活动设计中宜采用合理而恰当的师幼互动的方式。

3. 差异性原则

教师应坚持正确的儿童观和教育观,设计的活动面向全体幼儿的一般发展需要,同时满足个别幼儿特殊的发展需要。

4. 审美性原则

把握儿童的审美特点,以审美感知的培养、审美情感的激发为出发点,将审美的特殊性质贯穿于音乐活动的形式之中。

5. 活动内容与活动方式相适应原则

在设计音乐教育活动时,活动内容与活动方式应相互适应。如在欣赏舒曼的《梦幻曲》时,由于音乐的性质舒缓、绵长,不宜用动作来感受和表现,教师就可以采用欣赏配乐和随乐朗诵的方式来帮助幼儿体验和理解音乐的情感。而在《狮王进行曲》中,由于乐曲表现的是拟人化的形象,乐曲中又用了形象化的创作手法,如号角声、狮子的吼叫声等,易于激起幼儿对某种童话情节的想象、联想,所以教师便可采用角色表演游戏的方式,以帮助幼儿感知音乐的形象、内容和结构。

6. 相互渗透的原则

音乐教育活动的设计始终要从音乐的角度进行思考,其他发展领域活动的参与,应从音乐教育的需要出发,最终仍旧要落实到音乐发展这一根本点上,既不宜"平分秋色",更不宜"喧宾夺主"。

(四)幼儿音乐教育活动的组织方法

1. 音乐教育活动的基本方法

(1)直观演示。在音乐活动中借助于教师的演唱、演奏、动作表演或一定的图片、实物以及录像、视频等直观性手段,使幼儿通过直观感受,获得清晰的音乐表象,提高学习兴趣。

示范是一种较常用的直观性手段。教师在使用示范时应注意正确运用各种表现手段。示范时感情要真挚，表情要恰当，并辅以一定的音乐讲解和提示。还应考虑到幼儿的年龄因素，注意适度、适时。同时要注意示范的位置，要面向幼儿，使每个幼儿都能清楚地观察和感知。

(2)运用语言。在音乐教育活动中，运用语言的方法包括讲解、说明、提问、提示、谈话等。适当地运用语言能帮助幼儿感受和理解音乐作品，但语言在音乐教育活动中只起到辅助作用，不可代替音乐。

教师在运用语言时，应力求精练、明确，将具体形象和幼儿的生活经验结合起来。

(3)练习。掌握音乐技能技巧离不开系统的练习。练习时，教师要注意要求明确，突出练习重点，以提高幼儿练习的兴趣和主动性。同时，应把练习活动的过程组织得生动、活泼，不单调乏味，注意循序渐进。

以上 3 种方法是音乐教育活动必不可少的基本方法，它们相互联系地被运用于音乐教育之中。教师要根据音乐教育活动的目标、内容，认真地选择方法。在组织活动的过程中，要善于观察幼儿情绪的变化，并采取相应的措施。总之，教师在运用方法时应灵活、机智和适度。

2.组织音乐活动的一些途径

第一，针对幼儿的发展特点，创设良好的音乐教育环境，利用音乐艺术本身的感染力去吸引、激励幼儿的情感，培养他们的兴趣，增强他们的主动性。

(1)注意让音乐贯穿在幼儿一日生活之中，让音乐伴随幼儿的生活，可以起到潜移默化的教育作用。例如，幼儿来园参加晨间活动时，播放轻松、愉快的乐曲；进餐时，播放轻柔的音乐，使他们吃得又多又香；游戏时播放优美、欢快的歌、舞曲；睡觉时播放舒缓的摇篮曲，让孩子在温暖的气氛中进入梦乡；起床时播放轻柔的音乐，并且声音由低到高，让孩子们心情舒畅地起床，等等。

(2)利用一日活动中各个环节转换的间隙，带领幼儿做节奏游戏等。充分利用各种机会创设条件，在音乐活动中注意培养幼儿的音乐实践能力，进而发挥他们的兴趣性、主动性。

(3)巧妙利用活动区，布置音乐角。在音乐角要准备孩子们喜欢的乐器，供幼儿欣赏音乐的录音机、磁带，供幼儿表演用的头饰、小道具。设置小剧院，准备供幼儿自己编节奏谱用的小音符等。

第二，以音乐为主，因材施教，使教材多样化、立体化。

由于幼儿在学习过程中对学习的外部活动更感兴趣，所以应在突出音乐材料主导地位的同时选配一些辅助材料。也就是说，活动的方式是多样化的，如利用观察实物、玩具、电化教育放录像、幻灯片等，帮助幼儿感受、理解音乐作品。另外还可以通过音乐形式订立指导幼儿活动的规则，如：1 3 5 | 1— — | 音由低

到高，表示起立；$\dot{1}$ 5 3 | 1 — — | 音由高到低，表示坐下；用快节奏音乐来表示取放乐器等，培养幼儿的自律精神。

【案例精选】

案例 3-9：《美丽的小花伞》（大班音乐活动）

设计意图

这是一首富有诗意和充满想象的歌曲，幼儿可以从歌曲中体会到初夏时节“雨中青蛙在田边地头唱，雀儿在树枝唱”的美丽画面，以及“林中蘑菇与我的小花伞在雨中嬉戏”的热闹情景，激发幼儿的审美情趣以及热爱大自然的情感。

活动目标

1. 用连贯、优美和活泼轻快的声音较好地演唱歌曲，唱出跳音与八分休止符的不同。

2. 感受音乐所表现的自然情景，提高审美情趣。

活动准备

一幅初夏的雨景图案，乐谱表。

活动过程

1. 幼儿扮作小青蛙唱练声曲。

2. 幼儿根据教师出示的节奏谱，模仿青蛙的“呱、呱”的跳音。

3. 欣赏歌曲：《美丽的小花伞》。

(1)幼儿理解歌词：听了歌曲会想到什么？

(2)幼儿看图片欣赏美丽的初夏风景，幼儿体验风景与歌曲的关系。

4. 幼儿学唱歌曲，幼儿轻声跟随教师唱歌曲，提示幼儿区分跳音与休止符。

5. 幼儿边演唱歌曲边有表情地做动作表现歌曲：《美丽的小花伞》。

6. 幼儿分配角色进行演唱歌曲，引导幼儿用轻快、活泼的声音连贯地唱出歌曲。

延伸活动

幼儿可以在表演区中，扮演角色进行表演。

（本案例来自北京市中华女子学院附属幼儿园）

【案例精选】

案例 3-10：《会变色的“枣子”》

自然角里的水果发出阵阵香味，时时诱惑着我班的那些小毛头。他们时常这儿摸摸、那儿瞅瞅，有几个嘴馋的还常常趁我们不备来个“顺手牵羊”……

实录一：会变色的枣子

9 月下旬，李佳璎的奶奶拿来了几颗白枣，我把它们放在了自然角。显然，这几个小玩意儿，因为其外表平淡，也激不起孩子的任何兴趣，安安稳稳地躺在自然角的一个角落里，也免遭了被孩子们偷偷吃掉的厄运。

国庆假期结束后，第二天来园。李佳璎突然跑过来，着急地说："汪老师，我拿来的白枣不见了。"说着，就哭了起来。

杜佳怡："被小朋友吃掉了吧……"

陈史燕："我没吃。"

几个调皮的孩子也异口同声地说道："我们没吃。"

于是，我走到自然角上想看个究竟。原来经过几天的风吹日晒，枣子里的水分早就跑掉了不少，白枣的颜色也黯淡了下来。有几个水分蒸发得特别厉害，还变成了红色，瘪瘪的，和平常的枣子反差甚大。

教师："你看，你的白枣还在这儿呢！"

"不是，不是，这不是我的白枣，它是红颜色的。"李佳璎指着枣子说道。

孩子们也相互用疑惑的眼神打量着对方。终于，胆子稍大的翁君益说道："老师，李佳璎的枣子不是这样的。"

教师问："那是什么样子的呀？"

杜佳怡："是白色的。"

陈史燕："是绿色的。"

杨威龙："大大的，是有这么大。"

我很高兴，孩子们还记得白枣原来的模样。可是孩子们还太小，凭他们的经验还无法理解"水分的蒸发"、"营养的损失"之类的术语。所以我用很通俗的话说："这几天呀！小朋友都在家里，吃得好、睡得好，又长高了、变胖了。可是白枣宝宝在这儿，没有人照顾，它饿坏了，所以它的身体变小了，脸色也难看了，皮也皱了起来，变成红颜色了。现在我们该叫它'红枣'了。"

实录二："红枣"能吃吗？

经过枣子变色的风波后，孩子们对枣子的关注突然多了起来。有几个调皮的孩子时常有事没事，趁自由活动的时候去那儿转一转，这是我私下里听到的议论。

杨威龙："这个枣子能吃吗？"

张琳俊："能吃，点心里的枣子和这个是一样的。"

陈史燕："我们吃吧！"

杜佳怡："很脏的，没洗呢……"

宋诗嘉："不要紧的。"

陈史燕："会生病吗？"

屠何卫："我们吃吧！"

我制止了他们的行动，可是他们的议论却引起了我的关注。孩子不懂事，看到爱吃的东西，就容易控制不住自己，很想吃，也不管脏不脏、烂不烂。于是，我对此进行了一次全班的学习，“放久了东西能不能吃?”我就这个问题引导孩子们进行讨论。我利用手偶讲述了一个小熊吃过期的东西，结果闹肚子的故事。孩子们听完了故事后，表示再也不吃不干净的和过期的食物了。

反思：好奇，是孩子的天性。在一个三四岁孩子清澈透明的眼睛里，世界是崭新的，一切都是新奇的，他们渴望认识世界、了解世界。而这种认识与了解最简捷、有效的办法就是从身边能够触摸感受到的事物开始。

3岁的孩子对吃有着丰富的经验，但他们的生活经验缺乏，又缺少自我保护意识，生活中成人常常不经意地包办替代了小朋友洗水果、剥外壳之类孩子力所能及的工作。所以他们缺乏这方面的知识。著名教育学家陶行知先生说过：“生活即教育。”环境是重要的资源，它能有效地促进幼儿能力的发展，适时利用环境，及时补上孩子生活中重要的一课，是非常有必要的。教师只有做有心人，才能充分利用生活中的教育资源，使孩子们健康快乐地成长。

（案例故事情节部分选自南阳教育网，注：文中幼儿姓名均为化名）

▶阅读推荐◀

1. 吴放. 美国幼儿科学教育的内容与评价. 幼教园地，2007(1－2)

2. 李艳. 美国《幼儿科学教育标准》及其对我国幼儿园科学教育的启示. 早期教育，2008(12－13)

3. 周兢，余珍有. 幼儿园语言教育. 北京：人民教育出版社，2004

4. 赵寄石，唐淑. 幼儿园渗透式领域课程(丛书). 南京：南京师范大学出版社，2009

5. 屠美如. 向瑞吉欧学什么——《儿童的一百种语言》解读. 北京：教育科学出版社，2005

6. 韩云龙. 幼儿社会教育实践性问题研究——论幼儿社会教育的基本原则、途径与方法. 山东师范大学学报，2008(6)

▶思考与探索◀

1. 幼儿园健康领域活动的组织形式有哪些？

2. 如何指导早操活动和户外体育活动？

3. 幼儿学习语言有什么特点？怎样在日常生活中进行语言教育？

4. 早期阅读活动有什么特点？如何组织幼儿进行早期阅读活动？
5. 幼儿园社会教育的方法有哪些？移情训练法的要求是什么？
6. 幼儿科学教育的目标是什么？如何理解幼儿科学教育？
7. 幼儿园数学教育有哪些主要途径和方法？如何设计集体数学教育活动？
8. 幼儿美术教育的目标和内容是什么？
9. 幼儿美术教育应遵循哪些原则？
10. 幼儿音乐活动包括哪些方面的内容？

第四章

单元教学活动的设计与指导

【内容提要】 单元教学是幼儿园的综合性课程，由一系列单元教学活动组成。单元教学活动是将各个学科科目的教学内容综合于一个被称为“单元”的专题之中。由教师在教育活动实施之前预先设计好教案，再开展活动。教师的角色是主导者、引导者、诱导者或指导者。早期的单元教学活动设计偏重读、写、算及各种才艺教学。如今单元教学融入了许多新的特点，重视启发式的教学法，教师的角色趋向多重化，在教育活动设计上增加了许多师幼互动，以及幼儿兴趣延伸活动的设计。

【学习要求】

1. 了解单元教学活动的内涵。
2. 掌握单元教学活动的设计原理。
3. 学会运用单元教学活动的指导策略。

第一节　单元教学活动概述

单元教学在幼儿园已经运用了半个世纪之久，其基本宗旨是由教师事先做好教学计划，然后按照计划实施教学，从 1929 年陈鹤琴先生受聘起草的《幼稚园暂行课程标准》中教育方法的实施时即开始出现。

早期的单元教学活动设计多采用分科分节的课程设计，偏重读、写、算及才艺教学。近年来，各种教学法不断涌现，使单元教学受到置疑和冲击。在各种新理念的影响下，单元教学法慢慢走向开放，开始重视以幼儿为本位的学习，对教师的角色定位进行了新的调整。如今，单元教学融入了许多新的特点，重视启发式的教学法，教师的角色多重化，提供幼儿亲身体验操作的情境布置与活动，在评价方面也体现出游戏化、多样化标准，并重视教学过程的评价与观察评价，甚至在课程设计上也增加了师生互动，以及幼儿兴趣延伸活动的设计。

一、单元教学活动的内涵

（一）单元教学活动的含义

朱家雄在《幼儿园教育活动设计与实施》中指出，单元教学是一种幼儿园综合性课程，由一系列的单元教学活动组成。赫尔姆和凯兹将单元教学活动的特征概括为："教师教学，决定内容，根据狭窄的专题，统一探索几个方面的内容。"

过去，单元教学活动是将各个学科内容综合到一个被称为"单元"的专题之中。在设计单元教学活动的时候，由设计者设定教学活动的目标，决定教学活动的内容，并根据专题，要求幼儿统一学习和探索被综合于单元中的学习内容。如今，单元教学活动已演变成一个以日常生活中重要问题为中心的完整的学习活动。打破了幼儿园的各类课程领域，将儿童的学习活动作为重点，使儿童的生活与教育不脱节，也易获得完整的学习过程和体验。

单元可以说是幼儿园编制教学课程的单位，而"单元教学"是指一个完整的单元教学活动。由教师依据时令、节日以及幼儿的身心发展水平，从日常生活中选取合适的单元，编制完整的单元活动框架；再依据每一单元编写合适的教学计划，以实施教学。因此有学年计划、学期计划、月计划、周计划及日计划。单元具有课程的 4 个要素：目的、内容、方法和评价。单元的内容也有大、中、小之分。大班幼儿，生活经验相对丰富，学习的持续力较长，统整的能力也较强、较佳，因此适合选择大单元的活动设计。中小班幼儿，由于经验及统整的能力有限，单元的选择则适合以与幼儿生活密切相关、具体的、可亲身体验的单元为主。教师在做计划时，除了要考虑显性课程，也要考虑到隐性课程，因此宜具有弹性。

（二）单元教学活动的特点

如今，各种教学法的引进、实施与推广，使得幼儿园的单元教学也跟着时代的进步无形中发生了转变：很明显地由分科的教学形态，教师主导的教学，慢慢地转向重视幼儿学习过程、学习兴趣及师生互动的活动设计。教学不再是为教师所完全控制的活动，而成为师生互动或延伸的活动，包括教师的教学活动设计以及师生互动融合的学习过程。早期的单元教学注重教师讲幼儿听、教师教幼儿学、教师做幼儿看的模式，是一种注入式、灌输式的教学法，已不符合现在的单

元教学要求。目前单元教学活动设计具有以下新特点:[①]

第一,单元活动设计,必须依据心理学、社会学以及哲学作为课程设计的基础。

第二,单元是编制幼儿课程的单位,是一个完整的学习活动,通常从幼儿的日常生活中取材,重视幼儿的生活教育。

第三,单元活动具有明确的目标、内容、方法和评价,涵盖课程的四项基本要素。

第四,单元的学习活动彻底打破了幼儿园的课程领域界限,以游戏贯穿所有领域。用"活动"、"单元"等名称联系各课程领域,可避免活动时有分科的倾向。

第五,早期的单元教学,都以一周为一单元,目前单元活动时间随幼儿的兴趣做弹性调整,通常小班一至二周,中班二至三周,大班二至四周。

第六,单元活动以生活为中心,使生活和教育互相结合,培养幼儿解决问题的能力。

第七,因为幼儿之间的个体差异,活动设计时要依据幼儿兴趣、能力、需要,有针对性地进行分组。

第八,单元活动中,提倡师生互动、幼儿间互动以及亲子互动,以增进幼儿社会性行为的发展。

第九,重视采用不同的评价方法。

二、单元教学活动的教育价值和局限性

朱家雄在《幼儿园教育活动设计与实施》中指出,单元教学活动具有相当明显的预设倾向,即在每个教学单元中,活动设计者根据单元概念,制定了单元目标和具体的活动目标,并要求全体幼儿在同一时间都能达到这些预设的目标。这种主要以行为目标为导向的教育活动设计,较为明显地反映了以教师计划为主的教育活动的设计倾向。因此,单元教学活动具有较强的计划性、控制性以及可操作性等。

在单元教学活动设计过程中,设计者会尽力将与幼儿生活和经验有关的内容作为活动专题。但实施过程中,有些预先设计的内容会根据幼儿学习的实际状况做一些调整,虽然这种调整的范围相对较小,教育活动基本按照活动设计者预定的计划和设计的方案进行,但单元教学还是多少顾及了幼儿自己的生活经

---

① 简楚瑛:《幼教课程模式:理论取向与实务经验》,台北:心理出版社股份有限公司,2003。

验和学习。

单元教学活动的高结构化的性质，决定了这类教育活动不可能给幼儿自主、主动的学习留有太多的空间，也难以真正做到使教育活动与幼儿的兴趣和需要相符合。因此，单元教学易出现以下问题：

(1)教师预先设计活动，教学时易形成教师主导的倾向。

(2)很容易依照幼儿园的课程领域及内容(即课程表)安排活动，导致分科的单元活动设计及教学。

(3)教学时容易照本宣科，以教材为中心，为教而教，忽略幼儿的学习兴趣及个别差异。

(4)给幼儿布置太多的练习作业，重视结果评价，忽略了幼儿学习过程的评价及观察记录。

(5)教学偏重注入式、灌输式的教学，幼儿缺少亲身体验和操作的机会，偏重读、写、算的认知课程，不易培养幼儿解决问题和应变的能力。

(6)师生互动的机会较少，容易形成教师本位，不易养成幼儿的主动性和自律性。

第二节　单元教学活动的设计原理

一、单元的选择

由于组成单元教学的教育活动目标和内容主要是由活动设计者预先设定的，所以无论教育活动设计得多么周全，都不可能真正意义上与每个幼儿的学习兴趣相一致。但是，如果单元教学的专题来自于幼儿的实际生活，教育活动的内容尽可能与幼儿的生活经验相贴近，单元教学活动还是有可能激发幼儿的学习兴趣和学习动机，并给幼儿的自身发展留下一些空间的。

在设计单元教学活动时，要充分考虑到活动能否吸引较多的幼儿参与，幼儿是否已对这些活动内容积累了相当的生活经验，等等。优质的单元教学活动，往往是开始时幼儿对单元内容“一知半解”，但是通过探索能够借助自己发现和解决的话题而展开活动。

由于幼儿园提倡综合课程，整合各领域的学习内容，便以“单元”、“活动”作为教学的单位，所选择的单元或活动，能引起幼儿的兴趣，是活动设计成功的第一步。要选择既能促进幼儿发展又适合幼儿园教学的单元，应该注意以下几点：

(一)明确选定单元的理由

选定某一内容作为单元主题,确定主题是为了认识周围环境中的人、事、物或自然环境、季节的变化,还是为了提高幼儿的观察能力、养成好的习惯、陶冶幼儿的情操、启发幼儿智力、增进幼儿身体健康,等等。明确选定单元的理由,有助于下一步单元目标的拟定。

如选定《蘑菇真好吃》[①]作为小班单元活动的背景:

开饭了,今天的菜是青菜炒蘑菇,可好吃了。虽然在饭前对幼儿进行了教育,但在吃饭中还是有蘑菇被扔在地上的现象。随后,带班老师做了调查,发现多数幼儿不喜欢吃蘑菇。蘑菇是一种营养极其丰富的食物,如何让幼儿接受它呢?幼儿园后面的农田有种植蘑菇的试验田,教师想通过让孩子亲自参观蘑菇大棚,引发幼儿对吃蘑菇的兴趣。这样,由参观蘑菇大棚的活动产生了"蘑菇真好吃"的系列单元活动。

(二)贴近幼儿生活,易于取材且可亲身体验操作,具有可行性

以幼儿生活环境中可常接触到,可经验到、体验到,并且可积极扩充幼儿生活经验的事物作为教学单元。随着幼儿年龄的增长,单元的选择宜由具体到抽象,由较低层次到较高层次,由相对狭隘到比较广泛。

如大班的单元活动《交通工具》[②],为了鼓励幼儿从身边小事做起,养成自觉遵守交通规则、文明行路乘车的良好道德习惯,并且把自己的行为带入家庭,带入社会,幼儿园确定了这一单元,并把陆地交通工具作为探索的重点。

(三)符合幼儿的身心发展

根据幼儿的身心发展要求、能力、需要和兴趣来选择单元,了解幼儿身心发展的程度、他们已有的经验积累,以及该年龄段幼儿的需要和兴趣。

如单元活动《水真好玩》[③],在日常生活中,班里大部分的幼儿常常会借洗手的机会玩水,拾到的小玩意也爱泡在水里。家长反映,孩子在家也最爱玩水,怎

---

① 陈晓芳:《幼儿园教育活动设计策略及案例评析》,北京:北京师范大学出版社,2007。

② 《厦门实验区新课程教学案例丛书:学前教育教学案例》,福州:福建教育出版社,2003。

③ 《厦门实验区新课程教学案例丛书:学前教育教学案例》,福州:福建教育出版社,2003。

么制止都没有效果。这种现象引起了带班老师的思考,爱玩水是孩子的共性,也是每个孩子的天性。在玩水的过程中,他们可以感受到在其他活动中无法体验到的快乐。随着气温日渐升高,孩子对水的兴趣越来越浓,因此,带班老师决定开展与水有关的活动。

(四)可涵盖多个领域

单元的内涵可涵盖不同的课程领域,如《认识我自己》、《蘑菇真好吃》等均从科学、社会、艺术、语言、健康等多个领域来开展活动。

(五)依据园所自身的条件

结合园所的环境、人力、物力以及社会环境的资源等情况,综合考虑是否能够充分开展活动。

(六)季节时令的配合

配合季节及幼儿园、社会的节日等来选定单元,使幼儿有亲身体验的机会,以增长幼儿的见闻。如《过大年》、《春天的秘密》、《春天的节日》等活动。

(七)衔接性

单元的选择宜考虑到连续性、程序性和统整性的原则,并注意大、中、小三个年级的衔接,如:

小班	中班	大班
我的家	我们的社区	我们的祖国
小手帕	我们穿的衣服	服装店

随着年龄的增长,单元范围的扩大,活动时间的长短也应该依据幼儿的兴趣做弹性调整,通常是2~6周。

(八)平衡性

从单元开展的内涵来分析,可分为社会、自然、科学、语言、艺术及健康等单元,每学年所定的单元均注意要涵盖不同性质的领域。

二、目标的拟定

(一)制定目标的原则

第一,明确性:明确具体,避免太笼统、太宽泛或太抽象。

第二，确实可行：要适合幼儿的能力、需要和兴趣，配合学习环境切实可行。

第三，涵盖周全：要有周延性，不可偏颇或狭窄，认知、技能、情意方面的内容均能涵盖。

第四，具有代表性：每一条均有单独的代表性内容，避免重复。

如，小班《蘑菇真好吃》[1]单元总目标：了解蘑菇的种类、外形特征、生长地点及生长过程；知道蘑菇的营养价值及其对身体的好处，并乐意吃蘑菇。

单元活动一《参观蘑菇大棚》活动目标：知道蘑菇是从哪里来的；初步了解蘑菇的种类。

单元活动二《蘑菇"变变变"》的活动目标：观察不同品种的蘑菇，使幼儿知道它们的名称和主要外形特征；让幼儿利用蘑菇作画，体验成功的乐趣。

单元活动三《数学活动："送蘑菇"》的活动目标：让幼儿感知5以内的数量，学习手口一致地点数并说出总数；学习按数量进行匹配，体验5以内的数序。

单元活动四《语言活动：故事蘑菇伞》的活动目标：引导幼儿理解故事内容，并有重点地讲述小兔子是如何利用蘑菇帮助别人又保护自己的；培养幼儿耐心倾听别人讲述的习惯。

单元活动五《烹饪活动：好吃的蘑菇汤》的活动目标：巩固幼儿对蘑菇的认识，并让他们了解蘑菇的几种吃法；让幼儿体验做蘑菇汤的乐趣。

（二）确定单元目标的方法

1.从幼儿的身心发展水平及发展任务来确定目标

如，"六一"节到了，幼儿园插上了五颜六色的彩旗，小朋友们穿着新衣服来到幼儿园。看到彩旗时，莹莹小朋友高兴地叫了起来："我的衣服也有像彩旗的红色！"韩玉也高兴地说："我的衣服是黄色和绿色的！"于是小朋友们纷纷议论起自己衣服上的颜色，女孩子还转起了自己美丽的花裙子。

五彩缤纷的颜色给了小朋友最直接的感官刺激，为此，我们开展了"好玩的颜色"[2]这一活动。活动目标为：感知色彩的多样性，了解我们周围的各种颜色；喜欢玩变色游戏，培养观察力；愿意尝试用多种颜色进行不同形式的美术活动，体会其中的乐趣；初步理解文学作品中的故事情节和任务形象，感受诗歌中的色彩美。

---

① 陈晓芳：《幼儿园教育活动设计策略及案例评析》，北京：北京师范大学出版社，2007。

② 《厦门实验区新课程教学案例丛书：学前教育教学案例》，福州：福建教育出版社，2003。

2.依据课程专家的建议以及有关法令、幼儿课程标准等规范文件确定目标

如，在日常生活中，小班幼儿经常不自觉地在墙上、书桌上或图画册上乱涂乱画，还有就餐困难的问题。这说明小班幼儿认知能力、自控能力都较差。针对小班孩子的心理特点，教师们设计了单元系列活动——“成长加油站”①，让孩子们从小懂得保护环境、保护幼儿园、保护班级，自己的事自己做，按时吃饭、饭前便后要洗手，和同伴友好相处等，以使孩子从小养成良好的行为习惯。

单元活动一《保护环境人人有责》的活动目标：知道乱涂乱画、破坏环境是不文明的行为，从小树立社会责任感；学做“环境小卫士”，养成环保意识。

单元活动二《一起玩更快乐》的活动目标：萌生与同伴分享玩具的意识，并乐意分享；学习各种与同伴分享的方法，在尝试合作中体验一起玩的快乐。

单元活动三《玩具的家在这里》的活动目标：学习整理玩具，按标记收拾玩具；养成良好的行为习惯。

单元活动四《文明就餐》的活动目标：知道就餐时要讲文明、不吃独食、不挑食，能安静就餐；养成文明就餐的好习惯，做文明的好孩子。

3.从幼儿日常生活及对游戏内容的分析获得目标

如，一天吃点心的时候，一个小朋友因牙齿掉了不便吃东西，引起了许多小朋友的兴趣。还没换牙的小朋友好奇地围着已经掉牙的小朋友看牙齿。教师想到有必要向幼儿介绍保护牙齿的知识及换牙的注意事项，于是将活动目标定为：了解换牙的简单常识，养成讲卫生的好习惯；了解牙齿的作用，知道牙齿的重要性；了解保护牙齿的常识，掌握正确的漱口、刷牙的方法；不害怕牙医，有牙病或换牙时需要找牙科医生帮忙，进行治疗。②

4.根据当代社会的变迁以及需要来确定目标

如，寒假结束后，教师和幼儿一起分享假日里的趣事，殷洁提到了爸爸带她到鼓浪屿海边玩的时候看到了海沧大桥。立即有小朋友也说看到过海沧大桥，还很高。小朋友有的说海沧大桥好像没有桥墩，有的说有。还有小朋友说海沧大桥是悬索桥。“悬索桥”这一名词的出现，引起了孩子们的各种猜测，为什么要叫“悬索桥”？桥到底是怎么建成的？它和人们的生活有什么关系？……

随着孩子们提出的有关桥的问题越来越多，教师也觉得“桥”是一个不错的单元主题，一方面厦门是个不断发展的现代化城市，有各种建于不同历史时期的桥，即使是同安这个小城区，也有很多历史悠久的名桥，这些都是孩子们进行活

① 资料来源：内蒙古赤峰市松山区幼儿园。
② 资料来源：安徽省阜阳市市政府幼儿园。

动探究的丰富资源；另一方面，幼儿对事物的细微观察能力有待进一步提高，因此，教师认为开展桥的单元活动，很有必要。[①] 于是教师将活动目标确定为：了解桥的历史、发展、功能、种类及其与人们和环境的关系；能用各种方式表现自己对桥的感受和理解；喜欢动手，尝试用多种材料建造自己喜欢的大桥；能运用已获得的知识经验对桥展开联想；能根据桥的特征进行分类，会用测量、排序等方法比较桥。

5. 从研究心理学的角度确定目标

6. 利用哲学知识选择目标，但需经过过滤，将不重要以及相互矛盾的目标予以排除

（三）目标的表述方法

通常，在设计活动时就预想好活动目标，目的是为了掌握好活动的重点和方向。目标表述的方式可分为一般性目标和行为目标。

1. 一般性目标的表述方法

常在表述单元目标时使用，且以幼儿为本位进行表述。常用的词汇如：认识、知道、了解、学习、熟悉、运用、增进、扩充、充实、发挥、满足、表现、享受、遵守、维护、发展、体验、发展、喜欢、欣赏、养成。下面我们将目标分为 3 个层面进行简单示意。

教育目标层次	动词
认知领域	认识、知道、激发、增强、促进、了解、学习
情意领域	培养、满足、享受、体验、喜欢、欣赏、遵守
动作技能领域	训练、协助、学习、增强

2. 行为目标的表述方法

行为目标可以说是一般性目标的具体化。对教师来说尤其重要：首先，行为目标可以为教师指明具体的教学方向，使他们容易决定出教学策略；其次，教师在选择教材、教具上也可依据行为目标做出选择；再者，行为目标明确了评价标准，方便教师操作。

行为目标的表述应以预设结果的方式来呈现，并且该目标内应包括三大要素：[②]

---

① 《厦门实验区新课程教学案例丛书：学前教育教学案例》，福州：福建教育出版社，2003。

② 资料来源：http://stumail.nutn.edu.tw/～s09570003/555.doc.

要素	解释	例子
行为动词	描述学生形成的可观察、可测量的具体行为	能说出……
情境或条件	影响学生学习结果的特定限制或范围	中秋节的风俗习惯……
表现水准或标准	指对目标所能达到的最低表现水准，用以评价学习表现或结果所达到的程度	五项里的三项，至少五种……

因此，完整的行为目标应该是：能说出中秋节的5种风俗习惯。

通过行为目标设计活动，能够提高幼儿的学习能力，教师教学时也易获得自信心和成就感。但过分重视行为目标的达成，容易产生教师主导、以教材为中心、忽略幼儿潜在课程情意方面的学习等问题。学习区角的认知活动使用行为目标设计活动时，则会走向教师主导的分组教学形态。

三、内容的选择

学习内容是相对幼儿的学习活动而言，必须为幼儿提供能够实际操作的、亲身体验的、从中获得实际的生活经验的内容。

（一）选择的原则

其一，符合性：符合教学的活动目标。

其二，适切性：适合幼儿的身心发展、时令节日、社会的人文风俗及园所本身的条件。

其三，多样性：设计多样性的学习经验以达成同样的目标，可供幼儿依据兴趣、能力、需要来选择。

其四，生活性：利用乡土教材或资源回收设计活动。

其五，基本性：合乎幼儿学习的基本能力。

其六，价值性：要具有教育意义及价值。那些投机取巧、赌博性及有碍身心健康的活动即使幼儿感兴趣也不宜选用。

其七，游戏性：合乎幼儿游戏的本质。

其八，衔接性和整合性：可做纵横的连贯性。

（二）目标与活动之间的转换

教师可从单元目标中去寻找适合该年龄段幼儿学习，而且可达成目标的活动，亦可反过来先从幼儿的日常生活中，寻找他们喜欢的或可模拟的游戏活动，从中分析并拟定单元目标。目标内容需涵盖认知、情意、技能，同时也要分析是否能包含五大领域的内容。

四、活动的实施

单元教学活动的实施虽然没有固定不变的程式，但是一般包括以下几个步骤：

1.预备活动

包括幼儿发展水平和已有经验的考虑，师生资源的收集以及动机的引导等方面。教师可运用问话、讲故事、唱歌曲、念儿歌、展示实物或图片等方法，激发幼儿活动的动机。

2.发展活动

所开展的各项活动，重视纵横的连贯性以达成整合，是单元活动中的主要活动。教师通过教学或指导，借助观察、操作、创作、尝试、实验等方式让幼儿认识事物的基本特征。

3.综合活动

综合活动是指单元活动的最高潮，是综合性的，也可指创作、成果的发表展示、彼此分享、综合讨论以及问题的发现、解决及应用等。

4.解释或评价

单元教学活动的设计还包括活动环境的创设、活动材料的提供、家庭和社区资源的利用等方面；组成单元教学的活动还常采用散步、参观、游览或其他活动形式。

下面举例来说明单元活动的开展方式以供参考。

（一）科学性单元

1.以磁铁为中心的活动——《磁铁》（大班）①

第一阶段目标：引起动机。

启发幼儿对磁铁的好奇与兴趣，利用纸包住磁铁做魔棒，另备不同颜色的娃娃两组，一组底部用订书钉订着，一组底部则无，以魔棒来做分类。

第二阶段目标：认识基本范畴。

认识磁铁的基本磁性：哪些物品会被吸住，哪些不会。

第三阶段目标：实际操作、实验、观察。

在操作观察中发现答案：磁铁能吸铁，以及同样的两块磁铁同极排斥，异极相吸。

第四阶段目标：磁铁在日常生活中的用途及应用等。

可玩游戏、制作玩具；在日常生活中利用磁铁的东西，如冰箱的门等。

---

① 资料来源：安徽省阜阳市文峰幼儿园。

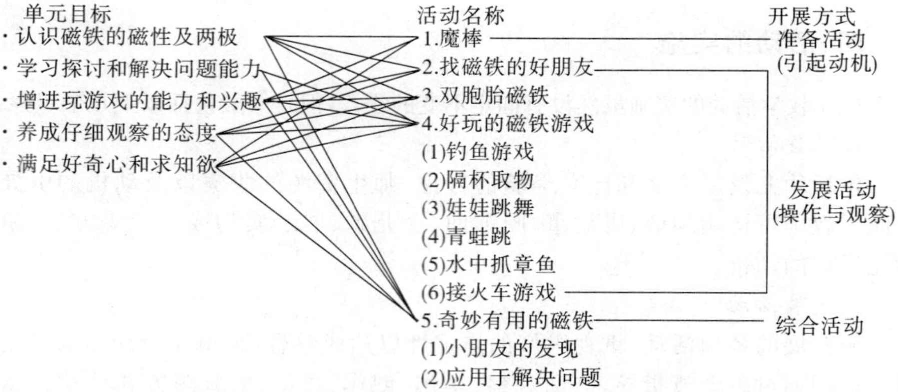

图 4—1　活动与单元目标的关系(以大班《磁铁》为例)

2. 以动物为中心的活动——《可爱的兔子》(中班)①

第一阶段目标:引起内在动机。

观赏小白兔或从故事、图片或观赏影片中,对小白兔产生兴趣并产生与之亲近的感觉。

第二阶段目标:认识基本范围。

观察小白兔的外形、特征、动作、习性、食物、大便、眼睛的颜色等。

第三阶段目标:饲养、实验、观察。

(1)实验观察小白兔喜欢吃什么?

(2)小白兔的耳朵又长又大,是不是听得更清楚?

(3)图画纸卷成喇叭状,放在兔子耳边并发出声音,看看有什么反应?

(4)不同毛色的兔子,眼睛是不是都是红色的?

(5)为什么兔子的耳朵上看得见血管?

(6)兔宝宝走路为什么是跳的?

(7)兔宝宝是卵生还是胎生?

第四阶段目标:解释或发表。

(1)用语言描述或以动作表现特征。

(2)以平面或立体造型表现。

第五阶段目标:转移可能性、用途。

(1)和兔子相似的动物。

(2)活的和死的有什么不同?

(3)兔子和人类的关系。

---

① 资料来源:内蒙古包头市蒙族幼儿园。

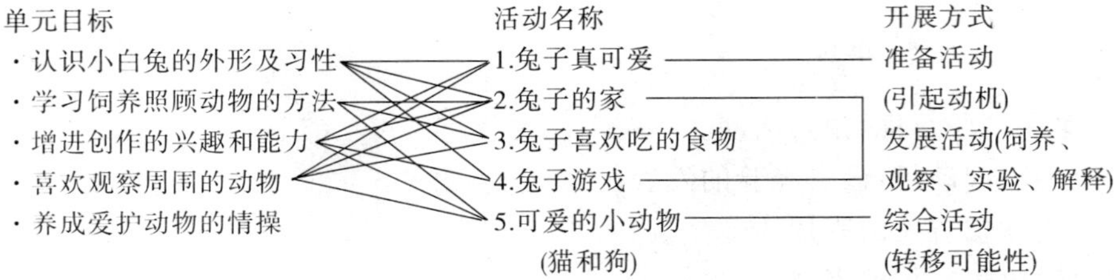

图 4—2 活动与单元目标的关系(以中班《可爱的兔子》为例

(二)创作性单元

第一阶段目标:引导、启发创作的欲望。

收集各类资源,并利用实物、图片的欣赏,以及参观展览、展示等方式,引起幼儿的想象和创作。所提供的图片或实物宜多样,富有变化和想象的空间,不固定拘泥于某一种形式,显示了幼儿的想象、思考和创作的能力。

第二阶段目标:讨论、示范。

(1)师生共同讨论,在互动中决定活动的项目。

(2)技巧示范,教师示范必要的基本技能,不说明或示范成品的制作过程,以免形成全班一致的成品。

第三阶段目标:自由创作。

(1)教师提供多样性的材料和工作任务。

(2)提供适宜的活动空间。

(3)创造愉快的气氛,师生关系要和谐,被爱、被接纳的感受有助于创作。

第四阶段目标:展示、发表、欣赏、应用

彼此分享作品,展示作品,师生共同利用作品布置活动室。

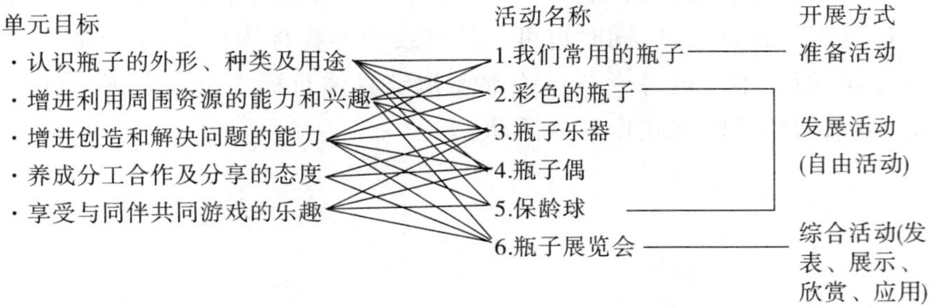

图 4—3 活动与单元目标的关系(以中班《好玩的瓶子》为例)①

① 资料来源:安徽省阜阳市西苑幼儿园。

(三)社会性单元

第一阶段目标:预备活动。

(1)引起动机:已有经验的发表。

(2)欣赏有关的影片。

(3)收集有关的资料。

第二阶段目标:发展活动。

(1)发表参观或欣赏影片、图片或听事故后的见闻。

(2)讨论活动内容(可进行的游戏)。

(3)收集资料。

(4)分组活动设计。

第三阶段目标:综合活动。

进行各种模仿游戏、角色扮演、戏剧活动、展览会、开商店买卖游戏等。

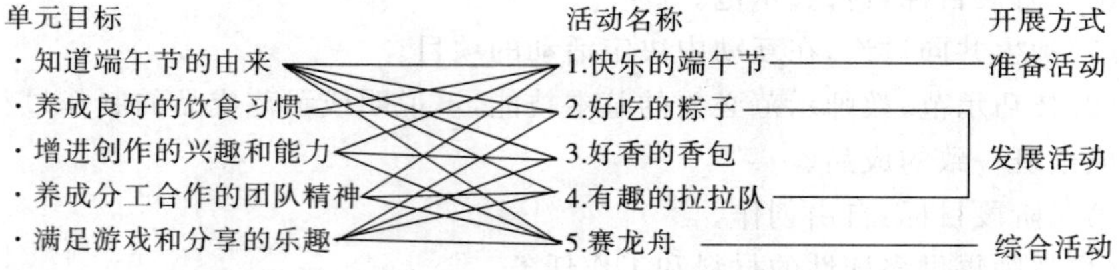

图 4－4　活动与单元目标的关系(以大班《端午节》为例)①

以上目标与活动名称之间的连线,给予教师一个思考的空间:每一项活动从何开始;如何引起动机;动机引起后,下一阶段可能开展的分组活动内容有哪些;可选择或设计哪些相关的活动等。不但可以避免发生分科活动的倾向错误,使上下做连贯性的预计活动,同时也可以从连线中寻找具体目标,给教师一个计划的思考方向,但并不一定每一条连线都要拟定具体目标。至于发展活动中的各项活动,可依据幼儿的兴趣作延伸活动。

---

① 资料来源:安徽省阜阳市学苑幼儿园。

五、单元活动设计举例

（一）例一：春天的节日[①]

【单元由来】 新春入园，幼儿仍沉浸在春节的欢乐气氛中，见到老师会主动说“新年好”，互相之间还在谈论着有关“春节上哪玩”、“春节给谁拜年”、“春节的压岁钱怎么用”等话题，我们考虑，接下来的一段时间还有许多的节日活动值得幼儿去探索，因此便设计了“春天的节日”这一单元活动。

【最低发展目标】

1. 愿意将自己的快乐与同伴分享，并学会倾听长辈、同伴说话。
2. 在讨论中继续感受春节的欢乐气氛。
3. 尝试用祝福语表达祝贺、问候。
4. 感受元宵节到来的欢乐气氛，体会制作灯、玩灯的乐趣。
5. 喜欢观察节日街上的环境布置，人们的着装、脸上的表情有什么变化，锻炼观察力以及口语表达能力。
6. 知道“我又大了一岁我该怎么做”。

【活动网络】

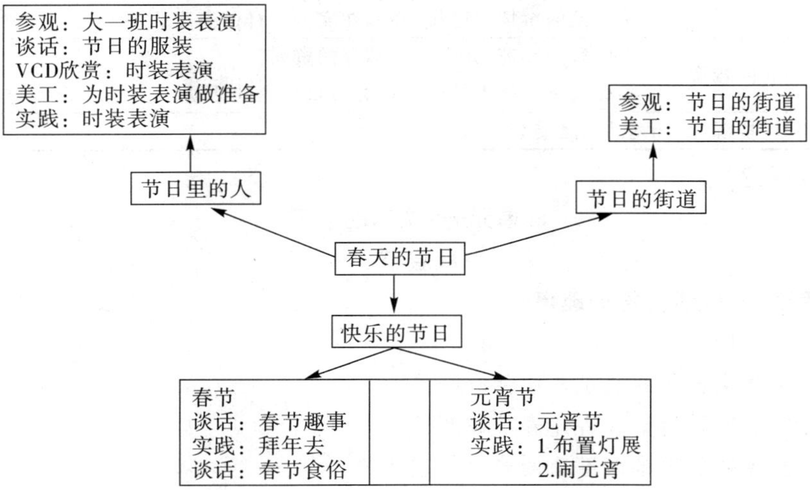

---

① 《厦门实验区新课程教学案例丛书：学前教育教学案例》，福州：福建教育出版社，2003。

【环境创设与资源利用】

项目			材料的投放
环境创设	活动区	综合工具区	有关春节游玩的照片。 节日里节目表演的 VCD。
		表达表现区	欢快歌曲的音乐磁带，表演的服装（现成或自制），各种乐器。 水彩笔、油画棒、橡皮泥、纸张等创作工具及材料。
		探索发现区	各种材料制作的灯笼。 金字塔玩具以及放大镜等科学游戏工具。
		认知联想区	数字接龙卡片。 各种灯笼图片。
	情境创设		在活动室布置各种灯笼，并逐步展示幼儿的灯笼作品。 逐步展示幼儿探索春天有关节日的秘密的记录、谈话及相关活动的照片、幼儿的创作作品等。 设置各种植物角，为幼儿创造种植机会，并作简单的观察记录。
资源利用	家长资源		请家长踊跃报名参加“班级家长委员会”。 与幼儿一起收集春节游玩的照片。 休息日与幼儿一起利用各种材料（纸盒、水果、蔬菜等）制作灯笼，收集有关元宵节的资料。 与幼儿一起讨论“我又大了一岁我该怎么做”的主题，使幼儿形成在家自己的事情自己做、在园在家一个样的态度。
	幼儿园资源		提供有关春节、元宵节等节日的资料。 相关人员积极支持幼儿探究节日秘密的活动。
	社区资源		公园、居委会、街道……

【活动过程】

单元一：快乐的节日

春节

活动一（谈话）：春节趣事 **形式：小组**

活动目标

1. 愿意将自己的快乐与同伴分享。
2. 能用连贯的语言讲述春节趣事。
3. 能将春节趣事以图画的形式表现出来。
4. 愿意以打击乐器、舞蹈、唱歌的形式表达自己愉快的心情。

活动过程

1. 教师引出话题：(1)小朋友们春节过得怎么样？
(2)小朋友们能不能把春节最有趣的事情告诉大家？

(3)你想用什么方法告诉小朋友?

2. 幼儿按自己的意愿分组活动:(1)谈话、画画:春节趣事。

(2)音乐活动:我真快乐。

活动二(实践):拜年去 **形式:小组**

活动目标

1. 愿意使用问候语、懂得讲礼貌。

2. 知道要节约,不能乱花钱。

活动过程

1. 教师提出问题:(1)昨天老师交代了什么事?

(2)春节拜年时你要使用什么问候语?

2. 幼儿按意愿分组,用自己喜欢的方式向幼儿园老师、阿姨拜年。

活动三(谈话):春节食俗 **形式:小组**

活动目标

1. 能回忆说出自己春节吃了什么,将快乐与同伴分享。

2. 了解其他地方的春节饮食。

活动过程

1. 教师以问题引出:春节在家吃的平时没吃过的食物是什么?

2. 幼儿讨论结果:(1)吃汤圆、年糕;

(2)春节客人来要请他吃糖果、喝茶;

(3)春节家里有很多好吃的。

3. 教师提供春节食俗图并向幼儿介绍其他地方的春节食俗。

4. 美工活动:我们班的饮食街。

元宵节

活动一(谈话):元宵节 **形式:小组**

活动目标

1. 能回忆说出元宵节自己是怎么过的。

2. 能和同伴分享自己的快乐。

活动过程

1. 师生共同回忆元宵节的由来以及为什么要吃汤圆。

2. 教师以问题引出谈话:昨天元宵节你们上哪里玩了?你们是怎么玩的?

3. 幼儿讨论:(1)到广场看焰火;(2)到戏院看演出;(3)在家看电视……

活动二(实践):布置灯展 **形式:分组**

活动目标

1. 能根据自己的意愿将自己制作的灯笼或买来的灯笼挂到自己喜欢的位

置上。

2. 感受大家一起布置灯展的快乐,并愿意邀请其他班的幼儿来参观。

3. 设计灯展入场券,并分发给其他班的幼儿。

4. 设计海报,并张贴。

活动过程

1. 幼儿对自己制作或买来的灯笼很感兴趣,一早就在玩,比较各自的灯。

2. 老师提出问题:你们想将灯放在教室的什么地方?怎么样放好呢?

3. 幼儿讨论后按各自的意愿布置。

4. 老师再次提出问题:你们布置的灯展很漂亮,想不想邀请别人来看?

5. 幼儿讨论后各自分工:(1)设计海报;(2)设计入场券;(3)继续布置灯展,用教师提供的纸张继续制作灯笼。

活动三(实践):闹元宵 **形式:集体**

活动目标

1. 在搓汤圆的过程中感受元宵节到来的欢乐气氛。

2. 和小班幼儿一起搓汤圆,感受当哥哥、姐姐的自豪感。

3. 当好小小接待员,向参观的人介绍灯展的内容。

活动过程

1. 举办"元宵节灯展",接待参观的客人。

2. 谈话:(1)元宵节的由来;(2)元宵节为什么要吃汤圆?

3. 邀请小班幼儿和我们一起搓汤圆、煮汤圆、吃汤圆。

单元二:节日的街道

活动一(参观):节日的街道 **形式:集体**

活动目标

1. 锻炼幼儿的观察力。

2. 喜欢参加集体户外参观活动。

3. 遵守户外参观规则,不随意离开集体,路上注意安全。

活动过程

1. 老师以元宵节快到了,引出话题,激起幼儿兴趣。

2. 讨论:参观路上要注意什么?

3. 集体参观:节日的街道。

活动二(美工):节日的街道 **形式:分组**

活动目标

1. 锻炼幼儿的小肌肉动作,刺激大脑思维更活跃。

2. 回忆已有经验,锻炼幼儿的记忆力。

3.能运用各种材料进行装饰活动,锻炼幼儿的审美能力。

活动过程

1.师生一起回忆曾见过的节日的街道上有什么。

2.讨论:(1)我要怎样布置节日的街道?(2)需要什么材料?

3.美工活动:节日的街道。

(1)老师提供各种质量的纸张让幼儿自由选择。(2)提供大张长方形空白纸4张,幼儿进行自由组合;各组幼儿先商量怎样设计后动手装饰。

单元三:节日里的人

活动一(参观):观看大一班时装表演 **形式:集体**

活动目标

1.学会安静地观看时装表演,提高幼儿的审美能力。

2.激发幼儿参与表演的欲望,锻炼幼儿大胆地在集体面前表演的能力。

3.会用肢体动作表达自己对音乐的感受。

活动过程

1.教师出示大班幼儿送来的时装表演门票,引出集体谈话内容:昨天大班哥哥、姐姐送来了什么?它可以做什么用?

2.集体讨论:看表演时应注意什么?(1)看时要安静,不能大声说话;(2)不能随意离开自己的座位。

3.集体参观:大一班时装表演。

活动二(谈话):节日的服装 **形式:小组**

活动目标

1.回忆节日里人们及自己的服装特点,并愿意用连贯的语言讲述。

2.锻炼幼儿的记忆力。

3.培养幼儿的想象力。

活动过程

1.谈话内容:节日里,你穿什么样的服装?你看到别人穿什么样的服装?

2.幼儿分成3组分别围绕服装进行谈话。

3.美工活动:我喜欢的服装。

活动三(VCD欣赏):时装表演 **形式:集体**

活动目标

感受时装表演的乐趣,激发参与表演的欲望。

活动过程

1.教师提供VCD片,幼儿欣赏时装表演。

2.讨论:(1)时装表演是怎么一回事?(2)我们如果要表演还需要做什么?

活动四(美工):为时装表演做准备 **形式:分组**

活动目标

1. 了解时装的特点,愿意用挂历纸等材料制作时装,通过想象将盘子、杯子、碗等做成与时装表演有关的道具。

2. 愿意与同伴合作,共同体验成功的快乐。

3. 锻炼幼儿的记忆力、想象力和动手能力。

活动过程

1. 谈话:(1)上次活动为什么做好的时装少,地上纸张很多,怎么办?(2)上次小朋友提出要杯子、碗,老师已经准备好了。请小朋友说说,你要怎样用这些物品,要制作什么东西。

2. 幼儿讨论制作要求:爱护用具,不浪费;注意卫生,不乱扔纸屑;制作结束后要把用具收拾好。

3. 幼儿按自己的意愿选择活动。

4. 作品展示,共享成功的快乐。

活动五(实践):时装表演 **形式:集体**

活动目标

1. 能大胆地参与表演活动,体验表演的乐趣。

2. 能热情接待观看表演的观众,锻炼幼儿与陌生人交往的能力。

活动过程

1. 谈话:今天的时装表演要做些什么?

2. 角色分配:演员、迎宾员。

3. 实践活动:时装表演。

(二)例二:快乐上小学①

<table>
<tr><td>单元名称:快乐上小学</td><td>班级:大班</td><td>活动时间:四周</td><td>日期:</td><td>设计者:</td></tr>
<tr><td>单元目标</td><td>1. 知道小学与幼儿园不同的地方
2. 了解毕业与长大的意义
3. 提高适应小学生活的能力
4. 学习毕业典礼中应有的礼貌和态度
5. 养成感恩与敬爱师长的态度</td><td>生活习惯</td><td colspan="2">1. 会共同收拾整理并物归原位
2. 能遵守毕业典礼的规范、礼节
3. 升国旗、唱国歌时会立正站好</td></tr>
</table>

① 资料来源:安徽省阜阳市育英幼儿园。

续表

<table>
<tr><td>活动纲要</td><td colspan="3">活动一，我的成长：和小朋友共同讨论体现成长的事项（照片、幻灯片等）
活动二，参观小学：参观小学，并借用教室，模拟小学生的上课方式
活动三，毕业典礼：以毕业典礼为主题进行集体创作，并练习表演节目
活动四，清洁总动员：认领清洁工具，并进行大扫除</td></tr>
<tr><td>认知活动</td><td colspan="3">1. 讨论小学开学和现在的不同
2. 讨论毕业的意义
3. 讨论毕业典礼应有的礼仪和态度
4. 观察并模拟小学上课方式
5. 认识自己的姓名
6. 数概念：1～10 的顺序</td></tr>
<tr><td>美工活动</td><td>平面造型
1. 感恩卡
2. 制作壁画
3. 帆船</td><td colspan="2">立体造型
1. 制作表演节目的道具
2. 制作胸花、相框
3. 剪纸鹤</td></tr>
<tr><td>社会活动</td><td>1. 参观并模拟小学上课方式
2. 举办毕业典礼</td><td>体能活动</td><td>1. 障碍赛
2. 拔河比赛</td></tr>
<tr><td>语言活动</td><td colspan="3">1. 谈话：(1)练习发表毕业感言；(2)发表参观小学的感想；(3)表达对他人赞美及感谢的言语
2. 故事：以利于身心健康发展的故事为主</td></tr>
</table>

第三节　单元教学活动的实施与指导

单元教学活动设计是我国实施已久的传统课程设计，活动设计与教学法都是一种艺术，但必须要有理论作为基础，才能增进幼儿身心平衡的发展，以下从不同方面介绍活动设计的理论依据。

一、课程编制方面

第一，每学年的单元选择，宜注意大、中、小班的衔接，以体现连续性、程序性和统整性的原则。

第二，活动计划要有弹性，使教师有发挥余地和与幼儿互动的空间。

第三，活动计划应以幼儿为主体，提供探索、亲身体验和操作的学习机会。

因此在分组活动设计上宜巧用心思。

第四,重视课程的统整,避免产生分科的倾向,注意活动的连贯性,即纵横的关联性。

二、教学实施方面

第一,善用启发式及能引发思考的问话技巧引导幼儿的学习活动。

第二,教师要尊重每一个幼儿的个体差异,并作个别辅导。

第三,提供丰富的材料,开展不同性质的活动,让幼儿依照兴趣和能力选择活动。

第四,善用各种教学法及教学活动形态(团体的、分组的、小组的、个别的、自由的)实施教学,使教学获得最佳效果。

第五,善于把握幼儿的好奇心、兴趣及所发现的问题以作延伸活动。

第六,教师要扮演多样角色,随着教学形态及教学目标和内容的不同,转换角色。教师扮演的角色有:引导者、启发者、诱导者、辅导者、示范者、指导者、沟通者、观察者、学习者、玩伴、鼓励者、安慰者、支持者、提供者、协助者等。

三、情境创设方面

第一,提供丰富的教学资源,安排好可供幼儿亲身操作和体验的情景布置工作。

第二,提供师生共同设计和布置的学习区角,鼓励幼儿参与活动。

第三,若空间允许,可在活动室内进行角落的情景布置,使单元与角落能密切配合,作为分组时的情景布置,或自由活动时间的选角活动,使幼儿的学习环境更为适宜。

四、评价方面

(一)幼儿方面

其一,评价方法要游戏化、趣味化、生动化。

其二,重视对幼儿学习过程的观察与评价,以作为辅导及下次活动设计的参考。

其三,形式多样,通过不同活动形态的游戏形式设计评价。

其四,方法多样化,利用不同时间、不同情境、不同活动以及不同的人进行评价。

（二）教师方面

对所设计的各项活动、目标、内容、方法、评价需不断地进行探讨、修正，使所进行的活动更合乎幼儿的能力、需要和兴趣。

五、善于利用人力、物力及社会资源进行单元的教学活动

多利用家庭、学校及社会上有关的人力、物力和环境中的资源，进行单元教学活动，使幼儿的生活和教育能够密切地整合，促使幼儿身心各方面全面发展。

▶阅读推荐◀

1. 唐淑. 幼儿园课程研究与实践. 南京：南京师范大学出版社，2000

2. 石筠弢. 学前教育课程论. 北京：北京师范大学出版社，2001

3. 陈帼眉. 学前儿童发展与教育评价手册. 北京：北京师范大学出版社，1994.

4. 幼儿园课程指导丛书. 南京：南京师范大学出版社，1996

5. 幼儿园课程实施指导丛书. 南京：南京师范大学出版社，1997

6. 许卓娅. 幼儿园课程理论与实践. 南京：南京师范大学出版社，2002

7. 朱家雄. 幼儿园课程. 上海：华东师范大学出版社，2003

8. 曾干秀云. 幼儿发展课程及活动建议. 北京：北京师范大学出版社，1995

▶思考与探索◀

1. 客观评价单元教学法在幼儿园教育教学中的作用。

2. 到你见习的幼儿园，选取一个单元教学案例进行分析。

3. 设计一个单元教学活动。

第五章 主题教学活动的设计与指导

【内容提要】 主题教学是幼儿园的一门综合课程，由一系列主题教学活动组成。综合性主题教学活动是将各个学科的教学内容综合到一个网络状的主题之中，围绕主题开展一系列教育活动，可由教师确定活动目标和活动内容，也可由幼儿根据与主题有关的学习经验发起活动。本章主要介绍了主题教学活动的内涵、设计原理及指导策略。

【学习要求】

1. 了解主题教学活动的内涵。
2. 掌握主题教学活动的设计原理。
3. 学会运用主题教学活动的指导策略。

第一节 主题教学活动概述

一、主题教学活动的内涵

幼儿园主题活动是指在一定的时间里，围绕一个中心内容（主题）组织的教育教学活动。主题活动打破了学科之间的界限，将各科学习内容围绕一个“中心”有机地连接起来，从孩子的兴趣和需要出发，紧密跟随现实生活发生的新变化和新形势，围绕着一个主题展开一系列的活动，让幼儿通过对这一主题的探索和学习，获得与该中心相关的比较完整的经验。[①]

主题教学活动是一门综合性课程，由一系列主题教学活动组成。主题教学活动是将各个领域的教学内容综合到一个网络状的主题之中，围绕主题而展开一系列教育活动，可由教师确定活动目标和活动内容，也可由幼儿根据与主题有关的学习经验发起活动。[②]

主题教学活动可由教师根据已经设计好的教育活动内容进行教学，也可由幼儿根据自己的学习经验发起活动，因此主题教学活动的设计就必须有允许幼儿发起活动以及回应幼儿生活活动的机制。

主题教学活动是主要由教师确定活动目标和活动内容，还是主要由幼儿根据与主题有关的学习经验发起活动的不同情况会使主题教学活动以不同的方式呈现。因此，以教师发起的教学活动会是以记忆和建立联系式的学习为主，以教师的教学为主线，以主题为载体，将各种知识和技能融为一体。由幼儿发起的教学活动则以幼儿自我探索的学习活动为主，以主题为出发点，拓展与主题有关联的问题和概念。

二、幼儿园主题教学活动的特点

幼儿园主题教学活动的特点主要表现在以下几个方面：[③]

(一)纵横交错，形成系统

所谓的"纵横交错"，指的是幼儿园的主题课程不仅在纵向上具有时间上的连续性，即主题活动短则几天，长则几周，而且在前后主题间也有关联性，即后面的主题要建立在前面已经开展的主题所获得的经验的基础之上。前后主题的联系性，也更加有利于幼儿知识的连续系统化以及对已有经验的强化。在横向上，幼儿园主题教学活动在组织形式上，融合了课堂教学、日常生活、游戏活动等各种可能的组织形式；在活动空间上，不再局限于园内而是放眼外界大的教育平台。形成这样的系统性，是为了更好地进行主题教学活动，提高教育的影响力。

(二)内容综合，贴近生活

幼儿园主题教学活动脱离了以"学科"和"教材"为中心的传统教育模式，取

① 袁贵仁：《中国教师新百科(幼儿教育卷)》，北京：中国大百科全书出版社，2003。

② 朱家雄：《幼儿园教育活动设计与实施》，北京：高等教育出版社，2008。

③ 王敏：《澳门幼儿园主题教育活动现状、问题和对策研究》，2010年山东师范大学硕士学位论文。

而代之形成以“生活”、“幼儿”为中心的现代新型教育形式。中心的转变，扩展了幼儿教育内容选择的范围，任何有利于幼儿生活经验积累、有利于幼儿成长，幼儿感兴趣的、对于幼儿来说，有教育价值并具有可操作性的内容都可用来作为主题活动开展。幼儿是处于实际生活中的，并且幼儿天生是一个探索者，这就注定了幼儿园主题活动内容的综合性和生活性。

(三)师生合作，共同探究

幼儿园主题教学活动的来源可以有多个方面，而以幼儿为中心就要求主题活动内容来源主要是依靠幼儿自己在活动中生成。无论是教师自己预设、师幼共同生成，还是幼儿自己生成的主题，都是教师和幼儿共同合作交流的过程。因为，在主题教学活动中，主体是具有动态意识和发散思维的幼儿，这就决定了活动的不确定性，也就意味着随时都可能有新的生成。主题教学活动是一种低结构的教育活动，具有一定的柔韧性和弹性。而其弹性的特征就要求师生在共同合作的过程中，幼儿在教师的辅助下去观察、实验、访问、收集资料、统计、计算，去认知问题、分析问题和解决问题。每一个主题活动的开展不仅对于幼儿来说是一个新的探索之旅，对于幼儿教师来说也是一个新的经历、新的进步。

(四)情景学习，重视感受

幼儿园主题教学活动一方面源于生活和幼儿的兴趣，庞大而且真实的生活情景为主题活动的开展做好了铺垫。另一方面，假如没有真实的情境，教师在进行主题活动时，也会为幼儿尽量地创造模拟的情境。从亲历和感受出发，主题活动才能更容易地被幼儿接受和理解，才能使幼儿有更多的机会将感受到的和所获得的经验运用于生活，从而实现促进幼儿发展的目的。

三、幼儿园主题教学活动的类型

在划分主题教学活动的类型之前，我们首先要明确主题教学活动和幼儿园综合课程的关系。两者既有相同之处也有不同之处，主题教学活动是幼儿园综合课程的一部分，它隶属于幼儿园综合课程的范畴之内。幼儿园综合课程的实施是一个由理念到实践、由宏观到微观的过程，而幼儿园的主题教学活动即是其实践和微观化的途径。

(一)从主题结构化程度来看

结构化程度较高的主题活动偏向于教师的预设，而结构化程度较低的主题活动偏向于幼儿自己的生成或是教师和幼儿共同生成。如今，我国幼儿园中的主题教学活动的结构程度是多样的，两种结构化程度同时存在，有时候需要相互补充。二者没有好与不好之分，只有适宜与不适宜的差别。主题教学活动结构化程度的高低，一方面取决于设计开展主题教学活动的教师的综合素质，高素质、有丰富教学经验的，并且清楚地了解本班幼儿发展水平的教师，可以选择结构化程度较低的主题活动。另一方面也取决于幼儿的年龄特点和经验的储存量，对于小班的幼儿，则更适合于开展结构化程度高的主题活动，并随着年龄和经验的增长，逐渐过渡到结构化程度低的主题教学活动。

（二）从主题生成性的程度来看

幼儿园主题教学活动可分为预设型、半生成型和全生成型。所谓的“预设型”是指幼儿教师预设的主题教学活动，在活动之初就已经被教师计划好了，其中幼儿对活动主题的选择几乎不产生任何影响。“半生成型”，是指在教师开展预设的主题教学活动中，幼儿产生了新的兴趣，教师关注幼儿的兴趣点而生成新的主题。“全生成型”即幼儿在其日常生活中所发现感兴趣的点或是生活中所需要解决的疑问，进而生成一个主题，这完全取决于幼儿自己的生活和自己的兴趣，同时要注意幼儿兴趣点的价值性和操作的可能性。然而，无论是预设型、半生成型，还是全生成型，其划分都是相对的，在现实的幼儿园主题教学活动中，它们是相互联系甚至是可以相互转化的。

四、主题教学活动的价值和局限性

在幼儿园综合性课程中，主题教学比单元教学的结构化程度低，反映了组成该课程的教育活动既有一定的预设取向，又有一定的生成取向。活动设计者根据主题网络，设计一系列教育活动，每个教育活动都预设了显性的和隐性的活动目标，并不要求全体幼儿在同一时间都必须达成这些预设的目标，而且目标和内容是可以根据具体教学情境而发生变化的。主题教学活动的性质决定了这类教育活动既能够反映幼儿教育的一些基本要求，为幼儿提供一些必需的知识和技能的学习机会，也能够在一定程度上顾及幼儿的兴趣和需要，激励幼儿在活动的过程中根据自己的经验和需要生成教育活动。简言之，主题教学活动具有以下优点：是与幼儿的生活、学习有关联的；能促进幼儿主动的、个性化的学习；幼儿参与设计主题教学活动，符合幼儿的兴趣和需要；能将幼儿的发展与知识结合成一体。

由于主题教学活动可由幼儿根据已有的学习经验发起，这样会使教育活动的不确定性和可变性增加，使教育活动的可操作性降低。因此，这类教育活动对教师的要求较高，教师既要能把握活动设计者的设计意图，又要能准确地回应幼儿生成的活动，从而满足他们的兴趣和需要。

第二节　主题教学活动的设计原理

一、主题的选择

（一）主题的来源

主题通常来源于幼儿自身和社会要求两个方面。[①]

1. 幼儿自身

主要来源于幼儿的兴趣、需要、动机、水平和经验等。首先，教师要随时记录幼儿的活动行为以了解幼儿的所思、所想以及行为，可以用文字记录、照照片或拍录像等方式记录，也可以在必要的时候设计活动来了解幼儿。

其次，教师要进一步反思幼儿的行为。幼儿的行为有语言、行动、情绪等，包括对孩子的作品都要认真对待。还可以通过教师之间分享、看家园联系册以及和家长一起分享幼儿的最近情况来反思幼儿的行为。

比如我们可选择的主题有：《我的家》、《我是蜘蛛侠》、《鞋子》、《我们的幼儿园》、《好玩的水》、《马路上的车》、《好玩的颜色》、《可爱的蚕宝宝》和《过春节》等。

如"树"[②]这一主题就是因为幼儿对树的好奇与兴趣而产生的。

秋冬季节，幼儿园旁边的许多树落了叶，只剩光秃秃的树干。春天来了，经过春天雨水的浸润，嫩绿的新芽又出现在枝头。这一新一旧的叶子自然交替激起了孩子们的好奇心。他们一边兴奋地帮助打扫卫生的阿姨拾落叶，一边疑惑地抚摸着凋落的新芽苞与干枯的落叶；户外写生"幼儿园边的树"时，参差不齐、粗细不均的枝干吸引了另一拨孩子的目光，他们说："它们是一个家族的吧，还手拉着手呢！"那交错纵横地暴露在地表的树根更是令他们忘记了沙砾的扎脚，全身匍匐在地上忘情地观察。教师为此从"树"这个主题入手，让幼儿感受树与人类的关系，以期让幼儿体验到关心、爱护我们周围的环境（包括人、动植物）的重要性。

教师可通过谈话、观察等手段，了解幼儿已有的经验与水平；运用大量的操作练习，帮助幼儿获得新的经验；引导幼儿开展记录、设计、实验等活动，激发幼儿的求知欲，让幼儿在探索的过程中体验成功的喜悦。

---

① 李毅：《时针转转转——幼儿园主题教育活动课程实例探析》，2006 年华中师范大学硕士学院论文。

② 资料来源：安徽省阜阳市市政府幼儿园。

如，开学初，老师发现大部分孩子都喜欢搭建房子。一天灵灵和浩浩指着他们共同搭建的房子，兴奋地告诉同伴："瞧，这是我们盖的幼儿园。"孩子们听后都摇着头说："不像不像，一点都不像。"老师没有正面给予肯定或否定，而是反问孩子们："为什么觉得不像我们的幼儿园？我们的幼儿园到底是什么样的？"这下，孩子们可热闹了，他们七嘴八舌地说开了，有的说我们的幼儿园只有3层，不是6层；有的说我们幼儿园有很多的班级；有的说我们幼儿园应该有阳台；有的说我们幼儿园应该要有许多的桌子、椅子和床铺。

老师在肯定孩子们的评价后，又向孩子们提出了一个问题："你们想不想知道我们幼儿园的秘密？有什么办法可以找到这个答案？"冰冰说："老师，你带我们去看一看，数一数吧。"这个提议得到了全班小朋友的响应："我也想去，我也想去。"老师觉得幼儿园是孩子们最为熟悉的环境，而且它有着极为丰富的教育资源。为了充分发挥这一既宝贵又易获得的资源的教育作用，也为了让孩子进一步认识身边所处的环境，激发他们热爱幼儿园的情感，老师决定展开"我们的幼儿园"的主题活动。①

2. 社会要求

笔者所提的"社会要求"是社会对幼儿成长、发展的期望与要求，它不仅仅包括社会的政治制度、生产力发展水平、社会的文化传统对人才规格的要求，也应当包括社区与家长对幼儿发展的要求与期望。可选择的主题有：《地球是我们的家》、《美丽的祖国》、《我爱奥运》、《有趣的报纸》和《我要上小学》等。

如，有一次，幼儿在讨论"新闻趣事"时，邵明说："北京正刮着沙尘暴。"郁郁说："人们出门很不方便，要穿雨衣、戴眼镜。"沙溢说："我还看到电视上在播放：汽车白天要开灯行驶，不然看不到前面的路。"这时心怡提出问题："为什么会有沙尘暴？"小朋友你一言我一语，有的认为是人们乱砍树木；有的认为是人们养了许多牛羊，草被吃完了；有的认为是地球妈妈生气了，在报复人类。幼儿热烈地争论着，引发了许多关于地球与环境的问题："为什么会火山爆发？""为什么地球要转，而太阳不能转？""为什么我们现在是白天，而美国是黑夜？""太阳为什么会发光？地球能活多少年？"……一连串的问题，可以看出幼儿探索的欲望。于是，教师抓住"地球"这个幼儿感兴趣的话题，和他们共同开始了"地球是我们的家园"的主题活动。②

---

① 资料来源：安徽省阜阳市育才幼儿园。

② 资料来源：内蒙古包头市小脚丫幼儿园。

（二）恰当选择主题

教师在选择主题时，首先要考虑它的可行性，即这个主题是否有可能达到预定的教育目标，幼儿是否具有相应的知识、经验、技能和能力。其次应考虑它的重要性，即这个主题是否有必要进行，是否有助于帮助幼儿理解周围世界、促进幼儿发展。再次应考虑它的关联性，即这个主题是否与幼儿的现实生活有关，是否有助于幼儿把园内的学习迁移到园外去。最后应考虑它的兴趣性，即这个主题是否是幼儿感兴趣的，是否能满足幼儿的需要。

教师也可以按照以下一些标准来思考主题的适当性及价值：[①]

第一，是否大多数孩子有潜在兴趣。

第二，孩子是否可以在自己的环境中直接观察到。

第三，是否基于孩子已具有的知识及能力或者已有的经验。

第四，当地的资源是否是有利的且容易取得的。

第五，是否能为孩子提供戏剧扮演或表现想法的机会。

第六，幼儿是否有充分的可能去运用多种表现工具。

第七，家长能否参与并有所贡献。

第八，能否帮助幼儿了解别人、了解居住的环境。

二、设计原则与准备工作

（一）设计原则

朱家雄在《幼儿园课程》一书中提到了“幼儿园综合性课程中教育活动设计的原则”，[②]提出主题课程的设计原则有以下几点。

1. 教育活动应与幼儿的个体差异相适合

综合课程是围绕儿童的经验而展开的课程，在这种类型的课程中，教育活动比较容易与每一个幼儿的发展特点相符合。幼儿之间存在的差异体现在发展水平和文化背景等方面。在综合性课程中，应包含多种类型、多种水平的教育活动，以满足不同幼儿的需要。在综合性课程中，应能为幼儿发展提供多种机会，允许幼儿以不同的方式主动地与环境进行互动，允许儿童自主选择和主动生成，使他们在不同的水平上得到发展。

---

① 材料引自：http://stumail.nutn.edu.tw/～s09570003/555.doc.

② 朱家雄：《幼儿园课程》，上海：华东师范大学出版社，2003。

2. 教育活动应与群体幼儿相适合

综合性课程是在幼儿群体中实施的。尽管综合性课程更强调幼儿的个体差异,但是幼儿常以小组的方式开展活动,而且幼儿的组合往往是自选的,发展水平相近的幼儿常成为学习的同伴。在综合性课程中,教育活动应与小组的群体幼儿的发展水平相适合,使幼儿能在与其他幼儿一起学习的过程中通过合作、分享、商量、妥协等方式得到发展。

3. 教育活动应与文化背景相适合

课程的基础之一是社会文化,每一种课程都是为特定文化背景中的幼儿设计的。综合性课程的特点之一是与文化有关联,因此,在设计教育活动时应关注幼儿的这些活动是否适合幼儿所处的文化背景,使来自不同种族、层次家庭的幼儿都能获得平等的受教育机会,建立起自信,从中受益。

4. 教育活动应将发展与学习连结为一体

发展和学习不是同一的和相互平行的,幼儿发展不会追随幼儿的学习,幼儿的学习也不会反映幼儿发展的实际进程。但是,教育活动若能将幼儿发展与学习连为一体,会使幼儿的学习变得更有意义,也会在一定程度上促进幼儿的发展。综合性课程中的教育活动有这方面的优势,应充分给予关注。

根据以上设计原则,在设计幼儿园主题教学活动时,应该做到以下几点:

第一,主题活动前的宏观设计。在开展主题活动前,教师首先要做好主题活动的宏观设计,关于这一问题基本上要考虑到以下 4 点:

(1)主题怎样开展会符合幼儿的年龄特点,会引起幼儿的兴趣。

(2)活动所涵盖的教育价值,有助于达成什么样的教育目标。

(3)合理的设计要考虑活动的可行性。

(4)合理的计划也包括活动之间的关联性。

第二,主题活动前的微观设计。在微观活动设计中,教师要考虑到以下几点:

(1)随时抓住教育契机,不拘泥于原有计划。

(2)尽量照顾到有不同兴趣需要的幼儿,尊重幼儿的个性特征。

(3)对幼儿的表现给予及时反馈。

(二)准备工作

在主题活动实施前期,师生必须共同在认识、经验和实践上对主题做好充分的准备。

1. 收集与主题相关的资料

(1)对幼儿情况的收集。幼儿在探索活动中表现出的他们对事物的理解和想象，有他们自己的理论、方法、逻辑。而每个个体对同一事物又有着不同的认识，我们力图提供给幼儿广阔的空间和多样的渠道，支持他们用各种适当的方法查找资料，解决问题。

（2）教师收集。教师从问题出发，了解现状，掌握相关文献资料，通常可以从书籍、期刊、科技档案等材料中收集与主题相关的资料。

2.创设主题相关情境

创设主题情境，是指教师围绕主题的内容设置相应的学习环境和学习氛围，即给幼儿创设一个真实的学习环境和营造一个身临其境的主题环境空间，使幼儿能够在与环境的互动中受到熏陶。

（1）主题情境的准备包括主要学习活动场所的环境创设，以及根据主题的需要寻找相应的自然情境和社会情境。

（2）教师也是相关情境中的一部分。

首先，教师应该尽可能地了解所有相关知识。可以请教有经验的老教师，咨询有关专家，也可以查阅资料。例如当幼儿对电池产生浓厚的兴趣时，教师应及时去找各方面的资料，甚至到有电池回收箱的超市去收集一切有关信息。最后，教师便可了解关于电池的很多知识，做尽可能充分的准备。

其次，教师要做活动的爱好者和幼儿活动的参与者。教师的热情和兴趣可以激发儿童探究的欲望。教师在孩子成长过程中是作为重要参与者而存在的，就是说他们会对你的兴趣感兴趣。当教师对主题表现出极大的关注时，幼儿自然也会对这个问题感兴趣，此时教师要与幼儿融为一体。例如，在环保主题开展过程中，每一位老师都要对环保事件表现出极大的关注，老师将从报纸上了解到的信息及时介绍给孩子，班上老师也经常会为某件事情绪激昂地进行讨论，这样，当孩子们看到的是教师的热情以及对这些活动的赞誉和表扬的时候，孩子们自然而然会有更大的兴趣。

三、制定活动计划

（一）预设主题目标

幼儿园主题教学活动课程以培养全面进步的儿童、促进幼儿身心和谐发展为最终目的，这有助于教师明确幼儿身心发展的目标，并将幼儿身心发展的目标放到工作的中心位置，使一切教育教学活动围绕着促进幼儿身心发展展开，为幼儿的可持续发展奠定基础。

主题的目标分为身体健康、认知发展和人格发展三大块，将教育活动的出发点和落脚点更加直接地落实到幼儿的身心发展之上。课程中呈现的目标为预设目标和已经生成的目标，教师可以根据本班幼儿的情况，进一步和幼儿一起生成新的具体目标和活动内容。

主题教育所强调的不仅仅是教给幼儿知识和技能，同时强调对幼儿情绪、道德和美感等的培养，充分挑战幼儿的心智。具体包括以下 3 个方面：

其一，身体健康：主要指基本动作发展，良好的卫生、生活习惯，基本的生活自理能力，必要的安全保健常识，初步的自我保护能力等。

其二，人格发展：主要指情感、意志、动机、兴趣、社会性、性格、态度等方面内容。

其三，认知发展：主要指注意、感知、记忆力、想象力、思维、问题解决、言语、知识等方面的发展。

如，“我们的幼儿园”主题活动的总体目标①：感受幼儿园生活的乐趣，喜欢幼儿园生活；喜欢参与对幼儿园的探索，学习运用自己的方式对幼儿园的常见事物进行简单记录；积极与幼儿园的老师、小朋友们、工作人员交往，体验与老师、小朋友共同生活的乐趣；了解自己的生活与幼儿园的关系，能积极地运用语言、图画等各种方式表达自己对幼儿园环境的认识及自己和同伴、老师之间的感情；积极参与搜集可用于“幼儿园”主题创作的材料的活动，并对材料进行分类；能和同伴或家长共同利用身边的物品和废旧材料制作各种玩具、工艺品等，从中体验创造的乐趣；能参与幼儿园中力所能及的劳动，体验劳动的快乐；主题目标的预设除了必须考虑如上所述，还需具有针对性、结构性与适宜性。②

1. 针对性

主题目标的针对性是指目标要围绕探究主题的性质而展开。如“有趣的动物尾巴”主题的主要目标是这样定的：激发幼儿探索动物尾巴奥秘的兴趣，培养幼儿喜爱动物的美好情感；发展幼儿的观察力，提高幼儿学习的能力和口语表达能力；引导幼儿进一步认识动物尾巴的外形和作用。而“好吃的饺子”主题活动的主要目标是：认识、了解饺子的种类和制作的过程；在操作过程中选择合适的工具进行试验并记录；通过对饺子文化的了解，萌发对祖国文化的自豪和热爱之情。通过对上两条的目标对比，可以看出“有趣的动物尾巴”主题目标突出了目标的科学探究功能，而“好吃的饺子”主题目标则突出了发展幼儿社会情感、社会意识的功能。不同的目标功能和主题本身的内涵有着极大的关系。

---

① 《厦门实验区新课程教学案例丛书：学前教育教学案例》，福州：福建教育出版社，2003。

② 陈晓芳：《幼儿园教育活动设计策略及案例评析》，北京：北京师范大学出版社，2007。

2. 结构性

主题目标的结构性是指主题的重点和核心目标是否突出，目标、条目之间是否存在有机的联系。结构性还表现在陈述主题目标时，是否注意了具体行为目标和表现性目标相结合，这样就使得主题目标既有可操作性，又有一定的弹性空间，为师生在实施主题目标的过程中的创新和发展提供可能。

例如，“美丽的蝴蝶”①主题预设的最低发展目标是：了解蝴蝶的基本特征和生活习性，萌发爱护小动物的情感；学习用各种形式大胆地表现各种蝴蝶的特征；培养合作学习的意识和能力；学习用多种方式表现、交流、分享探索的过程和结果。

这个主题目标融认知目标（了解蝴蝶的基本特征和生活习性）、情感目标（萌发爱护小动物的情感）、技能与策略目标（学习用各种形式大胆地表现各种蝴蝶的特征；培养合作学习的意识和能力；学习用多种方式表现、交流、分享探索的过程和结果）为一体，同时通过具体的行为目标让我们明确主题中涵盖了参观蝴蝶馆、美工活动、亲子活动、区域活动等，但此目标中又未规定幼儿和教师必须通过什么样的具体方式参与这些活动，从而预留了教师和幼儿在主题活动过程中能够“依情而定”相应的具体内容和活动的空间，更大程度地发挥了师生的能动性和创造性。

（二）主题活动架构

主题活动构架是幼儿园主题教学活动预设计的必要和关键的环节，主要包括主题构架的方式、主题内各领域内容的平衡、区域游戏活动设置、社区及家长资源的利用等几个方面。②

1. 主题构架的主要方式

(1)主题网络式：教师在建构主题网络蓝图时，可以和同事、幼儿一起，采用头脑风暴等方法，展开想象的翅膀，从不同的角度进行思考，记录下每个人的各种想法，并不断加以修改完善，以整合各种各样的活动，拓展主题的范围，丰富主题的内容。

例如，大班主题活动“树”主题网络：

① 《厦门实验区新课程教学案例丛书：学前教育教学案例》，福州：福建教育出版社，2003。

② 陈晓芳：《幼儿园教育活动设计策略及案例评析》，北京：北京师范大学出版社，2007。

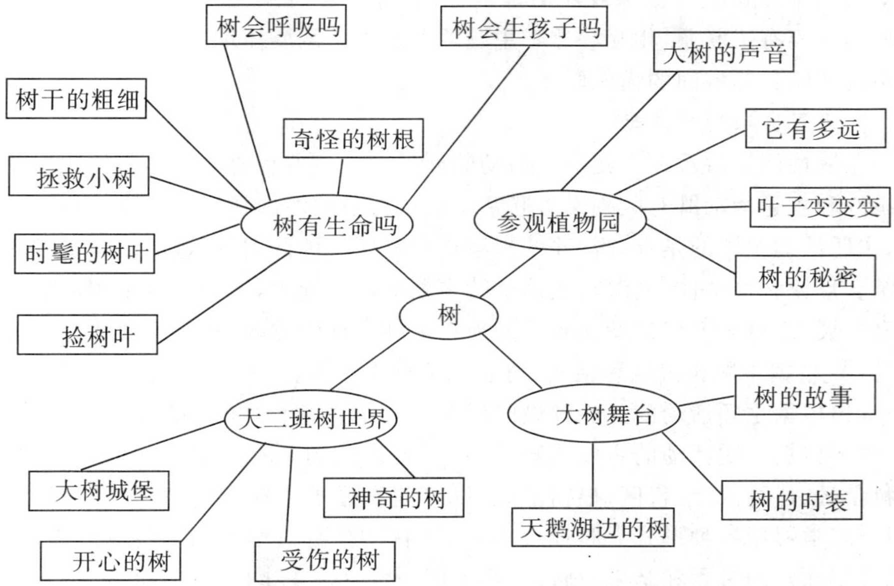

(2)主题流程式：主题流程式就是按主题发展的过程依次展开相应的活动。例如，“小蝌蚪”主题流程：

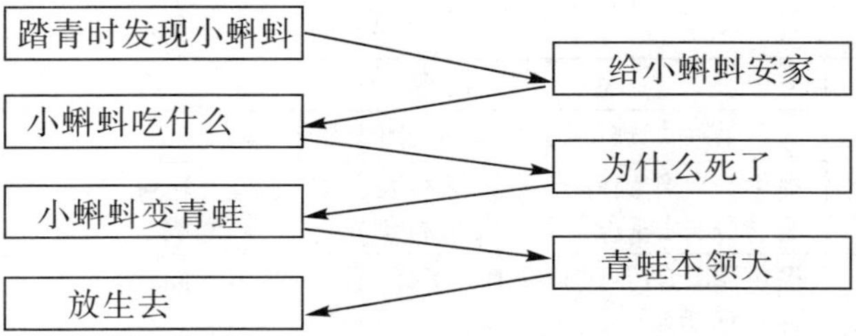

主题结构展现了每一个主题的内容及其内在的联系。主题教学活动课程呈现的结构是预设的和已经生成的内容，反映主题目标、内容的生成过程，并使教师明晰：主题教学活动课程的产生，既要以社会要求的既定目标为依据，又要以儿童自身的兴趣与需要为依据，尤其是主题活动开展的时间和具体内容更要考虑儿童的需要。生成过程的呈现还可以帮助教师提高观察了解儿童的意识和技能。教师可以根据本班幼儿的情况，与幼儿一起生成新的结构或充实、更改已有的结构。其主要构建的依据为：知识自身的纵向体系；知识自身的横向联系；幼儿的生活经验；幼儿的年龄特点；幼儿的兴趣；幼儿发展的目标。

2.平衡主题内各领域的内容

主题内各领域内容的平衡主要是指主题活动相关内容的预设必须在充分考

虑幼儿的学习特点和认识规律的基础上，使得语言、科学、社会、健康、艺术五大领域的内容有机联系，相互渗透于主题活动之中。既要体现各领域的纵向深入，也不能忽略各领域间的横向联系。

3. 设置区域游戏活动

主题性区域游戏在主题教学活动的开展中扮演着重要的角色。幼儿园的区域游戏和主题活动既有区别又有联系。区域游戏关注的是区域材料的使用和挖掘，主题活动关注的是寻找幼儿的兴趣点和需要。因此，将区域活动与主题活动相结合形成教育整体，能够有效地支持主题活动的深入，进一步对主题活动进行丰富扩展；反过来又促进幼儿有目的地在区域中探索体验，从而实现教育价值的提升。[①] 根据主题预设区域活动，可有如下操作步骤：

(1)根据主题活动的目的预设区域项目。如在前面“美丽的蝴蝶”主题活动中，教师根据主题活动的主要认知目标（了解蝴蝶的基本特征和生活习性）预设了科学区、建构区、语言区；根据情感目标（萌发爱护小动物的情感）和技能与策略目标（学习用各种形式大胆地表现各种蝴蝶的特征；学习用多种方式表现、交流、分享探索的过程和结果）预设了观察区、表演区、美工区、音乐区等。

(2)根据主题活动的内容投放区域材料和设置区域空间。在“美丽的蝴蝶”主题活动中，根据师生预设的相关活动，师生齐动手在区域设置和材料投放方面做了如下准备。

<table>
<tr><th colspan="3">项目</th><th>内容</th></tr>
<tr><td rowspan="6">环境创设</td><td rowspan="5">活动区</td><td>语言区</td><td>各种有关蝴蝶的图片、标本、图书资料等。</td></tr>
<tr><td>美工区</td><td>提供与制作蝴蝶有关的材料及工具（画笔、颜料、彩色纸、剪刀、棉签、彩笔、橡皮泥等），方便幼儿进行创作，如绘画蝴蝶、印染蝴蝶、剪贴蝴蝶等。</td></tr>
<tr><td>建构区</td><td>提供可让幼儿进行拼摆的颜色不同、大小不同、薄厚不同、形状不同的各种几何板块。</td></tr>
<tr><td>音乐区</td><td>提供有关蝴蝶的服饰、蝴蝶的头饰、蝴蝶指偶及故事、《三只蝴蝶》歌曲以及《蝴蝶真美丽》的磁带供幼儿表演时使用。</td></tr>
<tr><td>科学区</td><td>提供可让幼儿观察、比较用的放大镜，可让幼儿制作标本的泡沫板、大头针等用具。
提供可让幼儿进行接龙游戏的蝴蝶图片。</td></tr>
<tr><td colspan="2">情境创设</td><td>设置饲养角：尝试饲养蝴蝶。
逐步展示幼儿在主题活动中收集的材料，谈话的内容、照片、作品等相关资料。
创设调整各类活动区角，为每个幼儿提供交往、学习、游戏的机会。</td></tr>
</table>

① 陈晓芳：《幼儿园教育活动设计策略及案例评析》，北京：北京师范大学出版社，2007。

又如，主题活动“树”的环境创设与材料投放情况。

项目			材料的投放
环境创设	活动区	美工区	提供可供幼儿剪贴、折、画、捏“树”的废旧图书、胶水、剪刀、大小不同的纸张、水粉、油画棒、橡皮泥等。 提供可让幼儿制作树和树叶时装的卡纸，各种颜色的布、毛线、塑料纸、纸箱等材料。 提供可让幼儿剪贴“树根下的世界”和“叶贴画”的纸张、树叶、油画棒、牙签等材料。 提供可让幼儿想象画“叶脉的联想”的纸张、笔、颜料等。 提供可让幼儿制作“开心的树”、“受伤的树”、“神奇的树”的铁丝、颜料、各种卡纸、废报纸等材料。 提供可让幼儿自编自画“树的故事书”的纸、笔、彩色颜料。
		语言区	提供师生共同收集的可让幼儿阅读、交流、讨论的有关树的图片、照片、图书、碟片等。 提供可让幼儿播放有关树的新闻的电视模型、话筒、可投影的布等材料。 提供可让幼儿记录自己知道的树的名字的废报纸、剪刀、笔等材料。 提供师生共同制作的“树的故事书”供幼儿交流、阅读、讲述。
		结构区	提供可让幼儿搭建树的造型的各种积塑。 提供可让幼儿拼搭生态园的各种积木和积塑。 提供可让幼儿拼搭大树宫殿的各种积木和积塑、有机板等材料。
	活动区	表演区	提供可让幼儿欣赏并表演“天鹅湖边的树”的录音机、磁带、麦克风、小舞台、箱子、丝巾等辅助材料。
		数学区	提供可让幼儿自己测量树干粗细的绳子、毛线、纸张、铅笔、铁丝等材料。 提供可让幼儿统计树的种类和根据树叶形状进行分类要用的纸、笔、表格等材料。
	情境创设		逐步展示各阶段主题进展的照片和幼儿作品。 设置“大树舞台”的表演区角。 师生共同布置展示神奇的树、开心的树、受伤的树。 展示师生共同收集的有关树的资料。 布置树的结构图、幼儿表征树的各种图画等。

（3）根据主题活动进程预设材料呈现的时间和形式。并不是所有的区域活动的材料都可以在主题一开始时就放进来。根据主题的进展和幼儿深入游戏的需要有目的地投放材料，给予幼儿持续的刺激，才能更充分地调动幼儿探索和创造的兴趣和潜能。有些材料是教师根据观察主动为幼儿提供的，有些材料必须是幼儿为了使自己的活动得以顺利进行下去，而通过自己的努力寻找得来的，有些是自然物材料通过加工才能成为自己需要的零件，有的是半成品材料，有的是完全现成的材料。

4.社区及家长资源的利用

教师要树立大教育观和资源观，充分调动家长与幼儿的兴趣，使教师、幼儿、家长共同形成教育的合力，达到共同促进与发展的目的。同时，也要充分利用社区资源，扩展幼儿园课程的内涵。

家长作为幼儿园的教育资源，直接参与幼儿园的教育不仅能提高家长的参与意识和教育水平，而且能够激发幼儿的活动兴趣。我们在开展活动中根据幼儿的需求和主题的需要邀请有不同职业身份的家长，如警察、消防员、银行职员、司机、医生、营业员等参与教育活动，有时也邀请有特长的家长参与活动。

在“鞋子”主题活动中，我们了解到一位小朋友的伯伯是修鞋师傅，在幼儿园附近开了一家修鞋店，因为幼儿有想了解鞋子修理过程这一兴趣，我们来到店里参观，看师傅修补鞋子的全过程。回园后生成了“鞋子美容店”的游戏，即为娃娃家客人修补鞋子。

四、活动实施

主题教学活动课程的内容基本涵盖了人类社会文化知识的方方面面，并力求反映时代特色。为了使幼儿能跟上时代发展的步伐，了解最新发展的科技和文化，也为了开阔教师的视野，增强教师关注时代变化、主动收集教育材料的意识，课程力求选用富有时代特色的文化科技发展成果和教师自己收集整理的教育材料，使课程具有鲜活的时代感。在活动的途径与方法选择上，力求改变单一的课堂集体教学和教师传授的方式，注重通过参观、调查、讨论、磋商、统计、建构、扮演、绘画、游戏等多种途径和分组、个别、活动区活动等多种形式，让幼儿主动探索并建构自己的知识经验。

为了保证主题教学活动的顺利实施，每一个主题都安排了多个教学活动，并设计了目标具体明确、层次分明、富有创意的教学计划，内容详略得当，有的给予简单建议，有的给予活动实施过程的详细说明。在一些活动实施的过程中，还配有活动评价的观察记录表，并注明需要收集的活动成果材料，以备教师有计划地开展教育评价，建立幼儿活动档案，和幼儿家长一起回顾主题进展及幼儿学习的过程。

课程给教师留出了因地制宜、因材施教的创造发展空间。教育是一门艺术，教育的艺术性主要体现在教师的创造性活动中。任何课程都要经过教师本人的加工才能用于所教班级的幼儿。课程在每个主题的结构中都给教师留出生成的空间，活动设计也仅仅是给教师们提出的建议，而且有详有略，方便教师们根据自己所在地区、所在幼儿园、所面对的幼儿的特点加以选用或进行调整以后使用，这样一方面开阔了教师的视野，给教师的备课提供了参考，另一方面激发了教师创造的热情，使教学有的放矢，收到实效。

五、幼儿园主题教学活动的总结与评价

（一）主题总结

主题教学活动课程体系重视教师的教学反思。在每个主题活动结束时，都需要对整个主题进行反思，为下一个主题的确立奠定基础。教师的反思主要从整个主题计划的科学性、组织的合理性、儿童发展的均衡性等多个方面进行。如主题活动目标是否明确、是否适宜；教学资源是否丰富；幼儿对主题是否感兴趣；幼儿在活动过程中的主动性、创造性怎样；幼儿通过主题活动有哪些收获；幼儿工作成果收集有哪些项目；呈现给家长的资料有哪些等。

一个完善的课程体系和课程实施，教师应该具有反思的开放胸襟，既在课程实施前反思，也在课程实施中和实施后反思。

（二）活动评价

评价是幼儿园教育工作及幼儿园课程的重要组成部分，是调整和改进幼儿园教育工作，提高教育质量，促进幼儿发展的重要环节。

1. 活动评价的目的

(1)更好地实现学前教育目标，使课程设置和教育活动更适宜幼儿的发展。通过观察、记录、评价调整幼儿园的教育活动及教师的教育目标及行为。

(2)了解幼儿的发展状况，使教师能够根据幼儿的需要、特点及个体差异，有针对性地开展相应的教育活动。

(3)通过评价促进教师之间的相互学习、相互了解、相互探讨、相互分享，共同提高自己的专业化水平和反思能力。

2. 活动评价的内容

(1)幼儿发展状况的评价。在每个主题结束时，教师通过幼儿活动档案对幼儿在这一阶段的发展状况进行评价。

(2)对幼儿活动情况的评价。通过观察、记录幼儿在活动过程中的情况进行评价，内容主要为幼儿在所参加活动中学习目标完成的情况，幼儿的行为，语言表现，等等。

(3)对教师教育行为的评价。对教师在日常教育活动中的教育行为是否适宜做出评价。

3. 评价方法

采用过程评价，将教育评价置于主题活动过程之中展开，重视对活动过程的

评价。在每一个主题当中，都具有多次评价，而且这种评价既有对活动结果的评价，又有对活动过程的评价，尤其是对幼儿在活动过程中所表现出来的主动性和积极性的评价。这有助于改变教学活动中存在的只重结果不重过程的现象，有助于转变教师只重知识技能的提高，忽视人格主动性发展的意识，也有助于提高教师对儿童的观察技能。

具体方法包括：

(1)观察记录法。教师在活动中重视观察幼儿的行为表现，利用笔、录音机、摄像机、照相机等工具及时记录幼儿在活动中的表现，着重记录幼儿整体的活动情况而非个别幼儿个案记载，最重要的是对幼儿的想法、与人交往的情况以及解决问题的情况进行记载。

(2)对话法。教师每天都要有意识地与幼儿进行对话，通过对话了解幼儿的真实想法和情况，以便教师及时调整教育目标及行为。

(3)建立幼儿档案。从一入园就开始为每个幼儿建立档案，收集能反映幼儿情感变化、行为表现的各种信息，整理归档，这一工作贯穿于幼儿在园的 3 年时间。教师、家长从孩子档案中能够看到幼儿的发展变化。

(4)反思法。反思法不仅是一种方法，更是一种观念，是教师工作的重要思维方法，教师每天都要对幼儿的活动情况进行反思，及时调整不适宜的教育目标和教育行为。

第三节　主题教学活动的指导

一、幼儿园主题教学活动课程中教师的角色

在主题教学活动课程中，教师为幼儿的园丁、向导，是活动的记录者、参与者、观察者和研究者。教师要善于倾听幼儿的心声，在与幼儿共同生活和学习的过程中成为孩子的有力支持者。在教学活动过程中，教师应不断引导幼儿深入某一领域或某一概念，适时、适度地鼓励和支持幼儿进行研究、探索，认真观察和记录幼儿的发展轨迹，以便适时地给予指导和支持。此外，教师还应是个研究者，不断地研究幼儿的兴趣，对课程内容进行修订。

作为园丁，教师要知道在共同建构的过程中，何时提供材料、怎样变换空间、何时介入讨论、何时协助解决疑难、何时将孩子的表达方式总结出来……成为孩子成长的有力支持者。

向导角色是指在教学活动过程中，教师应不断引导幼儿深入某一领域或了解某一概念，适时、适度地鼓励和支持幼儿对他们自己的问题及兴趣，进行研究、

探索，引导他们观察再观察，思考再思考，呈现再呈现，各个方面都得到发展。

作为伙伴，教师要善于倾听幼儿的心声，使孩子进入主动学习的状态，瑞吉欧有句名言：接过孩子抛来的球。

作为一个记录者，教师要走进幼儿的心灵，知道他们是怎么思考的，怎样操作的，为何互动，为何观察，为何想象，为何表达。教师还应是个研究者，如怎样共同建构课程，教师如何保持一定的开放程度，如何在遇到困难时与幼儿、其他教师商量，如何倾听幼儿的争论，化解他们的争论。

作为一名参与者，教师要在了解和掌握幼儿身心发展规律的基础上参与活动，教师参与幼儿活动的前提条件是建立民主、平等、和谐的师生关系。教师必须尊重幼儿，由“教师中心”、居高临下、注重表演的传授者转变为共同活动的参与者，以幼儿的视角看问题，和幼儿一道去发现、探索，与幼儿分享他们的感情和想法。

作为一名观察者，教师应在自然条件下，在幼儿的自由活动中去观察研究幼儿的行为、情绪、表现。因为教师的教育对象不是物，而是人，是富于情感和有思想的活生生的人，是活泼好动、有着个性差异的幼儿。教师只有认真仔细地观察幼儿，才会发现幼儿的兴趣点以及需要，并将此作为设计、安排和不断改进教学、进行正确指导的基础，作为不断生成、发展主题的依据。

二、主题教学活动生成策略

主题课程倡导从幼儿的兴趣出发预设和生成教学内容，更好地满足幼儿的发展需求和探究兴趣，体现幼儿的主体性，正如《纲要》中指出：“善于发现幼儿感兴趣的事物、游戏和偶发事件中所隐含的教育价值，把握时机，积极引导。”“关注幼儿在活动中的表现和反应，敏感地察觉他们的需要，及时以适当的方式应答。”《纲要》中也明确倡导我们通过适宜的方式和时间去生成一定的教学内容，由此，我们也可看到“生成”在幼儿园实际教学中有着极大的教育价值。但是，我们要恰到好处地运用“生成”这个教育技术手段，而不是为了生成而生成，为了迎合而迎合，为了形式而形式。教师要做的是真正把握好预设与生成的关系，真正体现“生成”的价值。

主题教学活动生成策略是指教师在进行主题活动设计时，将幼儿的需要、兴趣、能力作为活动的内容基础，同时在主题实践过程中又密切注意幼儿的动向、观察其反应，发现其新的兴趣点，通过有意义的互动、协商和合作，采取适当的措施，及时更新自己的教育教学活动内容和改进自己的教育教学方法，与幼儿共同

"衍生"出新思路或新方案的技巧和策略。①

在日常活动、教学活动、游戏活动、小组活动、自由活动、自选活动中处处都有生成活动的可能性。陈晓芳认为主题教学活动生成策略主要包括主题初期的价值判断和矛盾解决，主题中期的相关活动内容的拓展与延伸，主题后期的反思、研讨和总结。② 下面，我们就从这 3 个方面来阐述主题教学活动的生成策略。

（一）主题初期——价值判断和矛盾解决策略

1. 价值判断

"生成"活动的主题大都来源于幼儿的兴趣或需要，教师要做的最重要的事就是进行价值判断——判定其是否有助于幼儿的发展。判断的标准大致有以下几点：

第一，当教师发现幼儿产生新的热点时；

第二，当幼儿的生成内容是幼儿成长中必须具备的有价值的经验时；

第三，当大部分幼儿对生成的内容都有探索渴求时；

第四，当幼儿在这个年龄段有这个能力去探索时。

2. 矛盾解决策略

"生成"具有个性化和随机性，会给活动的设计与开展带来一些矛盾，"谁主谁次、谁先谁后"等问题时时考验着师生。实践中，可以尝试以下做法：

(1)主题教学与区域活动互补。第一，可以把主题中无法通过集体教学形式完成的部分在区域活动中呈现，使区域活动内容与主题的主体教学形成互补、统一的态势，解决主次的矛盾；第二，可以把主题教学中生成的"旁支"设置成区域活动，以弥补主题教学在一段时间内探究问题的相对单一的不足，形成多元化、整合化的局面。

(2)分组探究。这一策略主要处理在主题生成初期幼儿见解不一致的问题。例如，"牙齿"这一主题虽确定下来，但在设计活动开展程序时，幼儿却产生了分歧，有的要研究牙齿的构造，有的要研究人有多少颗牙齿，有的要研究动物的牙齿，有的要研究对牙齿的保护……面对这些问题，教师无论企图从认知逻辑上给他们排个顺序，还是坚持"少数服从多数"的原则，都会挫伤幼儿的积极性，于是分组探究

---

① 陈晓芳：《幼儿园教育活动设计策略及案例评析》，北京：北京师范大学出版社，2007。

② 陈晓芳：《幼儿园教育活动设计策略及案例评析》，北京：北京师范大学出版社，2007。

的策略便诞生了。志趣相投的孩子围绕一个中心问题组成一个探究小组，完成从确定研究问题、收集信息、分析信息、提出假设、制定方案、获得结论到表达与交流的全部活动。这样每一组幼儿在老师的引导下都能够严格地按照上述探究步骤完成任务。

（3）暂时搁置、开绿灯等方法的运用。暂时搁置是对一些孩子们提出的当前不具备教学和研究条件的问题采取的办法，以此形成一种悬念效果，进一步激发孩子们对知识的探求欲望。

开绿灯更适用于教师对“个体探究”活动的指导。当某个孩子执著于某个问题的探究时，教师可以给他开绿灯，提供相应的策略支持，帮助他完成探究。

（二）主题中期——活动内容的拓展与延伸策略

随着幼儿兴趣的不断提高，教师应在活动中期，对主题的内容进行拓展和延伸。新的内容必须是教师和幼儿共同探讨、协商产生的。

1. 情境生发策略

根据活动当时当地情景的触发，直接生发出新的活动内容，表现为对教育情境资源的充分挖掘和利用。[①]

例如，在《我爱大海》[②]的活动中，玉源的家长听说我们正在开展以“大海”为主题的活动，主动为幼儿园送来一些贝类工艺品。幼儿围绕着这些美丽精致的工艺品，议论开了。这时，教师有意识地抛出问题：“这些工艺品是用什么制作的？你们知道它们是怎样做的吗？”亦轩说：“我们去海边的时候不是也捡来许多贝壳和小石子吗，不如我们也来制作工艺品吧。”说做就做，几个孩子将贝壳、小石子拿出来，还在美工区拿出了双面胶、透明胶、剪刀等，但是在实践中发现，这些工具都不太好用，双面胶粘不牢，透明胶不美观，胶棒操作不方便，怎么办呢？圆圆说可以用橡皮泥做底，尝试一下，发现效果还不错，操作起来又方便，幼儿为自己的成功欢呼雀跃。

幼儿对这样的活动很有兴趣，同时也提高了他们的创造才能和动手能力，他们各自想法不同，又相互学习，尝试用不同的方法制作工艺品。每个幼儿都体验到成功的快乐。这样的活动持续了很久。在区域活动、自由活动时总有许多幼儿去设计制作，作品越来越丰富，也越来越有创意。教师也同样关注幼儿的活

---

① 陈晓芳：《幼儿园教育活动设计策略及案例评析》，北京：北京师范大学出版社，2007。

② 《厦门实验区新课程教学案例丛书：学前教育教学案例》，福州：福建教育出版社，2003。

动，及时增添活动所需的材料，并引导幼儿欣赏同伴的创意。

2.丰富联想策略

丰富联想策略是根据事物本质联系与发展变化的规律，在与幼儿共同协商的基础上，促进主题活动进一步深入、细化、发展的手段与计策。在这里，前一个活动应是后一个活动产生的前提和基础，后一个活动需是前一个活动逻辑的必然衍生。①

如，主题活动“我爱大海”。

在晨间谈话时，教师引导幼儿围绕“海水能帮助我们做什么”这一话题进行讨论，婷婷说：“我爸爸在网上看到可以把海水变成淡水。”有的幼儿说可以用来当消防用水；有的说能养鱼；有的说能游泳；有的说能帮助船行驶；志远说：“可以养花。”这引起许多幼儿参与讨论。海水到底能不能养花？幼儿的争论使教师发现了主题深入开展的新线索。教师建议过后尝试海水养花、养鱼。

第二天，教师与幼儿一起准备了一桶海水和一些不同种类的鱼，有海水鱼，也有淡水鱼。用海水养花、养草的幼儿选择了户外草地上的一块地方。

这次的养花、养鱼活动，幼儿持续了很长一段时间，幼儿在亲身的体验中明白了动植物的生存、生长是要有各自不同的条件的，那么，海洋中到底生活着哪些生物？它们又是如何生存的呢？幼儿的疑问使教师发现了主题深入开展的又一新线索。

为了满足幼儿的兴趣，教师将幼儿园内的海洋生物模型展示出来，孩子们都争先恐后地来观赏：这是白海豚、鲸鱼，那是珊瑚、海龟。他们指手画脚，谈笑风生：

智宣：“我在电视上看过会跳舞的鱼。”

思杰：“广告上说我们要保护白海豚。”

亦轩：“墨鱼身上有墨汁，碰到敌人会喷出黑黑的、浓浓的墨汁，然后自己趁机逃跑。”

王峰：“老师，我来给大家讲个美人鱼的故事吧。”

于是大家围绕着王峰静静地听他讲“美人鱼”这个美丽的传说，听完后，很多幼儿还沉浸在故事中。在这样的活动中，幼儿充满自信，他们想说，敢说，会说，而且提出许多问题，如：“真的有美人鱼吗？”“热带鱼为什么色彩那么鲜艳？”“食人鱼那么小怎么会吃人？”有些问题一经提出，其他幼儿就能回答，有些不能回答

---

① 陈晓芳：《幼儿园教育活动设计策略及案例评析》，北京：北京师范大学出版社，2007。

的，教师建议大家一起想办法寻找答案。

（三）主题后期——反思、研讨和总结的策略

生成的活动进行到后期，很重要的一个步骤是师生共同进行反思研讨和总结，为的是师生共同审视之前经历的学习过程，发现学习的规律和认识事物的规律，为以后的学习活动提供借鉴，提高效率。

反思、研讨和总结的方式很多，可以是师生之间进行深入的访谈，也可以是分析教师的随笔或记录。

例如，"蚕宝宝"主题活动进入尾声时，教师通过如下问题与幼儿进行交谈，帮助幼儿梳理自己的经验以及明白这些新经验是怎样获得的。

关于"蚕宝宝"原来你想知道什么？

现在知道了吗？是怎样知道的？说说看。

关于"蚕宝宝"你还知道了什么？

你还想知道什么吗？打算怎么做？

你发现自己的兴趣与同伴的兴趣有什么不同？

下面的事情你想不想和小伙伴们一起做？怎样和他们一起做？

教学是生成的，生成是以预设为基础和前提的，课程预设是老师为幼儿预设的，课程的生成又是在教学和生活活动中自然产生的，所以我们追求的课程的生成是在师幼互动的过程中，幼儿思维不断碰撞，新的学习需求和学习方向的不断产生而生成新的课程内容。"生成"源于教师对幼儿的尊重，源于教师珍视幼儿不断变化的需求，让幼儿在生成中建构更多的认知结构和探索方法。同样教师也应该在以幼儿为主体所开发和生成的课程资源中，不断地去延伸活动的内容和拓展教育资源的利用途径，并从中学会去学习、去实践、去反思、去积累、去提升。

三、"生成"与"预设"相互转化的策略

"生成"是新课程倡导的一个重要的教学理念，"生成"是相对于"预设"而言的。"预设"即教师根据课程目标和幼儿的兴趣以及已有的经验，对环境布置、材料提供、活动内容和方式等进行有计划地设计和安排。教师可以把目标和内容渗透在环境中，激发幼儿自己的目的性活动，也可以直接设计并组织幼儿可以参加的活动。"生成"不是教师预先计划好的课程，而是教师在与儿童一起活动时，逐渐发现儿童的兴趣点和需要，有目的地组织适合儿童当前学习需要的教育活动，是边活动边生成，其本身具有动态性和不确定性。也指教师在幼儿游戏与其他活动中发现一些有意义的活动，及时介入进行随机教育，或者对该活动加以进

一步的充实和扩展。必须强调的是生成活动虽然以幼儿兴趣需要为主,但也不完全跟着幼儿的兴趣跑,放弃教师的指导作用,我们说的"生成"首先是在幼儿园教育总目标的统领下,教师对幼儿的"生成"进行价值判断,使生成内容对幼儿发展起着积极的促进作用的有意义的教学活动。①

其实,精彩的生成是充分的、动态的预设带来的。预设的活动可以留下生成的空间,生成的课题可以安排成预设的活动。"预设"与"生成"是一个连续过程的两个方面,相辅相成。在预设活动的开展中,教师需根据活动展开过程中的实际情况,对活动内容、材料、开展过程等做及时的调整。即"预设"与"生成"自然地相融,使各种活动真正成为师生、生生积极互动、交流、共同建构的过程。它可以进一步引发幼儿的主动探索和交往,满足幼儿自主活动、自发学习的需要。

目前教师在处理"生成"时容易出现以下一些问题:②

其一,蜻蜓点水:即对幼儿的问题轻轻点过,没有及时抓住重点。

其二,避重就轻:对有价值的问题捕捉不到而对无关问题穷追不舍。

其三,束手无策:面对幼儿的问题不能进行价值判断,不知所措。

其四,答非所问:没有针对幼儿的问题做出应答,离题千里。

其五,盲目生成:完全跟着幼儿的兴趣跑,盲目追求所谓生成,忽视教师的指导作用。

生成意味着不稳定和不确定,关注生成意味着必须进行筛选和整理,同时在预设和生成之间进行灵活的转换,要做到合理生成并非一件容易的事情。教师如何捕捉幼儿的生成点,幼儿的生成有无价值,教师如何回应,如何把握活动中幼儿的生成与教师预设之间的转化,这些问题都要思考。

所以,我们在处理"预设"与"生成"的关系时,首先,要承认"生成"的客观性。其次,要承认"生成"的多样性。再次,承认教师对"生成"有进行筛选和扬弃的责任和权利。对教师而言,一方面要努力提高"预设"的科学性、包容性,竭尽全力准确地预测教学进程中随时可能遇到的"生成",做到有备无患;另一方面,也要努力提高自己识别、选择"生成"的能力,以及提高面对不良"生成"时能够及时准确地调整信息的能力。条件错综复杂,情况千变万化,简单地认为"生成"就一定是"精彩"的,"预设"就一定会抹杀幼儿的灵性和创造力的说法是站不住脚的,关键是要看"生成"的正误和我们的价值取向。

陈晓芳老师在《幼儿园教育活动设计策略及案例评析》中指出,"预设"和"生

① 资料来源:http://wenku.baidu.com/view/eb538cb665ce05087632132e.html.

② 资料来源:http://wenku.baidu.com/view/eb538cb665ce05087632132e.html.

成"相互转化的过程就是教师对各种教学内容,相关教学资源、方法和手段的"动态重组""优化整合""创新生发"并果断决策、立即付诸行动的过程。同时她提出了"预设"与"生成"之间相互转化的一些有效策略,对于广大教师来说具有很好的参考与实用价值。下面将陈晓芳老师提出的策略简述如下。

(一)"预设"向"生成"转化的策略

1. 缝合策略

缝合策略是指在活动设计时,预留一定的空间,把在活动过程中"生成"的内容安插进去,形成一个开放的、丰满的、统一的教学活动。在这一过程中,教师设计的情境和互动过程中幼儿"生成"的真实活动相结合,以此来开阔幼儿的视野,满足幼儿综合学习和发展的需要。

缝合,实质上就是将有效教学资源进行高效整合,从而产生 $1+1>2$ 的教学效果。

2. 重组策略

重组策略是指教师根据现场的情况,改变原先设计好的活功程序,并对程序进行重新组合的过程。重组并没有生成新的教学内容,而是就原有内容根据教学现场的需要对顺序进行调整。

3. 涨缩策略

涨缩策略是指教师根据幼儿的兴趣,适当"突出某一环节,弱减其他环节"的方式。教师根据幼儿当时的兴趣,对原先设计中幼儿感兴趣的部分进行拓展,对幼儿不感兴趣的部分进行删减,是一种有效的"生成"策略。

4. 延展策略

即注重对每次教学活动的内容作"突破时空的顺接和延展",伴随着幼儿的成长而不断延续和扩展。

5. 提升策略

提升策略是指教师巧妙运用教育因素,使教育活动中主题的立意由低层面上升到高层面,低水平上升到高水平。主题的立意随着时间的推移和活动的深入开展,不断提升。

缝合、重组、涨缩、延展、提升是"预设"向"生成"转化时所用的一些主要策略和方法,但需要说明的是,这些方法和手段在运用时并非孤立的、静止的,相反,它们是相互联系的。同一个活动既可单独使用某一种策略,也可以以组合的方式综合使用多种策略。

(二)"生成"向"预设"转化的策略

1. 筛选和扬弃

并不是所有生成的东西都是可以作为教育内容的,教师必须对它们进行筛选和扬弃,选择适于幼儿探究的内容并对生成活动的目标、活动方式及过程进行再一次的设定,这就使得生成向预设转化。

2. 形成反馈

教师通过对"生成"活动的过程进行控制,根据"生成"活动结果的反馈,掌握活动的进程,在适时情况下促使"生成"向"预设"转换。

"预设"与"生成"之间没有明显的界限,它是教师根据幼儿的兴趣需要,运用科学的课程设计策略,不断调整变化,促使教育活动"生长"和发展的过程。在实际的教育活动中,由于教师的预先设计和实际教学情境的变化,"预设"与"生成"之间在不断地发生着转化。

四、评价策略

(一)确立多元评价主体

《纲要》中明确指出:"管理人员、教师、幼儿及其家长均是幼儿园教育评价工作的参与者。评价过程是各方共同参与、相互支持与作用的过程。"由于教师在课程的设计、实施的过程中起着发起者、组织者的作用,他们对整个主题教学活动的过程是极其熟悉的。所以主题教学活动的评价很大一部分要依靠教师的评价。教师之外比较重要的评价主体应该是家长和幼儿,园长和管理人员真正参与评价的可能性是很小的。

作为最重要评价主体的教师,在根据评价体系对主题教学活动作出评价时要注意:一方面,根据美国心理学家加德纳的"多元智能理论",任何一个幼儿都不能在所有的方面都获得同样的发展。所以要建立"班级化"的评价体系,适用于本班幼儿的特殊性和本班活动开展的特殊性。评价要建立在对幼儿的"智能"倾向有所了解的基础上,不需要面面俱到。另一方面,幼儿之间原有的发展水平是不同的,其对于同一主题教学活动的接受能力也是有差异的。评价要基于幼儿个体的发展,不能强求达到标准所规定的水平,只要幼儿在自己原有的基础上有所发展,就应该给予鼓励和赞扬。

作为第二评价主体的家长,对主题教学活动的评价,也指向于评价的根本目的即"促进幼儿的发展"。怎样引导家长对自己孩子的发展做出正确、客观的评价呢？一方面,要求家长要纵向地看待孩子的发展。所谓的纵向地看待孩子的发展，就是要把在主题活动之中或者之后的孩子的表现以及成长，与主题活动开展之前进行比较，将孩子现在的状况和以前的状况进行比较。另一方面，教师要利用家长会或者是亲子活动的时间，将已经“班级化”的评价标准展示给家长看，并注明家长在家里可以用何种方法对幼儿进行评价。多鼓励家长参与主题教学活动评价，这是一个调查幼儿发展水平的好方法，也是向家长传输新的教育理念、展示幼儿园教育效果的好机会。①

作为第三评价主体的幼儿，对活动的评价，可以分为自我评价和对他人的评价两种。教师鼓励幼儿发现自己在主题教学活动中的成长，并且组织、引导幼儿正确的评价其他幼儿，进而丰富评价的结果，实现评价促进幼儿发展的功能。

结合以上 3 个主体对主题教学活动的评价，就可以改变现有的评价主体过于单一的情况，进而促进主题教学活动评价的发展。

（二）有效利用档案袋评价

对于课程评价的类型，我们可以从不同的角度对其加以划分：按照评价的主体不同，可以将课程评价分为自我评价和外部评价；根据评价的目的不同，可以将课程评价分为形成性评价和总结性评价；按照评价手段的不同，可以将课程评价分为质性评价和量化评价。而主题教学活动的评价，由于其具有内容的整合性、活动展开的灵活性以及活动延续时间较长的特点，需要我们选择形成性评价和总结性评价作为其主要评价方式。在主题教学活动评价中，要以形成性评价为主、总结性评价为辅，二者相互配合以实现评价的导向、诊断、调节、激励、反思、记录、鉴定水平、选拔淘汰等功能。

主题教学活动中最常用并且最具有代表性的形成性评价的方式，是档案袋评价。所谓的“档案袋评价”又叫“学生成长记录袋评价”，是指在某种活动中，为达到某个目的将所收集的相关资料进行有组织的呈现。通过展现这些资料，可以显示活动进展的过程或者个人成长的经历。教师要有计划、有目的地在幼儿的主题教学活动中，将幼儿个人资料、活动照片、记录表、幼儿的表征作品、幼儿的评语等放到档案袋中。利用档案袋评价时要注意两个方面的问题：一方面，档案袋中的内容应该是系统的、有组织的。档案袋不是一个无所不包的收集袋，它是幼儿成长经历的证明，它需要的是能够证明幼儿的发展的资料，而不是所有的有关幼儿的东西都要放入档案袋中。对档案袋中材料的评价本身已经是一个费

---

① 王敏：《澳门幼儿园主题教育活动现状、问题和对策研究》，2010 年山东师范大学硕士学位论文。

时费力的过程，需要教师、家长和幼儿多方面的努力。如果盲目地将材料塞于档案袋中，则削弱了档案袋评价的有效性。对于放在档案袋中的幼儿的作品，应该具有连续性、系统性，同时教师需要对选择入档的作品作出解释，说明选择的理由。还有另一个极端的做法，即将档案袋视为一种装饰物，教师为了制造出能放置于档案袋中的作品，而专门地开展相应的教育活动，这明显违背了档案袋评价的初衷。另一方面，档案袋评价应该是全面的。档案袋评价的全面性，是指存贮于档案袋中的资料不仅要展示幼儿的优势还要展示幼儿的缺点，不仅要保留教师对幼儿的赞扬，还要有教师对幼儿的批评与建议。很多幼儿教师现有的观念，是把档案袋变成了幼儿的活动成果展，装入档案袋中的材料，全是为了展示幼儿在活动中所取得的成绩，对档案袋中的材料搜集发生了偏失。教育评价的根本目的是为了促进幼儿的发展，要促进幼儿的发展，就需要我们了解幼儿的优点，也要正视幼儿的缺点和不足。只有站在全面的角度上，才能使幼儿在原有的基础上获得发展。档案袋评价是正确地认识幼儿的有效途径，是幼儿成长的全面展示。

我们需要在主题教学活动中，有效地利用档案袋进行评价，要通过档案袋中组织性、系统性的资料来观察和研究幼儿，提出利于幼儿成长的建议，促使幼儿健康成长。

（三）主题教学活动评价以幼儿体验为中心

《纲要》中关于教育评价的规定为："全面了解幼儿的发展状况，防止片面性，尤其要避免只重知识和技能，忽略情感、社会性和实际能力的倾向。"从幼儿园教育开始，我们就应提高对幼儿情感、态度发展的重视，而相对放松对幼儿知识和技能的要求，避免重视活动的结果，而忽视在活动过程中的情感体验和态度倾向。

主题教学活动评价重心的转移，有两个方面的表现：一是主题教学活动评价要将幼儿的情感体验放在首要地位。基于主题教学活动的目标设定是情感、态度、认知、技能 4 个方面，"情感"又被放置于 4 个方面目标表达的首位，说明教育目标中对情感发展的重视。所以与教育目标对应的教学活动评价，也应该将在活动中所获得的情感体验放在首要的位置。但是，对"情感"重视并不意味着漠视"知识和技能"，"知识和技能"也同样重要，若只有情感发展，没有知识和技能的发展，也不能算是全面发展。二是主题教学活动评价要满足幼儿的主体需求。主题教学活动是一个开放性的活动，它具有开放性的即表现性的目标，具有开放性的实施过程即活动的动态发展性，自然需要一个开放性的评价。幼儿在主题教学活动中占据着主体地位，教学活动的评价作为活动的一个部分，自然要尊重幼儿的主体地位。主题教学活动的评价，多数是从一个活动主题设计开始，一直延续到主题活动的结束。在这个过程中，活动的评价要适应幼儿的认识和实践能力，要满足幼儿的主体性需求。

▶阅读推荐◀

1. 虞永平. 幼儿园课程评价. 南京：江苏教育出版社，2006
2. 朱家雄. 幼儿园主题式课程. 北京：教育科学出版社，2006
3. 黄瑾. 幼儿园教育活动设计与指导. 上海：华东师范大学出版社，2007
4. 王坚红. 学前教育评价. 北京：人民教育出版社，1994
5. 傅淳. 幼儿园课程设计. 昆明：云南教育出版社，1998
6. 钱郭小葵. 幼儿课程. 北京：北京师范大学出版社，1994
7. 李季湄. 幼儿园教育. 北京：北京师范大学出版社，1997
8. 李生兰. 学前教育学. 上海：华东师范大学出版社，2006

▶思考与探索◀

1. 与单元教学活动相比，主题教学活动突出的特点是什么？
2. 主题教学活动中教师扮演的角色有哪些？
3. 如何处理好预设与生成的关系？

第六章
方案教学活动的设计与指导

【内容提要】 在杜威进步主义教育思想的影响下，克伯屈于1918年发表了《方案教学法》一文，倡导了方案教学模式。美国著名早期幼儿教育家凯兹也倡导方案教育。方案教学的特点是主题、课程活动内容进行的方向、方式、时间长短，几乎完全来自于幼儿的构想，而不是教师预先准备的。教师必须积极地鼓励幼儿通过语言、肢体、艺术创作等方式来表达或表现自己的想法和感受，教师要敏锐地观察幼儿的兴趣、能力、反应，并深入理解幼儿的想法和经验，协助幼儿拟定、执行、评估、修正学习计划，在实际观察、探索、操作的过程中建构新的概念。本章在介绍了方案教学活动内涵的基础上，着重阐述了方案教学活动的设计原理及其指导策略。

【学习要求】

1. 了解方案教学活动的内涵。
2. 掌握方案教学活动的设计原理。
3. 学会运用方案教学活动的指导策略。

第一节　方案教学概述

方案教学法的出现与20世纪初期进步主义教育思潮和科学化的幼儿研究运动有关。当时上述的两种教育思潮都是反对当时的学校教育目的的，认为当时的教育目的都流于形式，课程偏于学科教材的形态，而在教法上则只侧重记诵与机械练习。

克伯屈在其所著的《The Project Method》(1918)中表示:"project"一词不是我发明的,不是我开始将它引用到教育领域里的,我也不知道它存在多久了……虽然克伯屈不是方案教学的创始者,但作为一位倡导者,他是当之无愧的。克伯屈主张学校的课程要用直接的、功能性的方式来组织。换言之,即以各种有目的的方案,让学生采取一连串的行动去解决各种问题。方案教学法假设:当幼儿的兴趣被充分激发并被视为中心时,幼儿学习得最好。这种方法在20世纪初还被运用于芝加哥大学下属的杜威实验学校。

一、方案教学的含义

(一)什么是方案教学

克伯屈定义方案教学为:"一个有目的的活动或经验,在活动中,学生内心为此项目所驱使,而决定其活动的计划、进行的步骤,学生有学生的动机。"这一定义提出了方案的目的性、计划性、幼儿的角色。方案教学强调学习过程中的积极参与、做中学以及解决问题目标的导向,和杜威的问题解决法与"做中学"理论有很大关联。因此,方案教学可以说是杜威问题解决法与"做中学"理论的具体运用,其教学的主要目的在于提升学生解决问题的能力,其教学方式强调做的过程。

贾珀尔·L·鲁普纳林在其主编的《学前教育课程》中指出,方案活动是整个班级(有时是班级内的一群幼儿,偶尔也会是一个幼儿个体)对某一主题进行广泛深入研究的活动。当整个班级参与方案活动时,幼儿也会典型地以一个组或个体的形式参与研究大主题以下的特定分主题。这种活动可以使幼儿对主题的诸多方面进行研究,而这个主题在理论上应该是参与活动的幼儿所感兴趣的,同时也是值得他们注意并努力的。在与教师讨论时,幼儿会针对主题的具体方面提出问题,而主题也将成为幼儿在方案活动中的主要攻克点。

方案活动中的探索调查也融入了一系列的智力技能、审美技能和社会技能。参与活动的幼儿凭借已获得的这些方面的技能,共享和讨论与主题相关的经历,收集数据、书写、测量、绘画、涂抹、制造模型、阅读、编故事、表演戏剧、进行美术活动,等等。理想中的方案活动也应该让幼儿获得有关科学、社会研究、文学、艺术等多种学科方面的有价值的知识和概念。此外,方案活动通常会通过直接观察、访问相关专家、对感兴趣的分主题做相关的实验、收集相关物品、为自己的发现所进行的汇报做准备等活动来收集信息。

此外,在方案活动中,教师会鼓励幼儿找到他们特别感兴趣的分主题,选择他们负责的特殊任务。除了具有获得新知识、新技能的价值外,通过长期努力而获得的对主题的主控感,会为孩子深入理解有价值的主题打下基础。

方案并不是一个新的教学方法，而是一个重要的教育理念，它基于以幼儿为本位的理念来进行活动。方案教学强调孩子自主性的学习，重视幼儿内在的学习动机，但也不忽略教师引导的角色。所以，方案教学是一个“教”与“学”互动的过程，教师与幼儿都在彼此互相学习着，两者都是教学情境中的主人。

（二）方案教学与结构性教学的比较

课程的诞生有一部分必须是依赖教师而来的，然而另一部分却是幼儿可以独立发展出来的。这两种课程的方向，提供给幼儿不同学习的需要。

结构性教学，是为了获得基本技能及技巧。方案教学，是为已有的技能、技巧提供运用的机会。幼儿不只需要知道如何使用基本技能，也需要判断何时运用它。他们需要认识这些基本技能的内涵，并能观察如何使用才会有效，以及如何使用才能达到目的。方案教学和结构性教学是互补的。

表 6－1 结构性教学与方案教学的比较

结构性教学	方案教学
基本技能的获得	技能的运用
指导性的活动	自主性的活动
教师“直接指导”孩子学习	教师“引导”孩子学习
孩子听从指示	孩子自由选择
外在的学习动机很重要	重内在的学习动机
教师提出孩子的不足	教师建立（重建）孩子的能力

（三）方案教学的特点

朱家雄老师在《幼儿园教育活动设计与实施》中指出，方案教学是一种幼儿园综合性课程，这种课程的结构化比一般主题教学更低。组成方案教学课程的一系列方案教学活动，形成一个主题网络，这个主题网络的可变性和不确定性更大。围绕一个主题而开展的一系列方案教学活动，可由教师确定活动目标和活动内容，也可由幼儿根据与主题有关的学习经验发起活动。与一般主题教学活动相比，方案教学活动更多地以幼儿的兴趣为导向，以满足幼儿的需要为追求。

赫尔姆和凯兹将方案教学活动的特征概括为：“由幼儿或者教师发起深层次的探索活动，旨在答复幼儿提出的问题，以幼儿的兴趣为导向。”

方案活动区别于向幼儿介绍知识的传统教育方式的主要特征是：在对主题逐渐明确并提出要解决的问题时，幼儿是直接和主要的参与者；允许研究的方向随着方案活动的进行而发生转移；幼儿负责完成方案活动，负责准备和汇报活动成果。

（四）方案教学的教育目标

贾珀尔·L·鲁普纳林在其主编的《学前教育课程》中指出，在各个教育阶段，都必须追求以下4种类型的教育目标：知识、技能、倾向和情感。在幼儿早期阶段，对它们可作这样宽泛的定义：

其一，在学前时期和幼儿早期，“知识”可被宽泛地界定为想法、概念、图式、事实、信息、故事、神话、歌曲和头脑中其他诸如此类的东西。

其二，“技能”被界定为细小的、分散的、相对较为短暂的动作，而这些动作可以被轻易地观察到或者从行为（如剪切画、数一组物品、协调与同伴的行为、大肌肉动作和小肌肉动作等）中推测出来。

其三，“倾向”被宽泛地界定为相对较为持久的思维习惯，或者对发生在各种情境中的经历的特有反应方式（如坚持不懈地完成任务、好奇、慷慨或贪婪、阅读的意向或解决问题的意向等）。倾向不同于一项知识或技能，它不是一个结束状态，不可能一次就被掌握，它是行为的倾向或者是稳定的行为方式，它只有通过反复操作才能够建立起来。

其四，“情感”包括归属感、自尊感、自信感、充足感和不足感、有能力感和无能力感、焦虑感等等。关于重要现象的情感既可以是短暂的，又可以是持久的，既可以是强烈的，又可以是微弱的，也可以是矛盾的。

将方案活动纳入课程，使人们确信，通过这种方式，幼儿同样可以建构有价值的知识，可以掌握重要的技能，同时也增强了幼儿使用那些知识技能的倾向性。如果知识技能是在有意义的背景下获得的，并且在该背景中有运用这些知识技能的充足机会，那么，幼儿寻求知识，加深对知识的理解，运用知识技能的倾向性就会加强。相反，若没有这些有意义的应用，运用知识技能的倾向性也许就不会发展甚至可能会被削弱。此外，幼儿参与方案活动时，通常不仅伴有自信、满意的“情感”，往往还伴有愉悦、热情的“情感”。因此，从基本上来讲，将方案活动纳入课程有助于确保这4种学习目标同时得到强调。

二、方案教学的价值和局限性

就学前幼儿而言，自发的游戏、非正式的活动等等对他们来说比教学式的教学更为普遍，方案活动是课程中更为普遍的部分。

在幼儿园综合性课程中，方案教学比一般主题教学的结构化程度低，反映了组成该课程的教育活动有更为明显的生成取向，更多地追随幼儿的兴趣和需要。方案教学活动主要是由幼儿或教师发起的深层次的探索活动，以幼儿的兴趣和需要为主要导向，积极回应幼儿提出的问题，因此，教育活动能够在不同水平上适合幼儿的学习和发展。此外,方案教学活动的学习内容具有明显的统整性,与幼儿整体学习的特征比较符合。

但是,由于方案教学活动的结构性程度低,活动目标具有不确定性和游离性,这会使教育活动的设计和实施出现比较随意的倾向。而且由于教育活动内容的整合性较强,也会产生知识和技能的逻辑性不强的问题。特别是,方案教学活动对幼儿园教师的要求较高,会让相当部分的教师感到难以把握。

第二节 方案教学活动的设计原理

方案教学活动设计没有固定的程式,即使活动设计者预设了一些教育活动的项目,真正的教育活动的开展时还要依据具体的时间、地点和条件。

一、方案主题的产生

在很大程度上,关注什么主题关系到方案活动有什么益处。潜在主题的数量是相当大的,因此需要做出一定的选择。教师最终负责判断主题是否值得幼儿去花费时间和精力,是否值得利用幼儿园资源。此外,要支持好的方案活动,教师必须要常常做好充足的准备,进行研究和探索。因此,选择主题时,教师和制定课程的人员有必要认真考虑。主题恰当与否取决于许多因素,主要取决于特定幼儿小组的特征、教师所具备的与主题相关的知识和经验以及教师自己对该主题的兴趣、幼儿园和社区构成的更大的环境、可获得的当地资源以及所有这些因素的不同组合。而且,重要的是要记住许多主题虽然重要但并不适合开展方案活动,要预测哪些主题对特定的一组幼儿来说是可以被运作得很好,但也是存在困难的。

方案教学的内容宜适合幼儿的兴趣、能力及发展,并且与幼儿日常生活经验有密切联系者为最佳。为了在幼儿广泛的兴趣中掌握教学方向,不致漫无目的,学习活动必须有一个"主要的议题"——"主题"。主题让学习活动有中心探讨点,由中心探讨点再扩展或延伸,有着某种程度的规范,不致偏离,内容才得以深入、广泛。因此,主题的产生是否符合方案教学的精神是一个很重要的前提。在真实的教学情境中,主要的产生方式有教师自行决定、师生互动产生、幼儿兴趣发展而成及激发幼儿的兴趣4种。

(一)教师自行决定

教师可不可以自行决定主题?教师自行决定主题是否违背了方案教学的精神?这些问题让许多教师感到困惑。很多人认为,重视幼儿的兴趣就是跟着幼儿的兴趣走。然而,想要从幼儿众多感兴趣的事物中取其一来当教学主题,并不容易，因为幼儿的感觉是随性的、是瞬间转换的，教师很难有效地引导至深广的探讨。方案主题的决定固然是以幼儿的兴趣为主要考虑，但是，有经验的教师更应注意如何引导、统整及延伸幼儿的兴趣成为一个共同关切的方案。因此教师有责任从班上幼儿纷繁多样的兴趣中，选择出一个幼儿能共享的主题。

在开放教育的背景下，教师先行决定主题并非就是违背了方案理论，应该重视的是：在决定教学内容与方向之前，不允许仅由教师单方面来决定学习内容，而是需要教师和幼儿互动讨论。了解幼儿的过往经验，使其能“推陈出新”，激发幼儿对新事物的兴趣，而以好奇的、积极的、主动的、自发的态度投入学习活动，这个过程绝对不可忽略，否则会演变成单元教学。方案比单元的发展更有组织。单元的产生，是由教师在进行课程教学之前，就将所有课程的细节计划好。教师通常没有和幼儿一起商量，就事先设定好目标。在一个“单元计划”中，通常教师已经为所有的幼儿准备好与单元有关的相同性质的工作；而在“方案计划”中，教师会努力提供机会让幼儿参与不同种类的活动。方案进行的时间通常比单元要久一些。

表 6—2 单元活动与方案活动的比较

单元活动	方案活动
教师预先计划好的	通过形成性评价，慢慢有组织地发展出来
教师事先设定好目标	目标是在孩子与教师的商量中发展出来的
教室中所有孩子都从事相同或相似的工作	孩子从富有变化的课程组织中自由选择活动
活动持续时间较短	活动持续时间较长

下面的教学实例《蝴蝶快出来》[①]的主题决定，是由教师产生动机，在设计各种活动激发出幼儿的兴趣后，才展开相关探讨活动的，其过程如下：

“老师，苗苗把捞起来的蝌蚪丢掉了。”

“老师，齐齐把蜗牛踩死了。”

“老师，丁丁拿树枝把蚯蚓切成了两半。”

“老师……”

面对孩子的告状，教师疲于处理，孩子对自然界的另类生命充满好奇，但却缺乏尊重，虽然一次次地循循善诱，但孩子仍不能体会另类生命的重要，不时有人去侵犯它们，教师苦恼着如何才能让孩子萌发对小动物尊重及爱护的态度。

第二个学期开始正逢初春，两三只蝴蝶在院内飞舞，教师产生了带领孩

① 资料来源：安徽省阜阳市市政府幼儿园。

子"饲养蝴蝶"的念头，期盼通过饲养活动，让孩子了解蝴蝶生态，也让孩子认识生命的奥秘，进而培养他们尊重生命的情感。

虽然带班老师的心中已有定案，却不能单方片面地立即进行教学，因为方案教学重视的不仅是教师的教，还有孩子的学，因此我们设计了数个活动，说明如下：

为了引发孩子对蝴蝶的兴趣，首先安排观赏《美丽的蝴蝶》录影带，并在园所内寻找蝶卵、幼虫、蝶蛹、蝴蝶；安排植物园昆虫之旅，以及饲养毛毛虫等前置活动。

观赏过《美丽的蝴蝶》后，孩子对影片中那只长有"臭角"用来退敌的毛毛虫感到好奇，也对其中的野外采集蝴蝶产生兴趣。自由活动时间，孩子拿出放大镜在园所内寻找蝶卵与蝴蝶幼虫并追着蝴蝶观察，进入教室后教师请孩子描述观察心得，孩子们迫不及待地轮流发表观点：

"我看到两只蝴蝶，是白色的。"

"蝴蝶一直飞，都不停下来，害我们都看不清楚。"

"蝴蝶停下来的时候，我跑过去，它就飞走了。"

"我看蝴蝶停下来的时候，我没动，它飞走了以后，我用放大镜找，找到了一颗卵，被别人弄不见了。"

孩子们不停讲述刚才追蝶寻卵的经过，语气上有些无奈与挫折。看到孩子们失望的表情，教师便引导他们展开了一场"如何不吓跑蝴蝶、如何近距离观察蝴蝶"的讨论。从孩子的表述中得知他们知道这些常识，只是看到蝴蝶时因兴奋而将之抛诸脑后，因此在一阵对话过后，教师才试着问："如果我们尝试养蝴蝶，不知道适不适合？"孩子们高兴地叫："好耶！好耶！"

于是在期盼蝴蝶破茧而出的情绪影响下，产生了《蝴蝶快出来》的教学主题。

（二）师生互动产生

在决定方案教学的主题之初，教师需要花费较长的时间运用各种方式，例如，在教学情境中、在问话技巧中、在角色扮演中，来发现或激发幼儿探索新事物的兴趣。除了激发幼儿的思考之外，也要了解幼儿的兴趣方向与认知基础，因此在决定主题之前，师生要对某个中心议题有互动，而非单方面、分别地发现新议题。下面以《蝌蚪变青蛙》[1]的例子来说明：

---

① 资料来源：安徽省阜阳市文峰幼儿园。

水池里面住着一群刚出生的小蝌蚪。孩子们发现后，常流连在水池边探索，有时为了捞起蝌蚪而不慎失足落水沾湿衣裤，但仍旧兴趣不减。看到孩子们好奇，且蝌蚪变青蛙的过程较为特别，而且在初夏季节，园所环境即是天然的资源，教师拟定组织进行有关《蝌蚪变青蛙》的主题活动，并着手收集相关资料。

教师激发孩子兴趣的活动有：选取青蛙变化的图片，加以翻拍并制作成图片，让孩子玩游戏；准备饲养箱，陪孩子们一同捞蝌蚪、养蝌蚪，方便孩子们观察；图书角放置相关书籍……以等待适当的时机。

饲养箱旁，孩子们观察蝌蚪时的对话如下：

文宣："咦，它的身体旁边好像凸凸的。"

智玲："它以后会变成青蛙哦！它会先长出后脚，再长出前脚，尾巴会变不见。"

美华："变成青蛙以后它会吹气球！"

文丽："奶奶告诉我，给青蛙吹到气，脖子会变大。"

孩子们七嘴八舌地讨论着，老师根据收集来的资料开始介入孩子们的谈话，引导孩子们从"青蛙会吹气球，吹什么样的气球"这个最感好奇的问题开始探讨，从这个活动开始正式进入《蝌蚪变青蛙》的主题。

（三）幼儿兴趣发展而成

在倡导以幼儿为中心的前提下，教师必须具备敏锐的观察力来发觉幼儿的兴趣。幼儿个体的兴趣、小组的兴趣和整个班级的兴趣为教师提供了多种潜在的选择。从实践操作层次上来讲，在一个25个幼儿组成的班级中，潜在兴趣的数量是相当多的，不可能在一年之内关注到所有的兴趣。因此，教师需要一些标准来判断这些兴趣中哪些是值得集中关注的。

而且，当幼儿说他们对某一主题感兴趣时，他们的意思并不明确。一些兴趣对幼儿的总体学习来说，可能只有较低的价值（如一部电影的宣传激发的对海盗或对泰坦尼克号的兴趣）。一些兴趣可能只是表达了对某种想法或想象之物的瞬间即逝的关注、恐惧、盲目的爱好或者幼儿为取悦教师而说出的主题。

正因为这样，当一个幼儿或一组幼儿对特定主题（如恐龙）表示感兴趣时，并不意味着教师就需要支持或选择这个主题。例如，某一部关于海盗的迪斯尼乐园对幼儿产生了影响，这可能会激发幼儿对海盗进行探讨的极大兴趣。可以给幼儿提供机会进行涉及海盗的戏剧表演，可以鼓励幼儿去讨论他们对电影的感想，等等。但是从发展、教育乃至道德意义上讲，这种兴趣并不意味着以海盗为主题的深入研究是在最佳的兴趣范畴之内的。笔者认为，有必要将以下两者区分开来：一个是提供给幼儿机会去就某一主题进行自发的表演；另一个是教师花时间和精力组织幼儿围绕表演对主题进行长期的努力探索，从而使主题具有比其本身更大的价值。

教师有培养幼儿兴趣的重要职责。这并不是说教师可以不尊重或蔑视幼儿自己表现出来的兴趣。但是，幼儿如果知道教师对某一主题（如，自然环境在6个多星期内的变化）有真正的并且很强烈的兴趣时，则那些尊重、敬仰教师的幼儿就有可能对该主题产生一定的兴趣。

实施方案的新手教师初期似乎觉得困难重重，但在有了经验的累积之后，相信能够逐渐掌握到幼儿的兴趣，并发展成为共同探索的主题。举例如下：

《彩色蜡烛》教学方案[①]

实习老师原本采用单元活动设计教学法，在《环游世界》的单元中，通过录影带介绍各国的民俗节日。影片中出现了美国的万圣节时的南瓜面具与灯笼，之后的分组活动有灯笼制作及面具制作。第二天，欣华带来了父亲制作的南瓜造型的蜡烛，孩子们整日围着南瓜蜡烛进行研究，并提出做南瓜蜡烛的请求。我们四位老师虽然不熟悉蜡烛制作却也不忍扫孩子们的兴，只好立刻打电话请教家长，得知制作蜡烛取材方便，且家长愿意提供少量原料让我们尝试。当天下午，老师们进行讨论达成共识，决定顺应孩子的兴趣，将教学重点放在蜡烛制作上。活动得到学校方面的及时支援，随时可以补充材料，活动进行得非常顺利，因此产生了《彩色蜡烛》方案。

《我住的地方》教学方案[②]

进行《我住的地方》教学主题时，孩子们在走访附近的超市后，分组活动之一是提供纸材让孩子设计包装纸，有七八位小朋友连续两天都选择“设计包装纸”，似乎对设计包装纸产生了兴趣。教师留意到孩子们的行为，增加了此部分的相关材料与素材提供量，并且给孩子们提建议让他们的包装纸设计更有创意、更让自己满意，最终确定了以小组方式来进行的《包装纸设计》方案。

（四）激发幼儿的兴趣

许多教师的经验表明，幼儿对自己周围的自然环境进行仔细观察和研究的经历可使幼儿对环境着迷并产生研究的兴趣。无论自然环境是玉米地、苹果园，

① 资料来源：安徽省阜阳市西苑幼儿园。

② 资料来源：安徽省阜阳市育才幼儿园。

还是附近的自行车卖场。但如果是一个奇异的且遥远的主题，那么对于幼儿来讲，要在支配和设计方案活动中发挥作用是困难的。幼儿拥有的关于主题的第一手经验较少，在主题、信息、问题、假设等方面依赖于教师。虽然幼儿在生活的许多重要方面都要依赖于成人，但是，方案活动是鼓励幼儿发挥主动性去设置要解决的问题，确定研究的方向以及负责完成活动的。因此，在好的方案活动中，幼儿有充足的机会去发挥他们的想象力，运用他们已有的经验和技能。

在与幼儿的相处过程中，可以发现幼儿对许多事物具有强烈的好奇心，基于这样的好奇心，幼儿对事物的兴趣其实很容易被激发出来。因此，当一个主题告一段落，在教师方面没有迫切需要进行教学主题选择，且幼儿的兴趣也不明显的时候，教师并不需要急着决定新的主题。而是要花一段时间，以各种技巧来观察或激发出孩子的兴趣，再共同确定新主题。以《我的身体》[①]为教学主题为例：

> 当某个主题告一段落，新的主题尚未产生的空白时段，时值春、夏交替季节，感冒的孩子有逐渐增多的趋势，我们打算带领孩子探讨如何维护自己身体的健康。
>
> 在雨过天晴的早晨，带领着孩子们在广场游戏奔跑，当大伙感觉疲倦停下来时，我用手捂着胸口说："哇！我这里跳得好快啊！"孩子们纷纷模仿、互相比较，我再问了几个问题："你的感觉如何？知道这是哪个部位吗？为什么会跳得这么快？是不是一直都跳得这么快？一直都这样跳动，对身体有没有影响？坐着不动五分钟之后会是什么情形？"……孩子们针对我的问题七嘴八舌地讨论，并且时而跑步、时而休息地进行比较研究，孩子们似乎开始对身体内部结构产生了好奇。接着再放映《人体大奇航》的影片加深他们的印象，因而产生了《我的身体》的教学主题。

幼儿的能力并非薄弱。教师不妨放缓脚步，给孩子充裕的时间，让他们有思考的机会，不必急于要求孩子展现学习的结果。教师宜营造氛围、创造机会，让孩子得以以同伴互动、合作参与、独自思索等各类方式来建构新知识，让孩子成为教学的主角。

而主题的产生着眼在孩子的学习动机，引起学习动机的因素越多，幼儿的学习动力就越强，兴趣也越持久，探索范围才得以延伸扩展，那么孩子就可以成为教学活动的主动者，体现了以幼儿为中心的教学精神。

① 资料来源：安徽省阜阳市电力明园幼儿园。

二、方案主题的选择

一旦选定了方案活动的主题，方案活动便表现出了一个主要的特征，即幼儿积极地参与到以下这些活动中来：明确要探索该主题的哪些方面、计划活动和确定要准备哪些形式的汇报。

不是所有的主题都蕴含丰富的教育价值。以下有几个主题，我们可以来想想看：

食物　春节　树木　童话故事　冲突　动物

逛街　感觉　雨　熊　恐龙　水　马路

以上这些主题可能比其他主题更能为幼儿提供学习的机会。教师必须在大范围的可能主题中好好做选择，为幼儿提供深入探究的机会。

选择的标准在于：幼儿如何能学习得好，我们期望幼儿生活在怎样的社会价值观下，以及幼儿园在教育孩子方面扮演了怎样的角色。

我们提供了下列标准来判断一个主题是否是一个好主题：①

其一，它在幼儿自己的环境（真实世界）中能被直接观察到。

其二，它在幼儿经历的范围内。

其三，第一手的直接研究调查是可行的（不是有潜在危险的）。

其四，当地资源是有用的而且是容易获得的。

其五，有很大的可能性使用多种表征媒介（角色游戏、建构、画图、多维表征、编制图表等等）。

其六，家长有可能参与进来并贡献自己的力量。

其七，它不仅对当地文化敏感，而且在文化方面总体上是合适的。

其八，幼儿当中有许多人可能是对它感兴趣的，或者成人认为它是值得在幼儿中间发展的。

其九，它与学校和地区的课程目标是相关的。

其十，它给幼儿提供了充足的机会去运用基本技能（取决于幼儿的年龄）。

其十一，该主题的特定性很适宜——既不太窄也不太宽（如研究教师养的狗显得太窄，以音乐为主题则太宽）。

三、拟定教学计划

很多人以为方案教学重视幼儿的兴趣，教师就不宜事先做好教学计划，而应

---

① 贾珀尔·L.鲁普纳林等主编，黄瑾等译：《学前教育课程》，上海：华东师范大学出版社，2005。

跟着幼儿的兴趣走。其实这种观点误解了方案教学的特性。方案教学虽然是开放的教育理念，重视幼儿的发现与兴趣，但是为了避免教师只顾着追逐幼儿的偶发兴趣，而偏离正在进行的教学主题，远离预定的教学目标，而未能解决问题，教师要预先规划教学计划。

教师决定进行方案主题前，事先做的计划包括：画一个主题网；确定重要事件的大纲；调查所有可能的户外教学活动；收集主要的资源。

教学计划可以帮助教师设定教学目标、事先构思可能的教学活动及帮助教师检查与反思。

(一)教学目标的设定

教学主题确定之前，教师的脑海中必然潜藏着教学目标；等到主题确定后，则应清晰确立教学目标。教学目标明确，教学活动与内容才有方向。我们要重视幼儿的偶发兴趣，并且把偶发兴趣适时且适机地引导至深入完整的讨论，而不是追逐着幼儿不断变化的偶发兴趣，导致天天更换主题，后者会让教师来不及准备教材，也无法让学习连续完整，更达不到学习内容深入的目的。举教学主题《幼儿园的植物》偏至其他内容的例子①如下：

> 《幼儿园的植物》正在进行中，仅止于激发兴趣的发现、观察阶段，尚未进入相关内容的讨论、探索、认识等活动，却因连日来的大雨，迫使蚯蚓钻到地面上来。孩子对蚯蚓明显产生了兴趣，为了改变孩子对蚯蚓不尊重的戏弄态度，老师将讨论话题转移到“蚯蚓”上。然而不到3天，雨过天晴，蝴蝶出现了，孩子跟着半空中的蝴蝶追跑，“蝴蝶”又成为教学的重点话题了。

接触方案教学之初，教师一般只重视幼儿的兴趣，当看到幼儿对一件事物产生兴趣时，教师就立刻转移讨论重点配合幼儿的兴趣。但是幼儿是很容易好奇的，尤其是在自然景色变化快速的春季，一会儿蝴蝶，一会儿蚯蚓，一会儿蜗牛，孩子每天都有新发现，若教师只注意配合幼儿兴趣，便不能将学习开展得深入、连续与完整。如果当初教师在决定《幼儿园的植物》之后、教学活动开展之前，已经确定教学目标，当幼儿对小动物产生兴趣，教师必然会判断这样的兴趣是可以深入探讨或只是一时兴起。若幼儿是一时兴起，教师可随机教育或另找时间来引导，而原本的《幼儿园的植物》仍然继续进行，不致骤然中断，学习就不至于支离破碎。举以下达到目标的《彩色蜡烛》教学方案为例：

---

① 资料来源：安徽省阜阳市学苑幼儿园。

当孩子们的兴趣专注于蜡烛制作之时，孩子即将毕业，因为毕业晚会需要一根手持的蜡烛，教师和孩子通过讨论共同决定了这次的主题目标：做一根晚会使用的蜡烛。而孩子也朝着目标将蜡烛的颜色修正到自己最满意的程度才罢手，没有偏离方向。

《彩色蜡烛》的教学目标看似单一，其实在这一过程中幼儿历经失败、挫折，锲而不舍地不断尝试、修正，最终做出满意的蜡烛，已经包含了协调合作能力、解决问题的能力、颜色调配的技能等潜在目标。方案教学的主要目标越是单纯，也就越容易深入，然而若在教学活动过程中发展出相关的次级目标，教师也无需排斥。

（二）事先构思“可能进行”的教学活动

规划教学蓝图，可帮助教师照此寻找资源、设计教学活动、准备教学材料。在规划教学蓝图之时，教师最好简单地规划一下教学网络，之所以简单，为的是保留弹性，以根据幼儿的学习发展来调整内容。

根据网络图先设计一些教学活动，虽然不一定完全按照计划来教学，但能以备不时之需。事先设计教学活动，除了用以引导幼儿的兴趣外，也可以先评估执行的可能性，并假设突发事件的可能性和应对策略。（例如：万一找不到毛毛虫该怎么办？万一孩子不断地弄死毛毛虫或者随意地抓蝴蝶，或孩子在进行一周仍无法有效回应……教师该如何应对？）事先拟定好对策，会使教学活动的发展更为顺畅。

以下便是进行《蝴蝶快出来》教学主题的事先预定活动：

1. 介绍蝴蝶形态、生态与种类等基本认知

采用方式：阅读书籍、图片；观看标本、录影带；集体讨论；分享已有的经验。

2. 户外寻找蝴蝶幼虫

目的：(1)亲子郊游：提供本班家长联谊、互动的机会。

(2)拟将找到的毛毛虫带回班级饲养。

3. 饲养蝴蝶

目的：(1)观察与记录生长过程。

(2)在饲养观察过程中，看着毛毛虫逐渐变大，蜕变成蝴蝶，因此认识蝴蝶生命的奥秘，从而萌发尊重生命的感情。

4. 种植蜜源植物

目的：吸引蝴蝶来产卵，展开系列观察。

取得方式：购买或野外采集。

5. 参观植物园花卉苗圃

目的：认识蜜源植物并善用资源。

6. 参观蝴蝶园

目的：期望孩子看到各式各样的真实蝴蝶在飞舞，感受到蝴蝶的存在，并欣赏其美姿，培养孩子与之和平共处、爱护尊重的情操。

7. 其他相关小动物及植物

说明：因为预设到户外教学时，孩子必然会发现其他的小动物；而在介绍蜜源植物时，也会涉及相关植物，重心虽不在此，但孩子的发现与兴趣仍不可忽略，在不偏离主题太远的前提下，也需进行适当的准备。

8. 教室内相关活动

美工、歌谣、律动等创作，分组活动，区角活动，歌曲、游戏……

在实际教学流程中部分预设的教学活动，因不可抗拒的因素可能无法进行，此时最好能有替代活动。虽然替代活动在效果上略逊于预设活动，但却是变通的权宜之计，这也凸显出教学备选活动的重要性。

（三）通过教学计划帮助教师检查与反思

当教师决定了主题，即应开始做教学计划，预测可能发展的路径而事先准备教材，联络参观事宜。为防止计划中的活动受阻，教师不妨事先安排备选活动，以使教学得以连贯顺畅，避免因等待教材的补充而让幼儿失去或转移兴趣。同时也可以借着教学计划检查教学活动是否合宜？教学准备是否周密？幼儿的反应如何？这些问题在开展教学活动的同时，就要进行思考，下面列举一些反思记录供参考。

1. 例一：《蝴蝶快出来》教学方案的片段反思记录

《蝴蝶快出来》的教学目的在于了解蝴蝶生态、认识生命的奥秘、培养尊重生命的情操等三项。而为了了解蝴蝶生态，安排了户外观察活动，却寻不着蝶卵与蝶蛹。解说老师告诉我们："蝴蝶出现在有阳光的日子，阴雨天是难得见其踪影的。"针对此缺失，教师在教学日志上记录了这一段反思：

在我的认知里头，总认为春天是所有生命展现活力的开端，因此安排在初春时候饲养毛毛虫，没想到三四月份雨量大，气温低，阳光微弱，导致户外教学难以安排，直到植物园自然之旅当天，经由解说老师指点，才得知蝴蝶喜欢阳光，喜欢暖和的天气，因此要进行这个主题时，最好选在每年的5到10月之间，本次教学活动期间，未见到满园蝴蝶飞舞的景象，真是一大遗憾。

虽然因为本次活动计划得不够周密而有遗憾，但是这样的反思却是日后再进行相关活动的参考，也让教师领悟到广泛地阅读与主题相关的书籍是教学前必要的准备。

2. 例二：《蝴蝶快出来》教学方案的活动发展路径

在预测可能的发展路径时，原本的教学计划分成蝴蝶的生长史、蝴蝶的生态环境、蝴蝶的食物、蝴蝶的种类等4个部分来探讨，然而在实际进行时，孩子对蝴蝶的种类与蝴蝶的生态环境的兴趣较缺乏，把重心放在了饲养与观察蝴蝶的生长过程方面，原本的教学计划因为孩子的兴趣而得到修正，并着眼在孩子容易接受与观察的生长史上。但是为了赏蝶，在走访菜园之时，孩子发现别人种的菜怎么那么漂亮，菜也没有被毛毛虫啃食，因此提议再种一次小白菜，这次要种漂亮的小白菜，所以在《蝴蝶快出来》主题接近尾声之后，延伸出另一个方案——《种小白菜》。

四、方案发展的阶段

（一）三阶段

教师就可能要从事的活动以及所需要的资源进行计划，提供一些相关的初步想法，然后将方案活动分3个阶段计划和实施。

在某种意义上，方案可被形容为一个具有一段开头、经过以及结尾的好故事，每一部分都有它令人难忘的部分。方案的发展经由3个阶段，在每个阶段中，教师对于幼儿的学习都有其特别的关心之处；在某个阶段中，教师及幼儿的期待都被满足之后，方案就进行至下一阶段，直到工作结束为止。

下面简要介绍一下这3个阶段。

阶段1 教师特别关心的是每个幼儿已具备哪些知识和能力，以及是哪些第一手经验构成他们目前理解力的。幼儿参与主题的首次讨论时，他们提出意见和亲身经历，并且也可以画画、写作、编剧或角色扮演的方式来表现他们对于研究主题的体验和了解。通过在集体活动中表达自己的已有经验及与同伴分享作品的创作过程，幼儿可以统整性地了解与主题有关的基本概念。随着班上幼儿记录下他们想探究的一连串问题，第一阶段便宣告结束。家长也有可能以某种方式为方案活动出一份力，如安排参观的地方、借出展览要陈列的物品、接受幼儿的访问、提供获得信息的途径等。

阶段2 包括实地调查工作及邀请专家到课堂上和孩子讨论。教师关心的重点在于提供给孩子新的直接经验，尤其是借助于第一手的、直接的、在真实世界中的经历来获得。所用信息的来源可以是原始的，也可以是间接的。原始的来源包括接触真实环境和事件的实地远足，间接的信息来源则如书本、相关的教育性影片、录像带、说明书、小册子等。在这个时期同样也可以查阅这些信息资源。

在这一阶段，安排一次户外参观活动，如观察建筑工地，观察机器运转，参观超市的货运部等。户外参观活动不需要很复杂，没有必要花昂贵的路费去一个遥远的地方。可以去学校附近的地方，去商场、小店、公园、建筑工地。在教师的帮助下，幼儿可以分组去这些地方，让孩子们有机会与成人一起谈论他们正在观察的事物。可以让幼儿获得疑问的解答，继而提出更多的问题，并寻求解释。在实地参观前要做的预备工作包括明确要解决的问题，确定要与之谈论的工作人员，确认设备、物体和可以近距离观察的材料。幼儿可以携带一个简易的写字板，简略地画下或写下特别感兴趣并且在回到教室后能派上用场的东西。同样可以鼓励幼儿在参观过程中数数，记下事物的形状和颜色，学习那些与事物相关的特殊词句，理解事物如何运作，动用他们所有的感官来进一步理解所研究的现象。

回到教室后，幼儿可回忆起众多的细节，而且随着学到的与主题相关的东西逐渐变多，幼儿能用诸多较为复杂的方式来表征这些细节。此时，幼儿运用了已经获得的技能：谈论、绘画、戏剧表演、运用简单的数学计算符号、测量和用简图表示。如果参观的地点在幼儿园附近，可以数次参观这个地方，然后把在前一次参观中所观察到的和在随后一次参观中所观察到的内容进行比较。

可将幼儿的活动信息积累起来放在个人的方案活动档案袋中，贴在墙壁上展示或把小朋友与他人分担的活动记载在小组记录册中。幼儿可以完全地参与讨论和计划展示什么、怎么展示。从访谈中收集到的信息可以用不同的简便方式记录下来。还可以用一系列间接的资料来激发和丰富方案活动。

阶段 3 在方案的最后阶段，以某种形式与其他人分享作品，是这一阶段的特色。作品在此时被讨论与评价，一些独特的作品被选出来发表。强调的重点是学习上的沟通与互动。幼儿也有机会以更富有想象力的艺术创作、戏剧活动、文学创作等，表现他们学到的新知识和能力。安排这种场合，其真正的目的是让幼儿对已经完成的方案活动进行回顾，在这时，还可以鼓励幼儿对他们自己的活动进行评价，把他们发现的东西和他们在阶段 1 中提出的问题进行对照。

阶段 2 需要的时间比阶段 1 和阶段 3 长。如果是年龄小点的孩子，在阶段 1 和阶段 3 所占用的时间会比年长的孩子多。

（二）方案实施中的主要工作

3 个阶段中任何一个阶段都有其主要的工作事项，如此才能使方案更加具体。它们形成基础的构架，围绕这个基本组织，方案的其余部分才得以发展下去。这些主要的工作事项，可记录在教师初步的计划网或公布在班级主题网上，以供幼儿参考。

第一，阶段1。

最初的起点 在阶段1，会有一件事引起全体幼儿初步的兴趣，它可能是一个故事、一部电影或一件不寻常的物体，让幼儿去触摸、研究，从而使幼儿对其感到好奇。

主题网计划 整理全班幼儿的想法，并且根据幼儿已有的经验，拟定关于主题的计划。

列出问题 在方案进行的过程中，整理出幼儿想要探究的问题，对他们会很有帮助。在阶段1结束前，公开这些收集到的问题。

第二，阶段2。

准备实地研究 可安排一次或数次户外参观活动或旅行，而在这之前，必须做一些准备工作。在准备实地研究的工作时，幼儿可以思考、讨论他们想看什么、他们想研究的问题是什么、他们可能会和谁谈话、他们会带些什么东西回教室。实地研究并非一定要离开园所，但通常必须离开教室，进入研究环境做深入探究。

户外参观活动或旅行 教师组织幼儿进行户外参观活动或进行一次户外旅行。在幼儿返回园所后，让他们描述他们最感兴趣、最想再多了解的事物。

实地参观研究的后续活动 幼儿讨论户外参观活动，讨论户外发生的事情、他们和谁聊了天、看到了什么、学到了哪些经验。幼儿查阅知识性读物、提出疑问，有必要的话，教师要计划再一次的实地参观。

与专家交流 专家指的是对于幼儿正在研究的主题有直接经验的人，这些经验是他们在工作、旅行及休闲娱乐时获得的。可以邀请专家到教室中与幼儿谈话，回答幼儿的问题，参加讨论及接受访问。

第三，阶段3。

高潮的活动 可以提供一个对方案感兴趣的人彼此交流、分享和展示作品的机会。利用这样的机会，大家可以讨论并评价过去几天或几周以来进行的工作。

将新知识个人化及内在化 有些幼儿需要时间仔细思索新经验。在这一点上，他们的差异非常大，富于想象力的活动对许多幼儿来说是有帮助的。他们创编他们自己想象的故事和戏剧情节，并把自己的想法表演出来。幻想性及富有想象力的幼儿文学创作对于幼儿将知识内在化的过程特别有帮助。

下面对一个以鞋子为主题的方案活动可能产生的进程作简要介绍，在这个方案活动中，参与者是全班级的幼儿。

关于鞋子的幼儿园方案活动①

下面将描述发生在一个幼儿园班级中的关于鞋子的方案活动。这个主题源于幼儿之间对鞋子的讨论，一些幼儿在新学年买了新鞋，这就引发了这个主题。那些鞋子有许多有趣的特征：有的会发光，有的有声音，有的带有不同式样和颜色的花边。通过研究鞋子幼儿的兴趣会发展到什么方向，对此教师和她的助手设想了许多。他们在一起提出了很多主意，然后把它们做成了一个主题网络。

阶段1：起始阶段

幼儿在教室里谈论他们的鞋子和他们买鞋子的经历。幼儿开始对鞋子产生疑问，提出了一些问题。教师将他们的问题汇编成一个目录，并在方案活动的最初一个星期里不断对该目录进行补充。有的幼儿则通过绘画，画下他们的鞋子，或者是画下他们买鞋子的整个过程或某个他们认为重要的片段。教师鼓励幼儿去向他们的父母、朋友和邻居要来各种鞋子，因为班级要收集鞋子以供研究之用，幼儿都积极为这个收集出一份力。教师则从她16岁女儿的壁橱里拿来了一些鞋子，并把它们放到了表演区角里。

他们在表演区角里设立了一个简易的鞋店，并在那里试穿不同的鞋子。告诉家长这个研究的主题，邀请他们与孩子一起讨论鞋子。也可以邀请孩子把他们所知道的有关鞋子的任何特有的知识告诉给班级里的其他幼儿。在第一个星期结束时，教师安排了班级里的一个幼儿把他的小弟弟的鞋子带过来，向全班幼儿展示小弟弟的第一双学步鞋。

阶段2：方案活动发展阶段

教师和幼儿一起讨论他们应该做些什么以解答提出的这些关于鞋子的问题。这些问题有：鞋子是用什么做成的？他们值多少钱？你怎么知道你穿几号的鞋？

当幼儿开始讨论钱时，他们讨论商店店员是如何处理人们买鞋时所付的钱的。一些幼儿认为店员把钱送给了穷人，有的幼儿认为他们把钱带回家使用，有的认为老板保管了所有的钱。所预测的问题的各种答案增强了幼儿的好奇心，也促使幼儿渴望更详细地了解在鞋店里发生的事情。教师安排幼儿去一家家庭开的鞋店，这个店就在他们所在的城市里，幼儿花了一个星期来为这个旅行做准备。他们确定要调查这家商店的哪些部分，谁负责把商店的这些部分画下来，谁

① 贾珀尔·L.鲁普纳林等主编，黄瑾等译：《学前教育课程》，上海：华东师范大学出版社，2005。

负责向老板和店员问问题和问哪些问题。他们计划通过这个实地远足获得更多的必要的信息，从而在他们返回之后把教室里的鞋店弄得更加精美。

围绕特定兴趣，幼儿分成五组。他们的兴趣如下：

1. 现金出纳，一天卖出多少鞋，每天一共收到多少钱。

2. 鞋子怎样展示在商店橱窗里，在商店里面如何把鞋子展示给顾客看。

3. 储藏室，如何分类整理放鞋的盒子(如男/女/幼儿，尺码，正规型/运动型，等等)。

4. 鞋店店员的职责，所做的事情。

5. 那里有不同种类的鞋。

6. 所储备的鞋的尺寸、颜色和数目。

7. 这些鞋从哪里来，在哪里提货，提货的频率。

8. 研究幼儿带到教室来的鞋子，研究它们的材料，它们的特殊功用及风格、式样、生产厂家的名称。

教师和她的助手轮流和每组幼儿进行谈论，谈谈他们想问的问题以及他们想从这些问题中得到什么知识。幼儿在商店里将会收集到一些信息，教师则帮助幼儿记下这些信息。

教师事先与这家鞋店的员工进行沟通，让他们为这次参观做好准备，告诉员工她对这次实地体验的期望，简要地讲述幼儿希望员工们回答的问题，描述幼儿计划要作的画，告诉员工幼儿期望在他们工作时对他们进行观察并描述了这些观察，描述了幼儿想仔细察看的物品。

当这重要的一天到来时，鞋店里的3个员工与每组幼儿在一起待了20分钟。幼儿返回学校时，也有了很多要思考的东西。教师和她的助手引导幼儿以大组和小组的形式进行讨论，询问幼儿这次参观的情况。

每一组幼儿向整个班级介绍他们获得的信息。然后他们打算在教室里布置一个鞋店。小组内每个幼儿找出他们要了解的东西，从而明确他们想在鞋店里补充些什么。在接下来的3个星期里，教师与各组幼儿讨论他们的进展情况，幼儿互相倾听彼此的观点，互相提出建议。

孩子们制作了到达鞋店的汽车。他们做了一只在笼子里的鸟，就像他们在那家店里看到的那只鸟一样，他们做了一台电视设备，与他们在鞋店里看到的那台类似。他们为自己鞋店的鞋做了价格表，在鞋盒上做记号，以便让他们自己能够知道每个盒子里装着哪种鞋。教师提供了一个小小的现金出纳机，一些幼儿制作了一些钱。他们绘制了鞋子的轮廓图，是为了让他们商店的顾客能够知道他们自己的鞋码。他们制作了一本书，告诉新店员怎么卖鞋。他们做了一张木凳，让幼儿坐在那里等候招待。有时，以上的东西还出现了数个版本，这是因为个别幼儿想为鞋店贡献自己的特殊力量。例如,他们做了许多鞋子的价格表。一个被邀请过来的土耳其工人还帮助两个同时来自土耳其的孩子在这个方案活动的背景中使用他们自己的语言,他们用土耳其语制作了鞋子价格表,贴出用土耳其语写的广告牌和指示牌。幼儿在调查和制作他们想放在鞋店里的东西期间,邀请了一些参观者来到教室里。这所学校的一位教师是学舞蹈的,她向幼儿展示了跳踢踏舞和爵士舞时所用的特殊的鞋子。有一位家长是警员,他帮助幼儿了解到在寻找罪犯时犯罪现场的鞋印是很重要的证据。参加活动的另一位家长展示了她在自行车比赛时用的特殊鞋子。其中一个幼儿的祖父在工作时修过鞋,他能告诉孩子鞋子是怎么做成的以及它们是用什么做的。在这位知识丰富的老人的帮助下,幼儿知道了鞋子的各个部分以及皮革、线、鞋钉、胶水这些做鞋要用的材料。哥哥姐姐则向他们展示了其他不同种类的运动鞋:溜冰鞋、轮滑滑冰鞋、马丁博士鞋、滑雪靴、捕鱼时用的防水靴、系鞋带的高尔夫球鞋、来自尼德兰的木鞋和芭蕾舞鞋、来自得克萨斯的牛仔鞋和足球鞋等。

在实地远足中,幼儿观看到了把一双鞋卖给一位顾客的过程。他们密切注意买、卖,从卖者的角度和买者的角度来注意整个过程。他们在自己鞋店里开展买卖鞋的角色游戏时,能够运用这些步骤。幼儿很自豪地把几双鞋拿给可能会买鞋的顾客看,测量他们脚的尺寸,就他们想要的鞋的种类、颜色、他们的心理价位和他们攀谈。然后他们决定买卖是否成交,在买卖结束后把没有卖出的鞋放回盒子里,并放回储存架上。

制作钞票的那些幼儿设立了一个银行,这样别人就能用他们做的钱在鞋店里买鞋。他们在钱上标了一行数字,帮助愿意用这些钱的幼儿数出他们想花的钱。他们还把价格贴在了鞋盒上。

阶段3:总结方案活动

几星期以后,孩子们开始对新游戏感兴趣,他们想探索汽车旅行,这种想法在鞋的方案活动中就已经有了,当一些顾客借助当地的交通工具来到镇上买鞋时,幼儿就产生了这种想法。老师安排家长来学校参观孩子们的鞋店,看看孩子们在建造鞋店和玩鞋店游戏的过程中学到了什么。家长还有机会在鞋店里买鞋,接受孩子们的服务。

家长可以观看孩子们的绘画作品、方案活动的相关记录,也可以阅读标注在表征作品和照片上的文字标签和标题,这些标签和标题是教师和幼儿写上去的,而那些照片则是为记录下幼儿学习的亮点和学习的各个方面而在方案活动中抓拍的。在方案活动中,孩子们运用的技能有数数、测量、使用专业词汇、认识颜色、认识形状和大小、访谈等。他们获得的知识则涉及设计、生产、销售鞋子的过程,而在用于制造不同鞋子和鞋子的不同部分的各种材料方面,他们也获得了许多相关的信息。他们也懂得了商店的工作，领会许多不同的人员都在致力于使人们能够穿上鞋子之类的基本物品，而各种人员的数量则是相关的。活动的最后，那些一起分享幼儿活动成果的家长们，毫不怀疑幼儿在过去8周的方案活动中进行了有价值的深入学习。

有人认为方案活动对于一个幼儿班级来讲，是具有相当大的典型性的。然而，要讲方案活动具有典型性，是困难的，因为任何教师或任何一组幼儿开展任何一个方案活动时，其中大部分活动都与能否利用直接调查研究要用到的当地资源有关，与特定参与者所表达出的兴趣有关。

具备专业知识技能的家长帮忙，对活动的质量有着关键影响。有些家长可能从事房屋建设、交通工具的驾驶和维修、餐饮服务、农作物生产、健康服务等等工作，教师在了解家长所具备的特殊专业知识和技能后，可以根据需要部署方案教学活动。

第三节　方案教学活动的指导

一、方案教学活动中教师的角色

在方案教学活动中，教师的角色更多的是指导性的而非教导式的。幼儿可随时向教师请教，教师则根据对幼儿发展的观察来维持一个有价值的活动环境，并以此来促进活动的开展。教师利用他对参与活动的幼儿的观察，就其中的个体幼儿可能需要何种教导活动以及个体幼儿或群组幼儿对于引入的新知识、新技能的准备状态等这些问题，找出相关的暗示。

就学前幼儿而言，教师的角色是既是指导者，又是领导者。这种领导作用体现在推动组织活动的进程、鼓励幼儿对自己提出的问题予以深入且持久的关注；教师确定活动完成的时间；建议幼儿如何表征他们的研究发现。教师还承担着一个重要的任务，即在方案活动进行时把幼儿的经历记录下来。

二、方案教学活动的指导

当教学的主体转向以幼儿为中心、教学活动是教与学的互动时，教学不仅止于传授知识，对教师而言也极具挑战性。

倘若教师本身对方案教学的理念不清晰，便会时时质疑教学活动的适切性，尤其在最具方案教学代表性的瑞吉欧系统中，认为教师的角色是：幼儿的伙伴、协助者、引导者、记录者以及研究者。其中以引导者的角色最令教师本身疑惑，引导者的定义是什么？可不可以教？可不可以介入？什么时候介入？

(一)教师介入

教师该不该介入孩子的活动？什么时候该介入？介入到什么程度？这种疑问与矛盾似乎常困扰着教师。然而许多问题要教师根据现场的观察判断来决定如何介入是最合适的，当教学情境改变时，可能介入的方式就要有所调整了。下面以《蝴蝶快出来》教学方案的部分对话内容来阐述介入时间、介入方式、介入的程度以及教与不教等问题。

(二)什么时候介入——把蝴蝶留下来或是放生

孩子们非常好奇蝴蝶的口器，想看看它吸花蜜的样子，因此未征询教师的意见，擅自在园所内采摘盛开的花，放在饲养箱内喂蝴蝶，然而蝴蝶并没有吸食花蜜的动作。孩子们说："好可怜哦。都没有吸花蜜，这样会饿死的。"孩子们向教师寻求解决的方法，师生找出相关图书共同寻找答案。知道可以调配糖水来喂食。孩子们利用果冻空盒装糖水放置于饲养箱内，蝴蝶却常跌落糖水中。孩子们怕它淹死，自己又不敢去救它，怕伤害到它脆弱的翅膀。因此每当蝴蝶跌落糖水中，便立刻请教师搭救，部分孩子不希望它死掉，也有部分想留着观察，双方就有了冲突的对话：

"我们放它出去找花蜜。"

"不要，我要看它怎么吸花蜜。"

"但是不放它出去，它会饿死的。"

"只要天天采花蜜喂它，它就不会死啊。"

"没有用啦。我们采过了，它都不吃。"

"你看它一直飞，一直想出去。"

"不要，放出去就看不到它们结婚了。"

双方在放生与继续饲养的冲突中都坚持己见，教师在角落观察着他们的辩论。自由活动结束时，户外的孩子陆续回到教室，为了引导孩子做决定，教师临时抽调预定的分组活动，改为说故事时间。

上述案例中已提到介入时机，如幼儿向教师寻找解决问题的办法时，以及教师临时抽调预定的分组活动，改为说故事时间时。教师在旁一直密切注意孩子的发展，第一次等孩子请求协助时才介入，介入的方法是师生一起翻阅书籍查询；第二次在是否放生的争执中并没有立即直接介入，而是采取集体讲故事的方式来间接介入。过程如下。

(三)介入方式

故事内容摘要:"有一只小小的红鹦鹉,在树林里快乐地飞舞,翅膀不慎被树枝刮伤,跌落到地面无法再飞翔。有一个叫小敏的小朋友,和家人在那里郊游,拾起小鹦鹉带回家悉心照料,小鹦鹉痊愈之后,不吃不喝一直尝试撞开笼门飞出去,小敏虽然舍不得鹦鹉离开,但为了让鹦鹉活下去,最终放走了鹦鹉,小敏的爱心受到了许多人的赞美。"

故事讲完后,在孩子们都肯定小敏放走鹦鹉的行为,通过表决,一面倒地赞成放生,还蝴蝶自由。

孩子们把饲养箱拿到户外,打开箱门,手指头轻敲纱网,要帮助蝴蝶飞出去。不知道蝴蝶是因为饿的没体力,还是因为没有领会到飞行的诀窍,飞不起来而跌落地面。孩子们拿榕树叶轻轻地把蝴蝶搬至另一片树叶上,再移至石榴盆栽的树叶上,因为那有花,不会被小朋友无意中踩死。

把情意的培养当成教学目标,虽然是抽象的,不容易有具体的成果。但是通过《蝴蝶的饲养》,激发幼儿重视异于人类的弱小动物的情感,不再随意置之于死地,而且靠着团体的互动,同伴的影响,幼儿学习到替对方着想。倘若随时把握机会教育,持续培养孩子这种情操,相信能够尊重弱小动物生命的孩子,在人的世界中,也会尊重他人。

通过说故事的方式,幼儿一方面被故事感动,另一方面受同伴互动的影响,争执和平落幕,也算是介入成功。

(四)介入的程度

上述例子中介绍了教师介入的程度,当教师故事说完后就静观其变,没有再多干涉,幼儿后来放走蝴蝶的一幕令人感动,以下再介绍一则介入程度较深的实例:①

幼儿园种的菜苗冒出来了,短短的,大约两厘米高,因为曾被泡在水中的缘故,有一些叶子黄黄的。孩子们很高兴地围着观看,浇水的热情度不像之前了,但仍频繁。一天午后,孩子们大叫:"老师,快过来!快过来!"教师立刻上前去看,原来孩子发现菜叶中有毛毛虫,难掩兴奋之情地大叫,一时间孩子围满了花盆四周。

① 资料来源:安徽省阜阳市文峰幼儿园。

放学时天气阴暗,似乎要下雨,孩子用枯叶把毛毛虫带进教室,怕雨滴伤害它。

教师:毛毛虫必须住在屋里吗?

丹丹:因为快要下雨了。

教师:哦!是要下雨了。那树上和菜园里的毛毛虫怎么办?

小敏:他们会自己躲在叶子下面。

教师:不知道我们的毛毛虫会不会躲雨?

小敏:应该会吧。

教师:要不要试试看?

丹丹犹豫了一下,又把它放回花盆中。

这次的介入应该是属于较深的程度,在"要不要试试看"这句话中,教师试图影响幼儿的行为。虽然幼儿真情流露地关心毛毛虫是值得欣慰的事,但是这个主题的最初目标是培养尊重生命的情操。然而教学也不能只顾单项目标而违反自然生态。

(五)教或不教

这是两个极端的看法,其实在学习的过程中,教师的引导即可归类为"教",而"教"并非大错特错,只是要思考教的方法是否合宜,是直截了当地告诉幼儿方法还是提供给幼儿思考的空间。

孩子们顾不得刚才介绍的种植方法,好玩似的迅速把泥土放进花盆里,拿起白菜种子撒下去,急忙地装水、浇水,玩水才是他们的乐趣。只要课余,就有孩子前往花盆前开心地浇水,上午八点、十点、中午饭后、下午点心后,只要是自由活动时间,就有人去浇水。为了节约用水,老师曾告诉他们:"水浇太多是没帮助的。中午的时候尽量不要浇水。"孩子问:"为什么?"于是教师和孩子一起做了实验,其一,拿出等量的水,一个在早上时候拿出户外,一个在中午时候拿出去,并测量蒸发的时间。其二,拿把青菜泡在水中多日,让孩子观察结果。通过实验,孩子们终于不再时时刻刻地浇水了。①

上述内容显示教师"教"了小朋友,但采用的是实验方法而不是直接讲授的方法,通过实际操作所得的经验转换成认知,是印象深刻的,不易被遗忘的。其实除了动手做的经验是合适"教"的之外,集体讨论对于"教"也是很有帮助的。

---

① 资料来源:安徽省阜阳市市政府幼儿园。

通过教师的发问技巧，引导幼儿开动脑筋，答案就会在幼儿的一人一句当中显露出来。至于操作时技术性的指导，视幼儿个别差异而决定指导的步骤和程序，若全无该方面的经验时，或是幼儿的能力发展与年龄有大幅落差时，教师指导的步骤可能需要细腻且周全些。

因为许多理想的教育理念、教学方案来自国外，所以因为环境、人文背景等不同，而宜有适当的转换。教学是一门艺术，可以运用的方法有许多种，但是却没有一种方法可以全盘被模仿。在国内采用的方案教学就无法和意大利瑞吉欧的方案教学相比拟，在行政系统上、教育辅导体系上、家长的人力支援上以及师生比例上，国内都显得单薄些。除了期待将来这些支援能逐年补充之外，自立自强的方法唯有教师本身积累教学经验、提升教学技巧来根据自身的教学环境做适度的转化。

▶阅读推荐◀

1. 幼儿园教育活动与研究. 苏州：苏州大学出版社，1995

2. 刘晓东. 儿童教育新论. 南京：江苏教育出版社，1998

3. [美]Carol E. Catron & Jan Allen 著. 王丽译. 学前儿童课程——一种创造性游戏模式. 北京：中国轻工业出版社，2002

4. 屠美如. 向瑞吉欧学什么——《儿童的一百种语言》解读. 北京：教育科学出版社，2002

5. 虞永平. 学前课程价值论. 南京：江苏教育出版社，2002

6. 朱慕菊. 走进新课程. 北京：北京师范大学出版社，2002

▶思考与探索◀

1. 什么是方案教学？有哪些特点？

2. 如何判断幼儿选定的主题是否有价值？

3. 事先拟定方案活动计划是否违背了方案教学的基本精神？

4. 教师在方案教学的 3 个阶段中扮演了哪些不同的角色？发挥了哪些作用？

第七章
幼儿园教育活动中的环境创设与资源利用

【内容提要】 本章主要分析了幼儿园环境创设的作用和类型，提出了幼儿园环境创设的原则，阐述了幼儿园物质环境和精神环境创设的主要内容。在此基础上，进一步分析了幼儿园可以利用的各种资源，重点探讨了幼儿园利用家庭和社区中各种资源的具体策略，强调整合多种教育资源以发挥环境在育人方面的作用。

【学习要求】

1. 了解幼儿园教育活动环境创设的含义和作用，明白幼儿园教育活动环境创设的原则，懂得如何创设幼儿园物质环境，重视幼儿园精神环境的作用并逐步形成精神环境创设的意识。

2. 了解幼儿园可以利用的各种资源的含义，掌握利用家庭和社区中各种资源的具体策略。

第一节　幼儿园教育活动的环境创设

一、幼儿园环境及其作用

环境既包括以空气、水、土地、植物、动物等为内容的物质因素，也包括以观念、制度、行为准则等为内容的非物质因素；既包括自然因素，也包括社会因素；既包括非生命体形式，也包括生命体形式。环境是相对于某个主体而言的，主体不同，环境的大小、内容等也就不同。环境是人生活于其中并能够影响人的一切外部条件的综合。这个外部条件的综合既包括人生活于其中的各种自然条件的综合，也包括对人的思想方法和言行举止产生重要作用的社会条件的综合。汤志民认为，环境是个体生存空间中一切人、事、物的总称，珀斯特·埃尔斯纳认为，环境是周围或者情境，如教室环境、学校环境，包括物质的、美学的、社会的，以及其他情境。总之，环境是人生活于其中的自然社会条件及人与之相互作用的关系总和。

在幼儿园教育活动中，环境作为一种潜性课程对幼儿的认知发展和个性成长会产生潜移默化的影响，对于幼儿的社会性发展所起到的作用更为明显。教育部 2001 年颁布的《纲要》明确指出："环境是重要的教育资源，应通过环境的创设和利用，有效地促进幼儿发展。"幼儿园环境是幼儿生存和发展的重要条件，它既是衡量幼儿园教育质量的一杆重要标尺，也是保证幼儿成长品质的重要前提条件。

所谓幼儿园环境，是指幼儿园内幼儿身心发展所必须具备的一切物质条件和精神条件的总和。它是幼儿园的全体工作人员、幼儿、各种物质器材、人事以及各种信息要素，通过一定的文化习俗、教育观念所构成的一种动态的教育空间范围和场所。这种空间范围，既是物质的，又是精神的；既具有保育性质，又具有教育性质；既是开放的，又是相对封闭的。它不仅受特定的地理环境、空间方位的影响，又受特定的社会氛围的影响。

（一）幼儿园环境的分类

实际上，幼儿园的环境内容是十分复杂的。由于受到各种社会因素的影响和制约，幼儿园现实生活中的环境类型也是十分丰富的。根据不同的划分标准，可以对幼儿园环境进行不同分类。

根据幼儿园环境对于幼儿成长所起到的作用，可以将幼儿园环境分成积极的环境和消极的环境。所谓积极的环境就是指幼儿园环境促进了幼儿的健康成长，所谓消极的环境就是指幼儿园环境阻碍了幼儿的健康成长。这种环境所起的积极作用或者消极作用主要是由其中的人际关系氛围决定的，并最终取决于教师的基本素养。

根据幼儿园环境的空间范围界限，可以将幼儿园环境分为室内环境和室外环境两种。室内环境主要包括教室、活动室、餐厅、卧房、盥洗室等相对封闭的空间环境，是幼儿在天气状况不好时的主要活动环境；室外环境主要包括操场、草地、园艺场、室外大型游戏场地、种植园、饲养园、玩沙玩水区、屋顶平台等，是幼儿进行锻炼和游戏的户外场所。

根据幼儿园环境具体内容的不同，可将幼儿园环境分成物质环境和精神环境两种。幼儿园物质环境主要包括幼儿园的园舍建筑、设施设备、活动场地、教学器材、玩具学具、图书音像资料、环境布置、绿化场地等有形的东西。幼儿园精神环境主要指幼儿园的人际关系及其产生的心理氛围,主要包括集体气氛、活动气氛、园风、班风、教风和师生关系等。在幼儿园精神环境构成要素中,师生关系是重要的成分,因为它常常能够决定班级活动的氛围,并进一步影响到幼儿的心理活动和行为方式。

(二)幼儿喜欢的环境特点

大量的经验表明,幼儿比较喜欢以下环境:

熟悉的环境:与其生活经验相符的、具有家庭色彩的环境。

新奇的环境:不断有新奇刺激产生的、变化的,并具有一定挑战性的环境。

可操作与探索的环境:幼儿喜欢能在其中动手动脚、亲自实践并有所发现的环境。

可施展想象力的环境:想象能使幼儿摆脱环境的束缚,体验成功的喜悦。

有丰富自然物的环境:水和沙石泥土等自然物是幼儿最喜欢感知和创造的原材料。

自由自在、轻松愉快的环境:幼儿不喜欢给人带来焦虑感的环境。

(三)幼儿园环境创设的作用

幼儿园环境对幼儿身心发展的影响是客观存在的,它通过"润物细无声"的沁润作用,不知不觉之中对幼儿的认知产生影响。幼儿园环境也是幼儿之间、幼儿与成人之间、幼儿与物体之间互动的关键因素,对幼儿的社会性发展具有潜在的影响。因此,环境是幼儿园中最重要的教育元素。

1.促进幼儿认知和个性的发展

环境是幼儿认知发展和个性形成的重要条件。幼儿园环境对于幼儿的发展有刺激和导向作用,可以有目的地塑造幼儿的行为习惯。从神经生理学的角度看,学前期是神经系统迅速发展的时期,最容易受外界刺激的影响,暂时神经联系的形成,就是个体与外界环境接触后留下的痕迹。所以环境对幼儿的认知发展和个性形成都有很大影响。但是,必须指出,幼儿在环境中受到的影响具有双重性,既有积极的影响,也有消极的影响。因此,幼儿园环境必须进行有目的、有意识地创设,使得环境因素对于幼儿的行为塑造具有明确的指向性,使之朝着预期的方向发展。例如,在幼儿园楼梯的台阶上面刷上醒目的彩色"小脚印"图案,这样的设计意在引导幼儿在上下楼梯台阶时能够按照脚印指引的路线行走,逐步养成守秩序的良好习惯。再比如,在幼儿园活动室各个区角入口处的地面印上“小脚印”，提示每个区角可以容纳的最佳人数。诸如此类的设计取代了教师的语言指导，起到了“无声胜有声”的效果。

幼儿个性的形成与发展既受到物质环境的影响，也受到精神环境的制约。一方面，幼儿在与物质环境相互作用过程中，不仅认知经验不断提高，而且个性也逐渐形成。例如，为了培养幼儿勇敢顽强、不怕困难的个性，根据幼儿的年龄特点，幼儿园在物质环境创设方面应该注意引进和布置大型探险玩具，如古城堡、攀绳架、旋转滑梯、轮胎秋千等具有一定难度和挑战性的大型器具，帮助幼儿在“探险”中养成敢于尝试、不怕困难的品质。另一方面，精神环境的特点在很大程度上塑造着幼儿的情感态度倾向和行为特征。大量现场观察表明，紧张、压抑、刻板的班级气氛严重抑制了幼儿活动的积极性和反应的灵活性，沉闷、凝重的气氛逼迫幼儿情绪态度内敛，行为收缩，不敢乱动。而宽松亲和的班级气氛则给幼儿思想和行动带来极大的鼓舞，幼儿的要求能够得到及时响应，幼儿信心充足，在充足的材料面前充分发挥他们的聪明才智，不断大胆地尝试和创新。

2.促进幼儿社会性的发展

儿童的社会化，是指儿童对社会文化的内化。具体来讲，儿童为了适应社会生活而逐步学习社会生活知识和技能，掌握社会行为规范和价值观念，养成正确的社会态度的心理发展过程。幼儿社会化的过程就是幼儿的社会性发展。幼儿要掌握参与社会生活必需的知识技能，比如语言、社会经验等，要学习与人交往，建立丰富的情感联系，要在成人引导下，在实际活动中将社会规范和价值标准内化，以指导自己的行为。

幼儿的社会性是在社会交往中逐步发展起来的。社会交往和社会活动是幼儿社会性发展非常重要的途径。从幼儿社会交往的对象看，教师与同伴是幼儿园里影响幼儿社会性发展的重要因素。幼儿的模仿能力很强，教师的一言一行、一举一动往往会在幼儿心中留下深刻的印象，这种印象日后会在适当的环境中再现。同龄伙伴是幼儿行为的强化物，幼儿在耳濡目染之中习得了同伴的行为习惯。因此，幼儿园要善于营造有利于幼儿社会性发展的各种环境。例如，将幼儿园的教室隔成大小不同的区域，便于幼儿在人数不同的小组中进行合作式学习，使幼儿与同伴之间的沟通、竞争与合作更为容易，能够促进幼儿群体的社会化。

一般来讲，在物质环境的创设方面，内容的安排、空间的布置和材料的投放，会影响幼儿的交往积极性和交往频率，并进一步影响到幼儿的社会性发展。因此，物质环境的创设在考虑到教育的要求外，更要顾及幼儿自身的需求与兴趣，应该根据幼儿的要求有针对性地布置安排空间和投放材料，使环境的设计真正呼应幼儿的要求。比如，区角内的各种工具和材料应放在幼儿触手可及的地方，让孩子们选择自己喜欢的材料，用自己喜欢的方式全神贯注地进行探索学习。再如，在幼儿园的楼梯下、走廊尽头或者教室一角设置“私密空间”，满足幼儿独处的情感需要，当幼儿疲劳时或者遇到挫折时可以到这个小空间里安静地休息，或者与同伴谈谈心，获得心灵的安慰。这些都有利于幼儿社会性的发展。

二、幼儿园教育活动环境创设的原则

幼儿园教育活动环境创设的原则是指创设环境时应该遵循的一般要求。这些要求是根据幼儿园教育的任务、目标、内容以及幼儿发展的特点提出来的。

（一）全面性原则

幼儿园教育活动环境创设包括物质环境和精神环境两方面。从幼儿园物质环境看，户外绿地、户外活动场地、走廊、楼梯的空间环境和室内空间环境均属于创设的范围，这些地方在具体的幼儿园教育活动环境创设时都要加以考虑。幼儿园生均绿化面积、生均活动空间等均要符合相应的国颁标准。除了室内墙面需要根据幼儿教育发展目标的要求加以布置外，走廊和楼梯也要纳入创设的范围，以充分发挥物质环境对于幼儿发展的教育作用。从幼儿园的精神环境来看，虽然精神环境是无形的，但却是可以明确感受和体验得到的，也就是说精神环境所造成的影响会实实在在地体现于幼儿的情绪活动、社会认知和社会行为上面，并影响幼儿今后的心理与行为表现。因此，幼儿园应谨慎构建包括师生关系、同伴关系和集体活动氛围在内的精神环境。

观察和研究表明，紧张压抑的班级气氛容易造成幼儿的认知能力的降低和社交行为的收敛，妨碍幼儿彼此交往的频率和意向；而宽松自由的班级气氛为幼儿创造性的发挥和更为开放的交往提供了重要的心理前提条件，往往诱发幼儿的主动性探索行为和合作学习。可以说，物质环境是幼儿园教育活动赖以进行的必要条件，精神环境是影响制约教育活动进程和质量的重要因素。也就是说，幼儿教育质量和教育效果在很大程度上受制于精神环境创设和实施的品质，而这种品质与教师自身的素质密切相关。因此，教师一方面要在物质环境创设中渗透教育意图以最大限度地发挥促进幼儿发展的作用，另一方面应该深入认识精神环境对幼儿发展的重要意义，努力营造和谐融洽的人际关系氛围。

（二）参与性原则

环境创设的过程是教师与幼儿共同参与合作的过程。通过主动参与环境的创设，幼儿不仅动手能力得以提高，更为重要的是幼儿参与活动的权利得到尊重和保障。但是实际观察表明，幼儿参与环境创设的情况并不乐观。一方面，教师决定环境布置的主题和内容，幼儿只是被动地参与，而且参与布置的行为大多受到教师的控制；另一方面，只有少数能力强、表现好的幼儿才被允许参与局部环境的布置，多数幼儿并没有得到参与布置的机会。

那么，如何发挥幼儿在环境创设中的积极性和主动性呢？

首先，教师要转变教育观念，承认并尊重幼儿参与环境创设的权利。教师应认识到幼儿身上主动活动的倾向，接纳幼儿的每一个小小劳动成果，提供给幼儿参与环境布置的机会，为幼儿完成个人作品陈列提供材料和工具。每个教师都要牢记，幼儿有权布置自己的生活学习环境，因为，这个环境就是他们自己的家。

其次，在幼儿参与环境布置时教师要进行分类指导。幼儿心理学告诉我们，幼儿发展存在着年龄阶段的差异和个体的差异，因此，教师对于不同年龄和不同发展水平的幼儿要根据他们的发展差异进行分类指导。比如，对于小班幼儿教师主要是帮助他们完成粘贴和陈列；对于中班幼儿教师可以给予他们一些未完成的作品，经过加工后再布置；对于大班幼儿则要求他们自主设计和布置。此外，对于发展水平不同的幼儿来讲，能力强者固然要给予表现的机会，能力弱者更要得到鼓励。因为，在发展和接受教育的机会方面，每个幼儿都是平等的。

再次，教师要注重过程评价。在评价环境创设成果时，教师应注重幼儿在环境布置时的心理感受，而不是仅仅关注环境布置的结果。比如，教师可以让幼儿说说是如何努力参与环境布置的，在环境创设中遇到了哪些困难，最后是如何克服的。教师应该认识到，每个幼儿布置的作品都是独具个性的，从作品布置的过程看，每个作品都是值得称道的。

（三）可变性原则

幼儿园环境布置是一项长期的活动。幼儿园环境布置应该跟随活动的主题、季节和节日的变化而变化，同时，环境设施在空间设置和功能方面可随教育活动的需要而变化。环境布置只有不断变化更新，才能刺激幼儿的思维发展、丰富幼儿的情感世界。

一方面，环境布置应该随着主题、节假日、季节等内容的变化而变化。比如，幼儿园可以开发节假日活动的教育价值，在国庆节来临之前要求幼儿搜集相关文字和图片资料或者将自己的绘画作品进行展示，布展的具体内容和陈列方式均由幼儿参与选择和设计，教师负责提供工具和宏观指导，充分调动幼儿的自主性和积极性，自主完成作品的设置。诸如此类的环境布置主题还有母亲节、植树节、教师节、劳动节、中秋节、春节等。

另一方面，环境设施的变化可从弹性空间、变化器材和变化功能等方面着手。可以运用移动隔板、移动橱柜进行空间分割和变换，使空间变化符合幼儿活动的需要。当幼儿开始对活动器材表露出厌烦情绪时,建议教师改变器材的活动方式以维持幼儿的活动兴趣,同时鼓励他们自主创新器材的使用方法或者玩法。器材在功能上强调"一物多用",例如,桌子既可以当餐桌,又可以作为幼儿的手工工作台、绘画台、搭建积木的平台,幼儿也可以在桌面下玩捉迷藏。

(四)安全性原则

安全的环境是幼儿健康发展的重要保障条件。幼儿只有感觉到环境安全和放心,才能够激发他们活动的积极性。尤其是在近年来幼儿园安全问题日益突出的背景下,幼儿的生命安全得到保障才是幼儿快乐成长的关键。因此,幼儿园要十分重视安全环境的创设和维持。

幼儿园的环境安全主要体现在建筑物的安全、户外场地的安全、玩具的安全、园区的安全等若干方面。

建筑物的安全表现在建筑物稳固、使用寿命长,能够防风、防火、防震。近年来发生的大地震警示人们学校建筑足以抵抗高强度地震的重要意义。在建筑物内部,幼儿经常接触的设备用具应无锐角和突起,室内活动器材应铺设柔软的防护垫,幼儿日常饮水处和盥洗室应设置防滑地面。

户外场地应选择安全耐用的运动器材,并注意定期检查和维护。户外运动场地的铺面要能防止幼儿跌倒和擦伤。

玩具是幼儿十分喜爱的,幼儿每天都要接触到,因此,玩具的卫生消毒十分重要,应该根据玩具的特点和类型经常清洗和消毒,毛绒玩具要经常作除螨处理,玩具所涂的油漆应该是环保无毒类型并且是可以清洗的,塑料玩具也应经常清洗消毒。所有的玩具应无锐角和尖刺,保证幼儿能够安全使用。

在园区的安全性方面,幼儿园户外设备应稳固结实;电线插座应安装防触电装置并尽量放置在幼儿够不到的地方;楼梯设置扶手,楼梯踏步不宜过高,以幼儿跨度为准;幼儿经常出入的通道应设计为斜坡面。

三、幼儿园物质环境创设

幼儿园物质环境设计在很大程度上对幼儿行为具有较强的引导和暗示作用。有关研究表明,经过设计的高质量的物质环境能够有力地促进幼儿智力的发展和良好行为习惯的养成。幼儿园物质环境创设具体包括室外环境和室内环境的创设。

(一)室外环境的创设

室外环境是指室外供幼儿运动和游戏的空间,包括园门及室外走廊、户外绿地、户外运动场地。有些幼儿园的户外场地还建有假山、水池、动植物园地、花坛等。

《规程》第五章第三十一条规定:“幼儿园应有与其规模相适应的户外活动场地,配备必要的游戏和体育活动设施,并创造条件开辟沙地、动物饲养角和种植园地,应根据幼儿园的特点,绿化、美化园地。”

1. 园门

幼儿园的园门是幼儿园的标志性和区分性建筑部分,其建筑设计风格一般以卡通画、儿童画、装饰画、艺术音符或调色板、运动形象等为主。一般来说,园门和外墙设计应体现幼儿园的特色,与幼儿园的整体环境和建筑风格相协调,并有机地融入当地文化之中。

2. 室外走廊

室外走廊是连接教室内外环境的通道,既可以遮挡风雨,也可供幼儿进行活动设计。在走廊墙上可以装饰儿童画和卡通画,在廊道的墙面橱窗里可以陈列幼儿和教师的作品、一周课程表、一周食谱、教育知识等。走廊与教室门口连接处还可以作为幼儿游戏场地使用,比如可以设置成超市商店、医院、咨询台等。

3. 户外绿化环境

幼儿园可以种植不同品种、姿态、颜色、高度的植物,将幼儿园创造为一个优美舒适的幼儿乐园,通过激起幼儿的愉悦情绪达到对幼儿进行审美教育和热爱环境的教育的目的。户外绿化应尽量做到四季皆有绿草和花,使幼儿一走进幼儿园大门就可以受到环境美的熏陶。

在创设户外绿化环境时应该注意几点。

第一,合理运用不同植物的作用。户外绿化以花草为主,乔灌木为辅,园地边界采用乔灌木搭配种植,形成幼儿园和外界的隔离带,幼儿园内部则种植花卉和地被植物,适当点缀乔灌木,便于幼儿欣赏和玩耍。

第二,不同场地绿化要求不同。户外场地适宜栽种大片绿草,防止幼儿摔伤;室外运动场地宜种植高大的乔木,夏天遮阳,利于幼儿进行夏日户外运动;屋顶平台宜适当绿化,可以给房屋降温。幼儿园整体绿化应有四季时令花草,达到春花夏荫秋果冬青之效。

第三,绿化环境设计要有童趣。要有小树林可供幼儿自由穿梭,有土丘可供幼儿攀爬,有饲养园可供幼儿与动物嬉戏,有种植园让幼儿亲手栽种,有水池可供幼儿戏水。

4. 户外活动场地

户外活动场地既是幼儿户外运动和游戏的主要场所,又是促进幼儿学习和发展的多样化活动空间,不同用途的户外活动区域可以满足幼儿多样化的发展需求。

运动区域既可以放置小型自制的运动器械，也可以布置大型情景性运动设施。这些运动器械通过合理布局，可以体现不同年龄段幼儿的发展特征，满足他们跑、跳、钻、爬、投掷、攀登、平衡等不同的身体运动需要。

种植区域可以开辟一片片菜畦，每片种植不同的作物，幼儿根据自己的兴趣亲自浇水、除草、施肥、采摘，体验劳动的艰辛和丰收的喜悦。

养殖区域可以喂养幼儿喜爱的小动物，旁边悬挂标牌说明养殖方法，既可增加幼儿喂养动物的知识，也可培养爱护动物的感情，满足幼儿的丰富的情感发展需要。

玩水玩沙区域设置沙坑和水池，幼儿穿着防沙服尽情地在沙堆中自由创作，亲手在水面上放置小船，或者玩垂钓游戏、水枪游戏等，还可以开展与沙水有关的科学实验。

下面是一所幼儿园对于户外活动场地进行环境创设的案例。

在户外活动场地的整体布局方面，我们充分考虑一切因素，院内的土堆、围墙壁画、墙角的植物、土堆的盘山小路、草地上的环保标志、地面上的格子和脚印、台阶上的各种几何图形、楼梯扶手上的吊饰等，使户外活动场地变成了立体的、多层次的、多视角的“教科书”，满足了幼儿多方面发展的需要。

我们利用幼儿园户外活动场地富于动态性的特点，注意整体布局的变化和色彩搭配，设置水池、沙池、草地、砖地、石子路、树木、土山等，使户外活动场地有高、有低，有凸、有凹，有硬、有软，有曲、有直，有阶梯、有平地，给幼儿感官上带来多种刺激，顺从幼儿好奇、易动的天性，给幼儿留下丰富的联想空间，从整体布局到局部的功能开发都体现了环境的探索价值，使它们各有特点又相互辉映，形成一个和谐统一的整体。[①]

（二）室内环境的创设

1. 教室环境的创设

教室环境的创设以墙面和区角为主。区角在后面有专章阐述，此处仅就教室墙面环境创设作一说明。

墙面环境是教室环境创设的重要组成部分，教室墙面环境是教师和幼儿共同参与创造的空间，是幼儿学习和接受教育的锻炼场所。根据管倚（2005 年华

---

① 袁爱玲、何秀英：《幼儿园教育活动指导策略》，北京：北京师范大学出版社，2007。

东师大硕士论文)的研究,可将墙面环境创设进行以下分类。

根据墙面展示的造型,可将墙面环境创设分成平面创设、立体创设。平面创设是指把作品、图片等直接贴在墙面上;立体创设是指突出于墙面的布置,如在画好的树枝上面粘贴泥塑小鸟等。

从墙面环境和幼儿的互动程度来分,可以分成观赏性创设和操作性创设。当墙面仅仅作为一种作品,只需要幼儿用眼睛看时,即属于观赏性创设;当墙面的创设内容是幼儿动手操作而成的,就属于操作性创设。

根据墙面创设的过程来看,主要有填充式创设和满幅式创设。填充式创设时,最初墙面只有一些简单的框架,幼儿随着活动的不断深入将学习成果布置到墙面上,对墙面空白进行填充;而满幅式创设是一次性对空白墙面进行布置。

从墙面创设的作用来看,大致分成记录式创设和展览式创设。记录式创设侧重于对幼儿学习经历和学习过程的展示,而展览式创设侧重于对学习成果的展示。

从墙面创设展示的作品来看,主要有幼儿作品创设和教师作品创设。幼儿作品创设即用幼儿独立完成的作品来布置,而教师作品创设则用教师独立完成的作品来布置。此外,还有幼儿和教师共同完成的作品,这些作品或者是师幼合作完成,或者是教师完成框架幼儿填充内容,或者是教师对于幼儿完成的作品进行修改而成。

幼儿是环境的主人,幼儿园环境是为幼儿服务的。提倡用幼儿作品或者师幼共同完成的作品布置墙面,这样处理反映出环境创设对于幼儿权利的尊重,有利于激发幼儿的创造热情。

从墙面环境创设的要素分析,墙面环境创设主要由形象、色彩、布局组成。形象是墙面布置中最直观的因素,是墙面布置的主体。建议采用夸张和拟人化的卡通形象来吸引幼儿的注意力。色彩是墙面布置中最具视觉冲击力的元素,并且常常与欣赏者的情绪密切相关。红、黄、橙给人温暖的感觉,蓝、绿、白则带来偏冷的感觉。因此,幼儿园应该通过暖色调的大量运用营造欢乐热烈的气氛,而通过大量使用冷色调带来清凉的感受。教师在指导幼儿进行墙面创设时,还应考虑整体布局和空间创意,建议把墙体布置划分为高低不同的层面,低层部分(1.2 米以下区域)为幼儿互动区,以此增加幼儿的专属活动空间,通过激发幼儿的兴趣,创作出意趣横生的新颖作品。

2. 走廊和楼梯空间环境的创设

幼儿园的走廊和楼梯是幼儿园空间环境的重要组成部分。教师如果加以重视利用,则会收到意想不到的效果。

走廊里可以设置各类橱窗,用于展示幼儿的美术作品、一周食谱、一周活动安排、教育信息等，并且做到及时更换。另外，在走廊空间比较宽敞的地方可以设置公共活动区，如“超市”、“商店”、生活自理区等活动区角。

楼梯空间是幼儿园中容易被遗忘的环境创设空间。一般来讲，可以沿着楼梯墙面悬挂教师和幼儿的美工作品，楼梯拐角处可以摆放花盆或者装饰物，楼梯的护栏、台阶也可作艺术性装饰，如台阶上面印上彩色小脚印用以提示幼儿上下楼梯的路线。幼儿园还可以在楼梯下面的角落里给幼儿设置专门的“私密空间”，供幼儿说悄悄话、思考和休息。

3.餐厅、盥洗室的环境创设

餐厅是幼儿园里面供幼儿吃饭的场所。温馨的用餐环境创设可以给幼儿带来愉悦的精神享受，有利于激发幼儿的食欲并且帮助消化。比如，教师可以在餐厅的墙面上粘贴水果蔬菜的图案，也可以张贴幼儿根据菜谱制作的绘画作品。教师可以通过播放美妙的轻音乐来营造愉快的进餐氛围。

盥洗室是幼儿每天都要进出的地方，可以作为衡量幼儿园环境创设质量的重要场所。盥洗室的墙面上可以张贴卫生宣传画，介绍如厕步骤或者节约用水的常识。在盥洗室的洗手台上除了放置肥皂、擦手巾外，还可作些设计，如将肥皂用纱网吊起备用，防止长时间浸泡造成浪费。

四、幼儿园精神环境创设

幼儿园精神环境主要是指幼儿园的人际关系及其营造的心理气氛。主要表现在教师与幼儿、幼儿与幼儿、教师与教师之间的相互作用和交往方式等方面，虽然精神环境是无形的，但却直接影响幼儿的认知、情感、社会性及个性等的发展。研究表明，幼儿不愿去幼儿园的一个主要原因是感受不到愉悦和安全，可见，幼儿园精神环境创设意义之重大。

创设良好的幼儿园教育活动的精神环境，需要教师能够构建平等愉快的师幼互动、帮助幼儿之间建立友好的同伴关系、创设和谐安全的心理环境。

（一）构建平等愉快的师幼互动

师幼互动是指发生在幼儿园一日生活之中的教师与幼儿之间的相互作用、相互影响的行为和过程。师幼互动的平等性是就师生双方在活动中的角色地位和主体关系而言的，教师是教育主体，幼儿是学习主体，两个主体的关系是平等的。在人格上师幼双方也是平等的。师幼互动的愉悦性是就双方互动时的情绪状态而言的，提倡师生交往时心态的平和、安静、祥和、愉快，造就和谐的互动氛围。师幼互动贯穿于幼儿园的教育活动、学习活动、生活活动和游戏活动之中。

《纲要》第三部分“组织与实施”提出：“关注幼儿在活动中的表现和反应，敏感觉察他们的需要,及时以适当的方式应答,形成合作探究式的师生互动。""以关怀、接纳、尊重的态度与幼儿交往。耐心倾听,努力理解幼儿的想法和感受,支持鼓励他们大胆探索和表达。""善于发现幼儿感兴趣的事物、游戏和偶发事件中所隐含的教育价值,把握时机、积极引导。"这些论述提出了师幼互动的基本要求和师生交往中老师应该持有的态度。

《纲要》还结合幼儿园教育五大领域提出了具体的指导要求。如社会领域提出"应为幼儿提供人际间相互交往和共同活动的机会和条件,并且加以指导";语言领域提出"创设一个自由、宽松的语言交往环境,支持、鼓励、吸引幼儿与教师、同伴或其他人交谈","创设一个能使他们想说、敢说、喜欢说、有机会说并能得到积极应答的环境";科学领域提出"能用适当的方式表达、交流探索的过程和结果","为幼儿的探索活动提供宽松的环境,让每个幼儿都有机会参与尝试,支持鼓励他们大胆地提出问题,发表不同意见"。

构建平等愉悦师幼互动的教师策略:

第一,正确进行教师角色定位。教师不仅仅是教育者、保护者、管理者,更应该是幼儿发展的支持者、游戏材料的提供者、游戏参与者和合作者、活动的组织者和引导者、活动环境的创设者。

第二,教师应尊重、关爱幼儿。尊重幼儿具体来讲就是尊重幼儿的人格,尊重幼儿的活动兴趣和活动意愿,尊重幼儿活动的选择权和决定权。关爱幼儿就是关注幼儿、热爱幼儿。教师要拥有宽容博大的胸怀,能够包容幼儿,对他们的正确行为表示赞赏和肯定,并且经常采用适宜的体态语言,如微笑、点头、注视、抚摸、轻拍脑袋和肩膀等,表达对幼儿的爱抚和关心,激励幼儿进行进一步的努力探索。

第三,建立新型的师幼关系。所谓新型的师幼关系就是和谐、民主、平等、对话的师幼关系。现代教育强调幼儿是权利主体和自我教育的主体。只有和谐民主才能平等对话,才能保证教育的开放性,真正促进教育的健康发展。

(二)帮助幼儿建立友好的同伴关系

同伴关系是指年龄相同或相近的儿童在相互平等和尊重的条件下建立起来的共同活动和相互协作的关系。同伴关系是在游戏活动、生活活动和学习活动中建立并发展起来的。在同伴交往中,幼儿之间相互分享彼此的快乐、学习有效的交往技能,并在情感上获得发展。

教师要为同伴交往创设有利条件。根据幼儿园教育发展目标和社会要求,幼儿园应该创设条件有针对性地开展一些集体活动和区角活动,区角活动往往分组进行,教师应鼓励幼儿之间的相互协作和交流,培养幼儿积极的交往态度,幼儿只有愿意交往和主动交往，社交能力才能得到不断发展。

教师应创造条件和机会引导幼儿与同伴交往。比如，可以引导幼儿讨论看过的动画片，发表对某一角色的看法，表达自己对某个角色的态度。幼儿在表达中逐步学会交流和分享，逐渐关注同伴的表情变化和呼应同伴的内心需求。教师还要引导幼儿在与同伴互动的过程中，学会如何处理矛盾，学会如何坚持自己的主张或者放弃自己的意见。

（三）创设安全、自由的心理环境

心理学家罗杰斯认为，心理安全和心理自由是产生创造力的前提。安全自由的心理环境能够满足幼儿的好奇心、创造动机和兴趣。幼儿心情愉快，没有压抑感，就会对周围环境进行积极地探索。因此，教师应该为幼儿创设一个安全和自由的环境。

教师应该经常表扬和鼓励幼儿。苏霍姆林斯基曾经指出："教育技巧的奥妙之一正在于此：儿童从一个好老师那里很少听到禁止，而经常听到的是表扬和鼓励的话。"他在《教育的艺术》一书中还指出："我们认为，教育工作者的任务在于发现每一个受教育者身上一切最美好的东西，鼓励他们进行创造。"表扬反馈给幼儿的信息是某种行为受到肯定和鼓励，满足了幼儿对赞许的心理需要，能够带来内心的喜悦。但是不能够滥用表扬，我们经常听到教师说"你真聪明"、"你真能干"、"你真棒"，教师往往忽视了幼儿是否已经做出一定的努力、是否采取某种方法解决问题、是否表现出了人们所期望的态度和行为习惯。因此，教师表扬幼儿时应该做到具体和实事求是，这样的表扬对幼儿的行为才有积极的引导和激励作用。教师还应经常鼓励幼儿。《儿童基本心理权益宣言》明确提出：儿童有"被鼓励的权利：有权利被成人和同伴鼓励发展潜能，尝试新活动，不畏惧冒险行为，并在必要时，能承担逆境、失败及挫折的冲击"。教师经常鼓励幼儿，能够使他们获得成功体验，增强幼儿的自信心。

教师应多接纳、多欣赏幼儿。不论幼儿家庭地位、性别、外貌、学习成绩、行为、个性特点如何，都有得到教师和幼儿集体接纳的权利。对于每一个孩子来说，教师都应该以平等的态度、宽容的心态、无私的爱来接纳他们。真正地接纳幼儿还必须要尊重幼儿、欣赏幼儿，每个幼儿都希望自己的想法、积极的努力、有价值的尝试、自己的优点和长处被他人欣赏，以获得自尊和自信。因此，教师要以欣赏的眼光看幼儿，欣赏的眼光能够使教师真正从幼儿的视角去看世界。

教师应掌握多种与幼儿交流的技巧。在发展良好师幼关系的过程中，教师与幼儿之间的有效沟通与交流是十分必要的。通过有技巧的交流向幼儿传递温暖、支持、信任等信息，可以帮助幼儿获得心理的安全和心理自由。这些交流技巧包括:第一,合适的身体位置。交谈时教师与幼儿的水平距离和垂直距离都不宜太远,否则会影响交谈效果,与幼儿交谈的最好的位置是蹲下来靠近幼儿。第二,亲密的身体接触。身体接触是交流的重要组成部分,亲密的身体接触可以强化语言的作用,当与幼儿谈话时轻轻摸着他们的肩或背,更容易吸引和维持幼儿的注意。第三,轻柔的语调、语气。人们的各种情绪都会在语调和语气中反映出来。幼儿对成人语调、语气的变化很敏感。观察发现,当幼儿听到成人高兴的语调、语气时,往往会表现出活泼欢快的行为。第四,积极的倾听方式。在充满支持的环境中,成人往往很注意倾听孩子讲话。积极的倾听不仅表明成人对孩子说话的支持,提高他们讲话的信心,而且有助于成人准确了解幼儿的讲话内容,提高教育的针对性。

第二节 幼儿园教育活动的资源利用

一、幼儿园教育资源及其种类

教育资源是指具有教育价值或能够保证实施教育活动的各种条件,包括人力、物力、财力等物质因素,以及保证这些因素发挥作用的政策、制度、环境等条件。幼儿园教师可以利用的资源分为幼儿园资源、教育对象资源、教师自身资源、儿童家庭资源和社会资源。因此,幼儿园教育资源是幼儿园可以利用的具有教育价值的各种物质条件和精神条件的总合。

(一)幼儿园资源

幼儿园资源指园内的各类教室、走廊、园地、学习及娱乐设备、教材和图书、计算机及虚拟的教育教学环境、各种装饰和布置、幼儿园的历史及沿革、特色及知名度、幼儿师资的整体水平、园长办园思路和做法、幼儿园自身管理和文化、幼儿园的改革经验以及政府部门的认可和投入等。这些资源包括了有形资源和无形资源两大类,是幼儿园的基础资源。

(二)教育对象资源

教育对象资源包括幼儿的身心发展特点,如记忆、思维、想象力,对形象、色彩和音乐的感知程度,身体的柔韧性和发育的速度,荣誉感、自信心和自尊心,生活及学习习惯、性格特征及自身经历,所处的家庭和社会关系圈等;也包括幼儿群体的某些特点,如儿童对班级的认同程度、儿童习惯采取的交流方式、合作学习或小组学习中因资源共享激发的持续学习动力,以及班级风气和氛围等。

（三）教师自身资源

教师自身资源包括教师的年龄、性别、学历、自修能力、自我期望、阅历、情感水平、知识水平、事业心、爱心、上进心、自主性、责任感、价值感、心理调节能力、兴趣爱好、处世方法、穿着打扮、表达能力、工作态度、合作及团队意识、身体状况、掌握新教育技术的能力、改变现状的迫切感，以及声音、相貌、性格和感召力等；还包括教师集体的熔炉作用、教学风气的感染、教师之间的相互支持和影响等。

（四）儿童家庭资源

儿童家庭资源包括家庭背景、文化传统、经济状况、和睦程度、成员结构、民族习俗、父母的文化水平、专业特长、处世态度、性格特点、合作意识、对子女的教育期望值、对子女教育的投入力度等。家庭的各种教育资源也可以为幼儿园所用，有专长的家长有可能会成为幼儿园拓展教育的好帮手。

（五）社会资源

社会资源包括各类硬性资源和软性资源。硬性资源包括各种社区教育和文化娱乐场所、文物古迹、自然景观、企业事业合作单位等；软性资源包括教育政策法规、地方文教传统、各类新闻媒体、音像制品、各种社会教育需求和教育评价标准、社会对幼教机构的认可程度、教育评估组织的工作，以及丰富的教育信息资源和教育实验研究资源等。

二、幼儿园教育资源的利用

《纲要》指出："幼儿园应与家庭、社区密切合作，综合利用各种教育资源，共同为幼儿的发展创造良好的条件。"下面从幼儿园教育活动资源选择的原则和利用两个方面进行探讨。

（一）幼儿园选择教育活动资源的原则

1. 紧密联系幼儿的生活实际

幼儿园应当选择那些幼儿熟悉的、幼儿日常生活中必须要了解的、幼儿发展过程中必须要使用的教育资源加以利用。

比如，在大班后期幼儿即将升入小学，孩子们对小学生活和学习充满了好奇和憧憬，老师应该联系附近的小学，组织幼儿参观小学的活动，通过听课、座谈、参观帮助幼儿了解小学生活和学习的情况，为他们以后适应小学学习做好铺垫。

又如，超市是幼儿非常喜欢的地方，教师可以组织幼儿“逛超市”活动，了解超市的物品摆放知识、购物知识，学会使用钱币等。

再如，为了培养幼儿喜欢图书馆和学会利用图书馆的能力，幼儿园可以组织幼儿参观图书馆，通过实地体验，了解图书馆的功能和借阅规则，学习利用图书馆，养成爱读书的好习惯。

2. 符合幼儿的需要和兴趣

幼儿活泼好动，兴趣广泛，好奇心强，喜欢摆弄、操作甚至探险。幼儿园可以充分利用附近的公园、游乐场、儿童乐园等，组织幼儿去参观和游戏。组织时要注意安全和秩序，教师要仔细观察、认真留意，防止发生意外。

比如，逛动物园是很多幼儿都喜欢的活动，教师结合主题活动的开展，组织幼儿参观动物园，要求幼儿仔细观察记忆各种动物的外形特征和活动特点，通过绘画等多种手段加以体现，培养幼儿热爱动物的情感。周末老师可以带领幼儿参观农场或者到大棚里采摘水果，通过参观农场活动帮助幼儿认识猪、马、牛、羊、鸡、鸭、鹅、兔等动物，增长有关动物的一些知识；通过采摘活动，孩子们既锻炼了身体，又学习了与水果相关的知识，体会到劳动的艰辛和收获的快乐。

3. 因地制宜，就地取材

我国地大物博，物产丰饶，山河壮美。祖国各地有着无数的自然资源和人文资源，这些都可以纳入幼儿园可利用的资源范围。具体到各个幼儿园所在的社区实际情况而言，幼儿园可以从本地的实际出发，根据本地的自然条件和人文特色，组织开展参观、体验、品尝、制作等各类有意义的活动，丰富幼儿的知识，激发他们热爱家乡、热爱大自然的美好情感。

比如，坐落在南方山区竹林旁边的幼儿园，可以开展“住在竹乡，热爱竹乡”的主题活动，组织幼儿探访竹海、感受竹海的博大深邃的同时，学习辨认各种竹产品、品尝竹子做的各种食品，并学习编制竹制品。

（二）幼儿园教育活动资源的利用

1. 家庭资源的利用

家庭是人的第一所学校，家长是儿童的第一任教师，家庭教育给予幼儿参与社会生活的第一印象，并且产生终身影响，这种家庭教育是学校教育和社会教育无法代替的。因此，幼儿园有责任、有义务密切协同家长，共同营造良好的家园合作共育的平台。

华东师范大学李生兰老师的一项《幼儿园利用过的家长资源》的调查表明，“家长来园和孩子一起活动”是幼儿园利用最多的家长资源，其次是“家长来园旁听、观看活动”，再次是“家长按照教师要求，给幼儿园提供物品（被动提供）”和

"家长主动为幼儿园提供物品(主动提供)"。而家长作为活动的设计者、组织者、评价者和监督者的身份在活动中没有得到充分地体现,如"家长进班当老师"、"家长和教师一起评价活动"、"家长来园当监督员"等在各个幼儿园中比较少见。

在此项调查中,我们可以发现,家长作为幼儿园的一项重要资源并没有被充分利用起来。实际上,家庭和幼儿园共同教育幼儿时教育步调的一致性和同向性对于幼儿的全面健康发展至关重要,因为家园双方是影响幼儿发展的最重要的因素,只有双方在教育的目的、内容、方法、途径等方面达成一致,才能起到"1+1>2"的整合作用。因此,幼儿园要解放思想、更新观念,采取更加开放的心态,欢迎幼儿家长对幼儿园工作进行监督和评价,并且要形成制度坚持下来,只有这样,才能充分调动家长的教育积极性并发掘他们的潜力,为科学办园和民主办园创造和谐的氛围。

当然,由于幼儿教育的科学性和专业性,并非所有家长都已掌握科学育儿的方法和技巧,作为相对专业的幼教机构,幼儿园有必要在家园合作共育方面起带头和示范作用。

(1)帮助家长树立正确的教育观念。调查和观察表明,家长在家庭教育方面主要存在以下误区:

第一,把幼儿教育等同于幼儿园教育,忽视幼儿的家庭教育,认为教育孩子是幼儿园的事情,无形之中推卸掉自己的家教责任。

第二,家庭一味追求智力开发,将幼儿教育等同于智力教育,频频带领幼儿奔波于各类培训班、兴趣班之间,致使不少幼儿小小年纪就背负起沉重的学习负担。需知,以品德和情意性格为代表的非智力因素对幼儿的发展至关重要,一旦遭到忽视,幼儿良好生活习惯和品德的形成就会成为一句空话。

第三,教育方法不当,过分溺爱与袒护,或者过分严厉和打骂。

上述幼儿教育误区的存在,给家园合作共育带来了很大的困扰,同时也挑战着幼教工作者的智慧和克服困难的勇气与信心。一方面,幼儿园要做好大量的沟通转化工作,帮助家长树立正确的教育理念,坚定家园共育的决心。另一方面,幼儿园还要摸清幼儿家教的实际情况,根据不同的类型实施相应的帮扶措施,协助家长建立全新的教育理念,使家庭和幼儿园形成合力,促进幼儿的全面发展。

(2)发挥各自优势,构建家园互动平台。改革开放三十多年来,我国各级各类教育的发展大幅度地提升了全民受教育水平,家长的受教育年限逐年提升。近年来,家长尤其是年轻家长的学历水平的不断提高使家庭教育正在显示着新的活力,一些幼儿家长在教育孩子方面提供了不少好的方法与经验,需要幼儿园为他们搭建合作交流的平台。

建立家园互动栏。在教室内部的学习交流园地或者室外的家园互动栏开设"家教大家谈"、"教您一招"等栏目，对大家所关注的家庭教育的热点难点问题，请家长参与讨论。如"如何使孩子尽快适应幼儿园生活"、"孩子挑食怎么办"、"孩子是否应该参加周末兴趣班"、"怎样处理孩子打架"等等，围绕这些话题让家长发表各自的看法，并做到定期更换讨论题目。

定期召开家长研讨会。家长研讨会可以以班级、年级组或者全园的形式进行。研讨的内容由教师和家长代表协商确定，有些是根据近期幼儿教育过程中普遍出现的问题展开讨论，有些则是就家庭教育的经验进行交流，如小班家长在幼儿入园后开展"小班幼儿如何适应幼儿园的生活"的讨论，中班幼儿家长开展"家长应该怎样配合幼儿园开展亲子活动"的讨论，大班家长在幼儿入学前开展"入学前应为幼儿做好哪些准备"的讨论等等，这些讨论的开展提高了家长的育儿水平。

发放家园联系册，为每个孩子建立个人档案。一个班级有几十个孩子，幼儿园教育的目的是为了促进每个孩子的健康和谐发展，教师个人的力量不管多么强大，也难以同时照顾到每个孩子的需要。所以，为了孩子的健康成长，幼儿园教育需要家长的及时配合。为此，采取发放家园联系册的手段，教师要求家长仔细填写自己孩子在家庭中的表现、家教中遇到的主要问题、采取的解决办法以及收到的效果、有哪些成功的经验和失败的教训以及反思改进的措施等等。教师在此基础上提出个性化的教育对策，并记录在联系册上作为家长实施家教的参考，这样，家园联系册使得家园双方实现了教育信息对接，形成了教育合力。

(3)引导家长参与幼儿园课程建设。《纲要》指出："家庭是幼儿园重要的合作伙伴。应本着尊重、平等、合作的原则，争取家长的理解、支持和主动参与，并积极支持、帮助家长提高教育能力。"那么，如何引导家长参与幼儿园的课程建设呢？

第一，主题活动前向家长了解幼儿的兴趣，保证教育的针对性。教师在开展主题活动前，通过家园联系册向家长通报即将开展的主题活动，提醒家长观察幼儿的兴趣，如果有好的想法可以写在家园联系册上面。在主题活动开始前，教师通过问卷了解幼儿的兴趣和经验等，及时修正活动的内容，使即将开展的活动更有针对性。如在"有趣的昆虫"主题活动开始前，教师通过问卷形式向家长了解幼儿对昆虫的了解程度、对什么昆虫感兴趣、还想了解哪些昆虫等等情况，这样之后开展的主题活动既能激起孩子的兴趣，又能让孩子们在活动中学到以前不知道的内容，拓宽了幼儿的知识面，真正促进了幼儿的发展。

第二，教师可以利用家长的特长资源为主题活动服务。由于家长职业的多样性和专业性，为幼儿园开展各类活动提供了技术支持。于是，交警家长成为

“我是小小交通安全员”活动中交通规则的义务讲解员，雕塑师家长成了“我有一双巧手”活动中的造型指导老师，画家家长为“我的家乡多美丽”主题活动提供绘画指导，译员家长为“小小世博导游员”活动作英语翻译指导，等等。这种家长和孩子共同参与的活动，不仅可以调动家长的积极性，还会给孩子带来新鲜感，增强他们学习的积极性。

第三，进行阶段性回顾反思。在主题活动进行了一段时间后，教师与家长一起共同反思：主题活动哪些是成功的、哪些是失败的、为什么、下一阶段该如何做，等等。反思的形式多种多样，可以写在家园互动栏里面，可以举行集体讨论，可以专门进行典型案例分析，对前一阶段的工作进行总结，提出下一阶段的工作计划。

第四，发动家长对主题活动提供物质材料。在主题活动开展过程中，教师可以向家长通报活动的进程与安排，让家长了解活动所需要的材料、资料，发动家长收集材料，布置幼儿园的环境。如，在利用废品制作用具的环保主题活动中，幼儿从家里带来了喝过的可乐瓶、牛奶盒、废纸箱、鞋盒子等等材料，有些家长是环境保护的专业人士，还给幼儿做了专场演讲，让幼儿受益匪浅。

第五，引导家长参与日常管理。除了可以引导家长参与幼儿园课程建设外，还可以让家长参与幼儿园的日常管理工作，如成立家长教育委员会或者家长工作小组，对幼儿园的教学计划、各项规章制度、课程改革等提出意见和建议，并参与课程的评估与督导工作。家长工作小组在参与过程中及时向园方反映家长意见，向教师提供教育资源，帮助实施各项活动。此外，部分成员还可凭借各自特长担任幼儿园的工作顾问，如法律顾问等。

2. 社区资源的利用

《纲要》指出：“充分利用社区的教育资源，引导幼儿适当参与社会生活，丰富生活经验，发展社会性。”《规程》中也明确指出：“幼儿园应当密切与社区的联系与合作，宣传幼儿教育知识，支持社区开展有益的文化教育活动。争取社会支持和参与幼儿园建设。”

社区资源的内容十分丰富，既有丰富的自然资源，也有厚重的文化资源，更有大量生活设施资源可供幼儿园使用。由于我国地域广阔，各地自然资源和人文景观极具地方色彩，因此，社区资源为幼儿园开展主题活动提供了极为丰富的选择空间。

具体来讲，幼儿园利用社区资源主要有以下策略。

(1)社区中自然资源的利用。社区蕴含丰富的自然资源。我国地大物博，各地自然条件差异很大，但都为幼儿园开展活动提供了丰富备选资源。

根据四季变化，可以设计季节性主题活动“找春天”、“秋天来了”等，让幼儿亲近大自然，感受家乡的美丽。以“找春天”为例，可以组织幼儿春游，带领孩子们走入春天。孩子们利用手中画笔勾勒“草色遥看近却无”，体会“春来江水绿如蓝”，感受桃红柳绿的春色，陶醉于烟雨迷蒙的意境中。在“秋天来了”主题活动中，老师可带领大家观赏丛林尽染的秋色，收集树叶制作树叶画，或者走入农场，体会采摘的快乐。

农村的自然环境为幼儿提供了丰富而开放的活动材料，如用来编制花篮、手提包的玉米皮，可以制作眼镜、小车的高粱秆，可以搭建房梁的椿树叶梗，制作打击乐的竹筒，编制花环、草帽的狗尾草，可以粘贴的麦秆，还有柳条花冠等。无疑，这些材料的运用在带来乡土气息的同时也给孩子们留下了美好的童年记忆。

(2)社区中人文资源的利用。人文资源是指人类在利用改造自然和社会的实践过程中所创造的各类物质文化遗产和精神文化遗产。幼儿园应该充分挖掘社区人文资源为幼儿园的教育服务。

我国不少地方保留着有价值的建筑景观，如安徽亳州的山陕会馆和花戏楼、山西平遥古城、西递和宏村的徽派建筑古村落等等，这些人文景观无疑给孩子们提供了珍贵的材料，让孩子们在欣赏古镇景色的同时也增加了历史知识，感受到祖国文化的源远流长。再如，社区附近有名胜古迹的，教师可以以社区中的旅游景点为线索，以家乡变化为内容，带领幼儿参观。在这些活动中，孩子们亲身感受家乡的可爱，从而增强热爱家乡的情感。

人文资源的种类很多，各地幼儿园要因地制宜，充分利用所在地的人文资源，帮助幼儿熟悉本地人文景观和土特产品，在探索的过程中逐渐产生亲切感、自豪感，努力学会保护文化遗产。

(3)社区中生活设施资源的利用。改革开放以来，我国城市化进程不断加快，与此同时，城市小区配套设施不断完善，很多幼儿园周围分布着超市、银行、医院、车站、旅馆、商店、农贸市场等。幼儿园周围这些设施也可成为幼儿园开展主题活动的生活教材。

比如，在开展主题活动“我们的城市”时，超市、菜市场、邮局都成为孩子们探究的对象。其中超市是他们最喜欢的场所。教师可以因势利导，组织幼儿逛超市，通过在超市购物体验超市各种工作人员的职业特点，学习各种商品知识，以及学习如何使用钱币。再如，大班后期开展“我要上小学”主题教学活动的时候，教师可以利用幼儿园附近的小学资源，组织幼儿以参观小学、与小学生大哥哥大姐姐座谈交流、到班级听课等形式来了解小学的学习情况。

教师合理运用这些社区中的各种生活设施，可以极大地丰富幼儿的生活世界。社区的丰富资源增加了幼儿园的教育内容，为孩子们提供了体验生活、了解社会的机会。

(4)幼儿园要为社区提供教育服务。幼儿园是社区中的常设服务机构，社区在为幼儿园提供各种可利用的资源的同时，幼儿园也为社区中的幼儿就近入学提供了便利。由于幼儿园是相对专业的教育机构，因此，幼儿园应为社区的家庭幼儿教育提供指导和咨询服务。

为了改变社区的教育环境，使社区工作人员形成幼教意识，幼儿园与社区双方根据幼儿发展需要确立社区家教目标，将此目标在小区宣传栏内公布，并将提高家教质量作为文明社区建设的指标。社区居委会通过设立家教活动站来实现目标，使全社区形成重视幼儿教育的氛围。

要把幼儿园建成社区的幼教中心。对于临时有困难无法照顾孩子的家长，幼儿园应该允许他们将孩子临时送到幼儿园托管，为家长解除后顾之忧。为了照顾小区内没有入园的散居孩子，幼儿园可以设立幼儿活动室收留他们，教师轮流值班照顾。幼儿园还可充分利用现有的大型玩具设施，向社区内的孩子开放。每逢节假日，幼儿园主动邀请他们与园内孩子共同开展庆祝活动，让所有孩子都能感受节日的气氛。

此外，幼儿园还可以组织园外的家长来听幼儿家教讲座，开展幼教咨询活动，向他们推广幼儿教育的科学知识，提高家长的科学育儿水平。

三、幼儿园教育活动设计中资源的整合

《纲要》指出:“幼儿的发展是在与周围环境的相互作用中实现的，良好的教育环境对幼儿的身心发展具有积极的促进作用。环境育人是幼儿教育的特点。”环境是人赖以生存和发展的物质条件和社会条件的总合，是儿童发展不可缺少的资源。儿童的发展受到幼儿园、家庭和社区多方面的影响，幼儿园应该积极与社区和家庭取得联系，争取他们的配合，实现幼儿教育的整体协同，保证幼儿教育的一致性和有效性。与此同时，幼儿园还应与小学密切联系，做好幼儿园与小学教育的衔接，为幼儿顺利进入小学做好各方面的准备工作。由此可见，只有有效利用环境中的一切相关因素，积极发挥各种因素的协同效应，才能形成幼儿教育的合力，共同促进幼儿的健康和谐发展。

具体来说，幼儿园、家庭和社区作为促进幼儿发展的三大资源，在学前儿童教育方面具有各自的特点。幼儿园根据国家的教育方针政策和幼儿本身的身心发展规律，对幼儿进行有目的、有计划、有步骤、有系统地全面发展教育。家庭教育则具有启蒙性和长期性的特点，由于特殊的血缘关系，因此，家庭教育具有浓厚的感情色彩，幼儿比较容易接受。此外，家长常常遇物则诲，随遇而教，具有明显的随机性。总体来看，家庭教育对幼儿产生的影响是潜移默化的。社区则是按照上级要求和幼儿的年龄特点配合幼儿园教育，在寒暑假和周末等幼儿闲暇

时,通过“儿童之家”、“社区儿童活动站”等机构安排幼儿的各种学习活动和游戏活动,替代家长对幼儿进行看护与教育,防止他们受到社会不良因素的干扰。

总之,幼儿的全面发展单单依靠幼儿园是远远不够的。幼儿教育不等于幼儿园教育。有关各方必须树立“整体教育观”或者“大教育观”,必要的话应设立社会教育管理机构统筹安排和协调有关各方的幼儿教育行动,做到相互配合、整体协调,共同创立和营造有利于幼儿发展的优质教育环境和氛围,促使幼儿健康成长。

【案例精选】

案例 7-1:参观图书馆(大班)

活动目标

1. 让幼儿了解图书馆是收藏书籍的地方,人们可以在图书馆借书和看书。

2. 让幼儿了解在图书馆看书要安静,学会如何借阅图书。

3. 教育幼儿爱护图书,激发幼儿的读书兴趣和求知欲。

活动准备

1. 事先联系好图书馆,请图书馆委派一名优秀解说员,并商定参观的具体线路。

2. 教师和解说员分别备好课。

活动过程

1. 参观前,向幼儿介绍参观的地点并提出参观要求。告诉幼儿图书馆是安静的地方,进入图书馆后要保持安静,认真听解说员的介绍。

2. 带领幼儿参观图书馆。

(1)到图书馆门口,引导幼儿注意大门上“图书馆”3个字,提醒幼儿轻轻地走进图书馆,有礼貌地与工作人员打招呼。

(2)在解说员的带领下,让幼儿一边观察一边听介绍。

1)带幼儿参观阅览室。引导幼儿观察人们是怎样认真、专注地看书的,感受阅览室安静的气氛。

2)带领幼儿参观书库,观察书库里一排排整齐的书架,向幼儿介绍一些书名,让幼儿明白书可以帮助人们学习知识。

3. 参观结束。告别图书馆工作人员,组织幼儿返回。

4. 参观后的讨论。教师和幼儿一起讨论图书馆的用处,让幼儿知道看书是为了获得知识,增长智慧,激发幼儿的求知欲。

延伸活动

组织幼儿开展“我们如何办小图书馆”活动,组织幼儿讨论,献言献策。激发幼儿创办“图书馆”的热情。如果图书不多，可以发动幼儿从家里带一些，让幼儿对这些图书进行分类、编排。安排阅览室、借书处、书库等地方，教师与幼儿共同制定计划，开展活动。

（《幼儿园课程指导丛书社会分册（大班）》，南京师范大学出版社，2004）

案例7-2：介绍我的家人（中班）

活动目标

1. 增进幼儿对家庭成员的了解和热爱之情。
2. 锻炼幼儿用连贯语言表达自己意思的能力。

活动准备

1. 请家长为幼儿准备一张“全家福”照片。
2. 请幼儿注意观察平时家里人都干什么，各自喜欢什么。

活动过程

教师自然引出与家庭有关的话题。“今天早上是谁送你上幼儿园的”“晚上是谁来接你的”，然后开始谈话。

1. 我家都有谁？请幼儿拿出“全家福”照片，向大家介绍自己的家人。
2. 平时在家我们都干什么？如爸爸看报纸、妈妈做饭、爷爷浇花或者逗鸟、奶奶缝补等。
3. 家里谁最喜欢我？我最喜欢谁？为什么？
4. 家里人的特点、爱好、特长。如爸爸力气大、妈妈喜欢吃刀削面、爷爷会养花等。如果有的幼儿说不上来，就请他回家后仔细观察。

延伸活动

组织幼儿制作“我的家人”画册，布置在墙面上，并向别人介绍自己的家人。

（卢尊容：《幼儿园教育活动社会领域》，人民教育出版社，1994）

▶阅读推荐◀

1. 李生兰. 幼儿园与家庭、社区合作共育的研究. 上海：华东师范大学出版社，2003

2. 黄瑾. 幼儿园教育活动设计与指导. 上海：华东师范大学出版社，2007

3. 教育部基础教育司组织编写. 幼儿园教育指导纲要（试行）解读. 南京：江苏教育出版社，2002

4. 朱家雄. 幼儿园教育活动设计与实施. 北京：高等教育出版社，2008

▶思考与探索◀

1. 进行幼儿园教育活动环境创设有什么意义？

2. 如何理解幼儿园教育活动中环境创设的原则？

3. 幼儿园物质环境创设主要包括哪些内容？

4. 为什么幼儿园要进行精神环境的创设？幼儿园进行精神环境创设要注意哪些重点？

5. 你如何理解幼儿园教育活动的资源？

6. 请你结合当地实际设计一份幼儿园利用社区资源进行教育活动的方案。

第八章
幼儿园区角活动的设计与指导

【内容提要】 本章介绍了幼儿园区角活动的含义及类型，阐述了幼儿园开展区角活动的意义，提出幼儿园区角活动在内容设计、材料投放、空间布局方面应该注意的问题，并对如何指导幼儿园区角活动提出具体的实践操作策略。

【学习要求】

1. 理解幼儿园区角活动的含义以及开展区角活动的意义，初步学会对区角活动按照内容和功能进行分类。

2. 能够根据教育要求和幼儿需要设计区角活动内容，适当选取和投放区角活动材料，合理布局区角空间。

3. 掌握幼儿园区角活动的一般指导策略。

近年来，由于教育改革的不断深入，幼儿的自主学习越来越受到重视并被提倡，相应的，在教育教学模式的选择上，传统的集体教育教学模式不再成为唯一的幼儿园教育活动形式，区角活动作为一种个别化教育的重要组织形式在幼儿园日益受到关注。本章将从区角活动的含义、类型、意义以及区角活动的设计与指导方面展开论述。

第一节 幼儿园区角活动概述

一、区角活动的含义及类型

(一)区角活动的含义

区角活动是指教师通过分隔教室内外空间,根据幼儿园的教育要求和幼儿的兴趣投放各种工具和材料,帮助幼儿以个别或者小组活动的方式在一定的区域内通过操作材料进行探索和体验,从而获得身体、情感、认知和社会性方面的发展的一种教育组织形式。

区角活动是一种低结构性的活动,在区角里面幼儿可按照自己的兴趣和需要自主选取各种材料进行游戏和活动,活动的内容、步骤、时间、玩伴的挑选、活动规则都由幼儿自主协商决定,幼儿通过探索和交流来满足自己的需求,实现认知的发展。

在区角活动中,教师的任务和角色主要体现在环境创设、材料投放、建议活动内容与形式、观察和了解幼儿需要的变化、调整活动方案等方面,保证区角活动真正有效地推动幼儿的学习。

(二)区角活动的类型

根据区角活动的内容可以大致将区角活动分为生活活动区域、探索活动区域、表达表现区域和游戏活动区域。

1. 生活活动区

生活活动区的教育目标是培养幼儿的生活自理能力和日常劳动能力,使幼儿养成良好的卫生习惯。主要内容包括生活自理教育、日常简单劳动教育、良好的卫生习惯教育等。比如,生活自理教育主要包括培养幼儿学会自己吃饭、穿衣、洗手和洗脸、上厕所,日常简单劳动教育包括扫地、拖地、洗碗筷、擦桌子、择菜洗菜、洗手帕和袜子等。卫生习惯教育包括个人卫生教育、公共卫生教育等。

2. 探索活动区

探索活动区的培养目标包括了解自然变化及其对人类的影响,形成简单数概念、了解简单几何图形和时空概念,培养敢于独立动手操作的品质。主要内容包括简单数字探索、几何图形探索、时空探索和科学探索。其中,科学探索包括观察实验与发现、生物养殖和植物种植、气象观察。

3.表达表现区

表达表现区的目标是帮助幼儿掌握多种语言使用技巧，掌握多种体态语言的表达方式，学会多种艺术表现方法，学习多种构造手段。主要内容包括绘画、手工、唱歌、跳舞、讲故事、表演、建构等。

4.游戏活动区

游戏活动区目标侧重于发展幼儿的创造性想象能力以及人与人之间的社会性交往能力，主要内容包括角色游戏、表演游戏、结构游戏。角色游戏是幼儿以假想方式主动地、创造性地参与社会生活的过程，像娃娃家、小医院、小商店、小照相馆、小餐厅等。表演游戏主要是通过扮演角色来体验角色心理、感受角色情绪、模仿角色行为的过程。例如，“大灰狼与小山羊”、“龟兔赛跑”等。结构游戏是运用多种材料进行广泛建构的活动。例如，利用大型积木建构城堡、公园和社区等。

二、幼儿园开展区角活动的意义

（一）拓展课程组织形式，弥补集体教育活动的不足

多年来，幼儿园课程以目标模式为导向，通过单一的集体教育组织形式来落实教育目标和实施教育活动。集体教育活动在同一时间将同样的内容灌输给全体幼儿，难以照顾到每一个幼儿的发展差异，因而不能因材施教；而教师的主导作用被过分放大，忽视了幼儿才是认知和活动的主体。换句话说，以前的集体教育模式对幼儿的个别差异关注不够，教育方式缺乏对个别差异的关照，也没有根据幼儿的差异调整教育方式。因此，集体性教育活动形式是难以适应每一个幼儿的不同发展水平和差异化发展要求的，形势的变化呼唤课程组织形式的变革。区角活动就是在这种背景下逐渐进入了人们的视野。

区角活动是对原有课程组织形态的一种拓展，它能够为每个幼儿提供个别化和有针对性的教育方案。事实上，幼儿的个别差异十分广泛，不仅在认知水平、学习风格、认知结构方面存在差异，而且，每个幼儿的家庭背景和成长经历也各不相同。教育必须尊重幼儿的差异，并将这种对幼儿差异的关照与响应落实到具体的课程形态变革上面。而区角活动作为一种以幼儿个别化学习为主的教育活动形式，可以保证幼儿在教师提供符合其学习兴趣与需要的材料以及实施个别化指导的前提下真正得到发展和提高。

（二）有利于激发幼儿的自主学习

蒙台梭利、皮亚杰和维果斯基都强调儿童自主学习的重要性，区角活动恰恰

在很大程度上通过幼儿的主动参与而促进幼儿的主动性发展。在区角活动中，幼儿根据自己的兴趣和能力进行自主活动，学习气氛宽松自由。幼儿在一个半封闭的空间里自由地挑选和操作材料，通过探索不断建构自己的经验，发展着属于自己的感受与体验，在获得有关客体知识的同时，也积累了社会交往的经验。比如，幼儿在玩"吹泡泡"游戏时，通过反复尝试和实验验证，发现了从泡泡下面往上吹泡泡时，用力越大，泡泡则飞得越高越远，如果不再用力，泡泡飞了一会儿就会落地破灭。从该游戏中，幼儿逐步了解了吹力大小与泡泡飞行高度之间的相互关系。这种知识是幼儿在反复的实验探索中通过经验概括逐步体悟而得到的，显然，幼儿的这种关于事物之间逻辑关系认知的获得是教师在集体教育活动中无论如何也"教"不出来的。再如，幼儿在玩装满水的塑料瓶"喷泉游戏"（在瓶子的上、中、下 3 个位置用针或锥子沿瓶侧各扎几个小孔，让水从小孔处流出）时，幼儿通过反复观察和实验，逐步找出了"水位越高，水流得越近，水位越低，水流得越远"的规律，而这种关于水位与水压之间相互关系的认知只有通过实践操作和反省认知才能获得。此外，幼儿在玩磁铁类游戏比如"取别针"时，通过使用不同大小的磁铁块尝试从瓶子中取出别针，在反复尝试中逐步找到磁铁大小与获取别针的速度之间的关系。这种通过实践操作获得的知识，皮亚杰称为数理逻辑知识，它是幼儿在反复操作材料过程中通过对经验的反省认知而获得的。可以说，区角活动给幼儿提供了广泛的自由发挥空间，在探索中体验到作为行动主体的满足和快乐。

而在表演游戏和角色游戏中，幼儿通过扮演角色感受角色的情绪变化，理解角色的心理需要，模仿和掌握角色的言语及行为。在体验角色行为的同时，学习使用语言和动作互相交往，在交流中学习观察别人的情绪变化，感受他们的内心需要，及时在行动上给予支持和响应，通过对方的反馈学习调整自己的行为方式，以便更好地相互适应对方，完成游戏活动。由此可见，幼儿在参与游戏过程中逐步积累交往经验，不断调整和改善与同伴的交往行为。

（三）有利于促进教师的专业成长

区角活动是一种个别或者小组教育活动形式，区角活动中丰富的材料和宽松自由的气氛深深吸引着幼儿积极主动地进行探索活动，兴趣指引下的自主探索往往能够使幼儿快速融入对材料的设计和角色的扮演活动之中，他们的自主表现和解决问题的能力往往超出教师的想象，这种现象提示教师孩子身上表现出的主观能动作用是无法估量的，因此，教师十分有必要通过反思区角活动的指导过程来提升自己的指导水平。

教师要学会充分有效地观察幼儿。有效观察是正确指导的前提。教师不仅要留心材料的投放是否适宜，还要关注幼儿的兴趣和需要是否变化，操作过程中的行为态度是积极还是消极，幼儿是主动还是退缩，幼儿是高兴还是生气，矛盾如何产生以及解决的情况如何，等等。教师根据自己的观察结果及时调整教育内容和教育方式，以适应每一位幼儿的发展需要。只有这种带有明确目的的观察活动才能大大提升教师的专业能力。

教师还应从幼儿的角度反思自己的教育行为和教育能力，努力将现代教育理念融入对幼儿区角活动的具体指导过程中去，实现教师角色由传统向现代的转换，促进幼儿的自主发展。比如，教师从幼儿学习的教导者变为幼儿学习的引导者，从幼儿学习技能的传授者变为幼儿学习潜能的挖掘者，从幼儿学习过程的调控者变为幼儿学习过程的支持者和合作者。

第二节 幼儿园区角活动的设计

一、区角活动设计总体要求

（一）区角活动内容的设计

区角活动内容是体现教育目标的重要载体，衡量区角活动内容适合性的标准就是看它能否激发幼儿的参与热情，能否引起和维持幼儿的活动兴趣，能否保证幼儿活动水平的稳定和持久。这是在设计区角活动的内容时首先要考虑的因素。

具体来讲，在设计和选取区角活动的内容时，主要考虑以下几点。

1. 符合社会的要求

幼儿园区角活动内容的选择应该符合社会对幼儿发展的基本要求，应该符合《纲要》和《规程》的有关规定，根据纲要规定的健康、语言、科学、社会、艺术领域的目标要求来设计相关的活动内容，从而保证活动内容在指导方向上的正确性。

2. 符合幼儿的发展需要

幼儿园的区角活动设计内容应该符合幼儿自身的身心发展规律，内容的选取应该容易被幼儿喜欢和接受，能够引起幼儿的参与兴趣，并且能够维持活动的进程，从而通过自主操作促进幼儿能力的发展和交往水平的提高。

区角活动的内容设计还要考虑幼儿年龄的层次性和发展的渐进性。一般来讲，小班幼儿活动的目的性较弱，主要依靠客体的生动性、新颖性和颜色的鲜艳性吸引他们进行活动。而到了中、大班，幼儿活动的目的性和计划性增强，活动结果成为吸引他们活动的主要原因。因此，在进行区角活动时，小班幼儿的区角活动建构材料颜色要丰富，数量要充足，形状可以少些；中班幼儿的区角活动建构材料形状要多些，可以提供一些辅助材料；到了大班，则应该提供更多形状的建构材料，以利于他们搭建造型复杂的大型结构物。

3.与知识发展保持同步

现代社会科技发展日新月异，据统计现在10年间的科技发明创造总量大约相当于过去2000年发明的总和。现代社会知识爆炸给幼儿园区角活动内容的选择带来更大的空间的同时也带来了挑战，要求幼儿教师要与时俱进，选取的材料应该考虑时代的特点。幼儿教师要学会整合各种内容并将它们有机地融合于幼儿的区角活动之中。

4.贴近幼儿的生活实际

幼儿园区角活动内容应该来源于他们真实的生活。幼儿真正感兴趣的是那些在日常生活中经常出现的他们熟悉的内容，如果是他们从来没有接触和了解过的新材料，幼儿是很难在区角活动中进行意义建构的，幼儿的认知结构无法对它们进行同化，新材料就很难成为他们活动中的建构对象。事实上，区角活动注重的是幼儿自身的经验建构。可见，幼儿进行意义建构的前提是他们已有的经验，没有经验就没有意义建构。当然，并不是说幼儿区角活动中的内容就是对生活的简单复制，而是说对于幼儿喜欢的内容也要进行进一步的整理分析，筛选出与发展目标相吻合、与本班幼儿实际比较贴近又有教育价值的活动内容，然后进行相关的环境创设和材料投放。

5.可供幼儿实践操作

幼儿思维处于动作思维和形象思维的发展时期，依靠动作进行思维，思维伴随着动作，是他们思维发展的典型特征。根据幼儿年龄发展的这种特征，应该给幼儿的区角活动提供各种可供他们进行操作、摆弄、探究和实验的大量材料，让他们自由地在思考中摆弄、在操作中思考，利用自身的经验，不断进行建构和体验，在动手操作的过程中实现经验的“改组和改造”，从而完成经验的建构和意义内化。所以，鉴于操作是幼儿认知世界的主要手段，幼儿园应该给幼儿创设各种有利条件，满足他们的经验积累和自我表现的愿望。

6.可以结合主题活动展开

当前，综合主题活动已经成为幼儿园课程活动的主要类型。如何依据主题开展区角活动自然成为广大教师关注的热点和焦点。区角活动可以帮助教师实施那些十分重要但是又无法被完全纳入主题活动的学习内容，因此，区角活动可以配合主题活动进行，既可以作为主题活动的自然延伸，也可以依托主题活动予以展开。我们以幼儿园小班、中班、大班的部分区角活动为例看看幼儿园是如何结合课程主题开发和开展区角活动的。

小班区角活动案例列举①

主题 1:能干的人

区角活动 1:小小造型师

主要材料:塑封打洞的娃娃头像,各色扭扭棒、缎带、绒线。

操作步骤:1.将扭扭棒穿在娃娃头像的洞洞里。2.在扭扭棒上面缠绕缎带或者绒线,设计各种发型。

区角活动 2:建筑工地

主要材料:牙膏盒、椰奶罐、牛奶盒、大小乐高积木、各种木珠。

操作步骤:1.使用乐高积木搭建各种建筑物。2.用牛奶盒、椰奶罐等废旧材料搭建建筑物。3.在搭建好的建筑物上进行装饰。

区角活动 3:娃娃家

主要材料:各类餐具、娃娃若干,点心、水果若干,冰箱、煤气灶、热奶器、摇篮等玩具,领带、围裙、娃娃衫等。

操作步骤:1.按照角色暗示物分配爸爸、妈妈、娃娃等活动角色。2.根据所扮演的角色选择相应的物品。3.按照角色行为规范进行游戏。

区角活动 4:拼图片

主要材料:颜色一一对应的镜框,医院、理发店、点心店等图片,图片分别被分成两、三、四块。

操作步骤:1.将分成两块的图片拼好,并放入相应颜色的镜框中。2.将分成三块的图片拼好,并放入相应颜色的镜框中。3.将分成四块的图片拼好,并放入相应颜色的镜框中。

区角活动 5:小小粉刷匠

主要材料:纸箱、颜料、排笔、小滚筒、小椅子、纸棍。

操作步骤:1.使用纸棍、排笔、小滚筒任意粉刷纸箱。2.使用各种工具粉刷纸箱高处。

主题 2:认识秋天

区角活动 1:给树叶分类

主要材料:各种各样的树叶。

操作步骤:1.按照大小给树叶分类。2.按照形状给树叶分类。3.按照颜色

---

① 资料来源:安徽省阜阳市市政府幼儿园。

给树叶分类。

区角活动2:画树叶

主要材料:树叶、铅笔、橡皮、画纸、水彩笔、蜡笔等。

操作步骤:1.将树叶放在画纸上面,沿着树叶边缘描画轮廓。2.观察不同的树叶并画出树叶的各种形状。3.给画出的树叶涂色。

区角活动3:模仿树叶落下的动作

主要材料:各种各样的树叶、录音机、磁带。

操作步骤:1.幼儿手拿树叶,当听到"一片树叶飘啊飘,好像空中飞小鸟"时,则做小鸟飞行的动作。2.幼儿手拿树叶,当听到"几片树叶飘啊飘,好像蝴蝶在舞蹈"时,则做蝴蝶飞舞的动作。3.幼儿手拿树叶,当听到"片片树叶飘啊飘,咦,燕子飞走了"时,则做小燕子飞的动作。

区角活动4:扫落叶

主要材料:各种树叶、小扫把、箩筐、清洁工的帽子。

操作步骤:1.一位幼儿扮演清洁工,拿着小扫把扫树叶。2.其他幼儿拿着树叶蹲下来扮演树叶。3.当扫把扫到谁时,幼儿则跳一下站起来,表示树叶被扫进箩筐里了。

中班区角活动案例列举[①]

主题1:春天来了

区角活动1:蝴蝶的翅膀

主要材料:蝴蝶图片若干、蝴蝶翅膀图片若干。

操作步骤:1.给蝴蝶任意配上翅膀。2.给蝴蝶配上合适的翅膀。

区角活动2:柳条飘飘

主要材料:绉纸、手工纸、剪刀、胶水、画有柳树的画纸若干。

操作步骤:1.用拧的方法制作柳条。2.用撕的方法制作柳条。3.用剪刀将绉纸剪成柳条。4.将制作好的柳条粘贴到预先准备好的柳树上面。

区角活动3:小花园

主要材料:小型插塑积木、小花园照片、操作台。

操作步骤:1.用插塑积木制作树木花草、房子、汽车等。2.根据花园照片,用制作好的作品仿制搭建小花园。

---

① 案例来源:安徽省阜阳市文峰幼儿园。

区角活动4:泥塑小动物

主要材料:橡皮泥、彩泥板、各种动物形象图片。

操作步骤:1.根据所提供的图片模仿捏制小动物。2.独自创作不一样的动物造型。

主题2:迎新年

区角活动1:做灯笼

主要材料:长方形彩纸、细长条纸、彩穗若干、糨糊、剪刀。

操作步骤:1.把长方形彩纸对折。2.用剪刀在中间剪出距离相等的开口若干,然后打开,把长方形彩纸的两头相黏接。3.取细长条纸,将一头穿过开口并与另一头黏好,形成小圆圈。4.把彩穗黏在长条纸做成的圆圈下面。

区角活动2:贴窗花

主要材料:各种各样的窗花图案样品、玻璃胶、剪刀、铅笔、彩纸若干。

操作步骤:1.按照图案样品模仿制作窗花。2.将剪好的窗花粘贴到玻璃窗上。

区角活动3:年的故事

主要材料:新年贺卡若干、各种年节故事图片等。

操作步骤:1.任意选取几张贺卡或者年节故事图片,将它们按照一定的情节排列好。2.按照排列好的顺序讲述与年有关的故事。

大班区角活动案例列举①

主题1:我是中国人

区角活动1:京剧脸谱

主要材料:一次性蛋糕盒、橡皮筋、白纸、颜料。

操作步骤:1.在蛋糕盒的两边箍上橡皮筋,制作成面具。2.根据蛋糕盒大小,将白纸剪成相应大小的圆形,绘制京剧脸谱。3.将脸谱贴在蛋糕盒的里侧,在眼睛部位挖出两个洞。4.幼儿将其戴在脸上,就变成了京剧脸谱。

区角活动2:美丽的建筑

主要材料:旧窗帘布、小剪刀、水彩笔、著名建筑物图片、绣花针、腈纶线。

操作步骤:1.将旧的窗帘布剪成手帕大小,在上面画上我国著名建筑(如天安门、长城、东方明珠塔等)的轮廓线。2.利用刺绣方法,绣出各种各样的建筑。

---

① 资料来源:安徽省阜阳市西苑幼儿园。

区角活动 3:多彩的民族

主要材料:旧挂历、各种不同的民族资料图片。

操作步骤:1.将收集到的各种民族图片进行分类整理,然后粘贴到旧挂历的背面。2.根据粘贴好的图片,讲述该民族人们的主要生活特点。

区角活动 4:长城长

主要材料:长城图片、牛奶盒、烟盒、凉茶盒、不粘胶带。

操作步骤:1.根据长城图片,利用各种废旧包装盒搭建长城。2.使用胶带将建好的长城固定。

区角活动 5:民族服装表演秀

主要材料:各式民族服装、鞋帽等。

操作步骤:1.独自选择并穿好民族服装鞋帽。2.伴随着民族音乐进行模特表演。3.跟随音乐提示,做出相应的民族舞蹈动作。

主题 2:认识大自然(雨)

区角活动 1:雨具加工厂

主要材料:各种塑料袋、一次性桌布、米袋、防水布、包装纸、剪刀、胶带、彩笔、丝带。

操作步骤:1.利用收集到的各种废旧材料制作雨衣等雨具。2.在制作好的雨具上面进行装饰。3.合作制作与众不同的雨具,并进行表演。

区角活动 2:小小气象员

主要材料:气象记录板、气象广播台、各种气象图纸、记录纸、标记图、话筒、笔等。

操作步骤:1.向大家报告今日天气,预报明日天气。2.在记录板上做气象记录,熟悉各种标记图的含义及用法。3.了解雨天动植物的主要变化情况,并大声向观众报告。

区角活动 3:小雨点旅行记

主要材料:白纸、彩笔、水的三态图片、各种装雨水的杯子、尺子、记录纸。

操作步骤:1.观察了解雨滴的形成过程。2.尝试用各种工具测量并记录雨量。3.尝试用绘画方法表现小雨滴的旅行过程,并向老师和同伴介绍。

(二)区角活动材料的设计

区角活动材料的设计和投放是区角环境创设的关键。材料不仅蕴含教育者的教育理念,也承载着教育者的期望和智慧。好的材料是吸引幼儿参与活动、激发和延续幼儿活动兴趣的桥梁和纽带,在区角活动中具有特别重要的意义。

那么，怎样设计和投放材料才能满足幼儿活动的需要呢？以下几点可供参考。

1. 活动材料要丰富

教师要根据区角活动的内容，提供足量的材料和玩具，让幼儿根据需要自由选用。

教师要根据不同的活动内容来提供不同的材料，因此，运用于区角活动的材料务必丰富，保证幼儿能够随用随取。另外，材料投放要与区角活动的主题相适应，保障材料的投放具有针对性，以满足每个主题活动的具体要求，保障区角活动的持续深入开展。此外，同一活动内容要有多种材料投放。

比如，“娃娃家”活动区可以提供各种丰富的材料，包括家具如小床、小桌子、小椅子等；娃娃和娃娃用品，如各式服装、奶瓶、各种饰物、梳子、毛巾等；家用电器，如电视机、电冰箱、钟表、电话等；厨房用具，如炉灶、锅、碗、铲、勺、碟子、水壶、杯子、筷子等；各种食物，如蔬菜、水果、点心等。

再如，“医院”活动区可以提供的主要材料有白大褂、医生帽、护士帽、处方单、病历本、听诊器、体温表、注射器、药品等。“超市”活动区提供的材料主要有各种食品和用品的包装盒、收银机、钱币等。而“玩水”活动区除了要提供水和水桶外，还要提供水管、水杯、量筒、大小勺、盆、碗、吸管、针筒、喷头、瓶子以及可以漂浮在水上的玩具，等等。

2. 材料要符合幼儿的年龄特征

幼儿心理学告诉我们，不同年龄的幼儿具有各不相同的年龄特征，幼儿之间存在着年龄差异和个体差异，那么，活动材料的设计必须考虑幼儿的这些差异，实行差异化投放。

相同的内容，由于幼儿年龄不同，材料的投放应该有所区别。

比如“玩磁铁”的活动，小班幼儿进行“小动物逛公园”活动，在小动物的底座上插入回形针，放到硬纸片上，幼儿用小磁铁在纸片下面随便晃动来带动动物移动。中班幼儿玩“走迷宫”，用小磁铁牵引着自己的照片，沿规定路线行走。大班幼儿玩“取别针”游戏，用磁铁将可乐瓶子中的别针又快又多地取出来。在这一活动中，材料的投放随幼儿年龄变化逐步加大了操作难度，从随便乱晃到沿规定路线牵引再到瓶中取物，给不同年龄段的幼儿留出了足够的探索空间。[①]

3. 材料要照顾个体差异

由于幼儿的发育过程和成熟水平存在差异，家庭背景和个人成长经历的不

① 黄瑾：《幼儿园教育活动设计与指导》，上海：华东师范大学出版社，2007。

同导致发展水平存在差异。因此，在区角活动投放材料时要照顾到幼儿之间能力的个体差异，不仅应该设置适宜的区角以满足幼儿不同的兴趣爱好，还要对不同发展水平的幼儿提出不同程度的要求，这样处理既满足了不同发展水平的幼儿参与活动的需求，又使他们体验到成功的感觉，增强了自信心。

比如，玩多米诺骨牌时，教师在地板上分别黏上3种线条：直线、Y型线条、螺旋状线条。可以看出，排直线最容易；排Y型线条较难，要思考如何排列才能一边倒；排螺旋状线条最难，不仅需要的积木量大，更要考虑排列要紧密，排列时要高度集中注意力，需要有足够的耐心和细心。在活动时幼儿根据自己的兴趣和能力任意选取活动内容和玩法，体现出区角设计的灵活性和机动性。①

4. 材料对幼儿要有吸引力

在区角活动中，幼儿积极愉快的情绪对他们的认知活动和学习行为具有巨大的推动作用。那些充满了情感色彩和生活味道的环境材料是幼儿建构的动力。所以，教师要为幼儿的区角活动提供具有情感支撑作用的材料，赋予材料灵性和亲和力，从内心深处打动幼儿，让他们萌发参与活动的热情。材料一旦被赋予灵性就有了生命力，就可以刺激幼儿的创造意愿。

比如，小班幼儿体验“帮妈妈打扮”，在活动室的墙上事先画好妈妈的画像轮廓，激发幼儿帮妈妈打扮的兴趣。由于这一题材非常具有亲和力，他们尽力思考如何让妈妈穿得更漂亮，有的给妈妈穿上花裙子，有的给妈妈戴上漂亮的手链，有的幼儿给妈妈佩戴上漂亮的珍珠项链，还有幼儿给妈妈添加了一个漂亮的手包，把妈妈打扮得非常好看。这样的活动设计对幼儿来说既亲切又生动，既满足了幼儿对妈妈热爱的感情需要，又锻炼了他们动手操作的能力。

此外，幼儿十分喜爱玩富有动感的玩具。幼儿园可以提供小汽车、风车、手推车、会活动的动物、芭比娃娃等玩具，由于这些材料能够吸引幼儿的注意力，有利于激发他们的同情心和爱心，所以也能够引起他们的活动兴趣。

5. 尽量利用自然材料

幼儿喜欢自然环境，利用自然材料进行活动深受他们的欢迎。因为自然材料真实可信，是生活中幼儿最熟悉的材料，因此区角活动中最大限度地利用生活中的真实材料会使幼儿感到区角环境亲切而自然，特别是对小班幼儿而言。比如，小班区角中可以摆放一些幼儿从家中带来的物品，可以让幼儿有熟悉感和亲切感，消除他们对环境的不安全感，增强信任程度，幼儿便容易很快融入环境之中进行活动和操作。

---

① 黄瑾：《幼儿园教育活动设计与指导》，上海：华东师范大学出版社，2007。

充分利用水、泥、沙、石、木等原始材料开展活动，有利于幼儿自由想象与大胆创造。生活之中我们发现幼儿非常喜欢玩泥巴、玩水、玩纸卡片、弹玻璃球等，这些材料大多是来自大自然的恩赐，因此，幼儿园应该多开发利用这些原始材料以满足幼儿的游戏需要。

利用废旧材料进行活动。这些材料材质不同，形状各异，它们对成人来说是废品，但是在幼儿眼中却成了可爱的宝贝玩具。比如，大小不同的纸盒中有的成了公园大树、围墙，有些变成城市里的一幢幢大楼和小汽车，一些装运家电的大纸箱甚至临时成为"躲猫猫"的好地方。而且废塑料瓶等材料也都可以被幼儿利用。

6.材料有利于幼儿探索行为的进行

区角活动投放的材料不仅要能够吸引幼儿还要便于幼儿动手操作，激发幼儿在操作中观察现象，思考原因，找出材料之间的联系，主动探究客观规律。比如，利用废旧的可乐瓶玩"喷泉游戏"，可以促使幼儿思考水位高低与喷泉大小之间的关系，磁铁游戏"取别针"能够帮助幼儿探索磁铁的几大属性，高坡滚车游戏启发幼儿思考坡度、推力与车子速度之间的相关性等。

7.投放材料应注意安全与卫生

幼儿园对幼儿实行保教结合的教育策略，将幼儿的身体保健放在优先考虑的地位，《纲要》也要求把幼儿健康教育放在第一位，可见安全和卫生对于幼儿教育的重要性。幼儿年龄小，认识能力有限，还不知道安全和卫生的重要性。因此，教师区角活动投放材料时应该重视材料的安全与卫生问题。一般来讲，区角投放的材料和玩具应该无毒、无尖刺棱角、无刺鼻难闻气味、无恐惧吓人的相貌、取放轻便、便于清洗和消毒。幼儿园应该采用清洗、晾晒、紫外线照射、熏蒸等手段定期对玩具材料进行消毒，保证材料和玩具卫生。

（三）区角活动空间的设计

区角活动的空间设计是指教师根据活动的需要在教室内外进行活动空间的布局，以利于活动的顺利开展。具体来说，区角活动空间的设计要注意以下几个方面。

1.合理规划布局

为了便于幼儿开展区角活动，教师必须在活动室保证幼儿开展区角活动的空间。一般应该将活动室分隔成若干个开放或者半开放的区域或角落，整个活动室至少要有 1/3 到 1/2 的空间用于区角活动。区角活动的空间布局可以沿着墙布设置成"一字形"、"马蹄形"、"L 形"等形状。区角之间应留出通道，便于幼儿取放材料和走动。

2.运用不同材料自然分隔区角

区角之间的分隔可以直接利用柜子、桌子、椅子的不同摆放形状来区分，也可以利用不同颜色的泡沫地块、地板革等材质进行视觉上的自然区分，还可以用小屏风、小栅栏、纸盒子、箱子等进行区分。大的空间为区，小的空间为角。

3.努力开创立体空间

改变活动内容在桌面上操作的单一模式，形成地面、桌面、墙面立体化的操作空间。幼儿活泼好动，无拘无束，在地上趴趴、墙角跪跪、泡沫地板上坐坐等都是他们很自然的行为表现，教师应该着力营造这样自然而生活的活动图景。

4.区角之间尽量避免互相干扰

在布置区角时，应该考虑相邻区角活动的性质和特点，在方便幼儿活动的同时尽力避免相互影响和干扰。比如不要将需要安静的阅读角和热闹的表演活动区布置在一起，也不要将需要缜密思考的数学活动区与角色游戏区放在一起。

二、区角活动具体设计举例

下面以角色游戏区为例加以说明。

(一)角色游戏区的设计要求

1.内容的设计

角色游戏的主题应该来自于幼儿的日常生活，必须是幼儿熟悉的、感兴趣的内容，比如，幼儿刚刚看过动画片“超人”，就很可能玩“超人”角色游戏；看过电影“奥特曼”后就会模仿各种奥特曼动作。另一方面，也可以结合教育教学活动组织幼儿参观和游览某地，从中产生新的主题活动。比如，在开展“和书交朋友”主题活动过程中，教师组织幼儿参观过图书馆以后，幼儿就可以在角色游戏区生成“图书馆”的游戏活动。此外，无论哪个年龄班，娃娃家都是角色游戏的主题，并由此扩展出以反映社会生活为主体的各类社会活动，如餐厅、超市、医院、银行、商店等。

2.材料的投放

角色游戏区材料的投放要考虑活动主题和内容的差异，做到有针对性地投放。

3.空间的设置

“娃娃家”属于常设区角，因此位置应该相对固定，可以设置于活动室的墙角。“医院”、“超市”、“银行”可以设置在“娃娃家”附近。“商店”可以设在活动室的门口。“图书馆”和“博物馆”应该设置在光线充足的地方。

(二)美工区的设计要求

1. 内容的设计

在美工区内可以绘画,如铅笔画、蜡笔画、彩笔画、树叶画等,利用橡皮泥和面团进行泥塑和面塑,利用自然材料作画,如豆画、麦秆画、石子画等,利用废纸盒、易拉罐、纸杯制作头饰和建造房子等。

2. 材料的投放

主要有各种纸和笔,纸张如橡塑纸、绉纸、卡纸、彩纸、牛皮纸、白板纸等,笔如铅笔、蜡笔、水彩笔等。此外,还应有各种颜料、剪刀、糨糊、橡皮泥等常见材料。还可以由教师和幼儿搜集各种废旧材料如旧报纸、废纸盒等作为材料。

3. 空间的设置

美工区是一个以操作为主的区角,需要设置在光线充足的地方。美工区活动中常常需要用到水,因此,应该接近水源,便于幼儿随时取用。

(三)图书角的设计要求

1. 内容的设计

图书角以图书阅读为主,配合一些语言游戏,如故事接龙、编创故事、拼图游戏等。

2. 材料的投放

图书角可以投放幼儿喜爱的各类图书,例如,故事书:包括幼儿园生活故事、动植物故事、童话故事、科学故事等。

3. 空间的设置

图书角应该是所有区角中最安静的区域,因此,应该远离表演游戏区、角色游戏区等比较嘈杂的地方。此外,阅读区应该有充足的光线,地上铺设柔软漂亮的泡沫垫,桌子上铺上小花布,营造舒适轻松的阅读环境。

第三节 幼儿园区角活动的指导

一、区角活动的总体指导策略

区角活动中的总体指导策略是指教师根据幼儿园教育活动目标要求和幼儿活动的需要,通过补充和更换区角活动材料,改变区角布局,增添游戏玩伴,商定活动规则,转换自身角色来促进区角活动的展开和持续进行的教育指导方式。区角活动能够体现教师的教育理念、教育能力和教育素养,还能够促进教师的教育反思和专业成长。在区角活动中，教师不是传统意义上的指导者，而是以活动的观察者、参与者、合作者、引导者、鼓励者、推动者等身份融入幼儿的活动之中，通过互动与反馈促进幼儿的发展。具体来讲，教师对区角活动的指导策略主要体现在以下几方面。

（一）补充和更换材料，激发创新玩法

实践观察发现，幼儿在区角中玩了一段时间之后，就会熟悉区角中的材料，但是，如果区角活动材料长期不变，幼儿就会对活动渐渐失去兴趣。这时就需要及时补充新的材料或者换掉一些材料，以重新激发幼儿参与活动的兴趣，促进幼儿尝试新玩法，产生新的探索行为。因此，好的区角环境需要不断建构和重构，教师要根据幼儿的兴趣变化、对各类材料的选用频次、活动的深度等情况，对环境材料进行适当的调整，激发和维持幼儿的持续探索行为。对于那些幼儿喜欢、经常选用、保证活动深入开展的材料要给予充分的保障，而对那些幼儿不喜欢、很少或者从不选用、不利于活动深入开展的材料要及时换掉，并根据幼儿的兴趣进行补充。下面以小班的《聪明宝宝》活动经过事例说明。

小班教师在聪明宝宝的大脸旁边放了各种不同物品的照片，有食品类的，有日常生活用品类的，还有交通工具类的，等等。一段时间后，孩子们对这些物品已经相当熟悉了，于是对该活动的参与热情开始减退，来这里玩的幼儿渐渐少了。教师一方面投入一些新拍的照片，一方面放置餐巾纸和发夹两件实物。

天天和凡凡已经第三次进入该区域了，很快便将盘子里所有的物品全部分完。两人发现了盘中食物餐巾纸包和发夹便跑来问："这是谁的呀？"教师答："这也是聪明宝宝的呀！"天天便把餐巾纸放在宝宝的鼻子上，自言自语道："给你擦鼻涕，发夹是夹在头上的。"两个人小声嘀咕了一会儿便离开了活动区。当教师再次回到该活动区域时，只见聪明宝宝的脸上堆满了各种实物：娃娃家的调羹、叉子，小超市的水果、蔬菜，理发店的梳子、洗发水等。天天和凡凡忙得不亦乐乎。几天后，孩子们从家里带来了各种东西：花露水、手表、钥匙等。几乎每次活动都有新的物品出现，聪明宝宝的材料丰富了起来，孩子们的兴趣又重新高涨了。①

幼儿对活动之所以渐渐失去兴趣，是因为材料一成不变。后来孩子们重新对活动产生兴趣是因为材料不仅由图片变成了实物，而且教师允许孩子们自己去寻找各种实物来搭配，因而调动了幼儿参与活动的积极性。不仅如此，照片换

---

① 黄瑾：《幼儿园教育活动设计与指导》，上海：华东师范大学出版社，2007。

成实物也给幼儿带来真实贴切的感觉，使得活动与幼儿的生活实际建立了密切联系，有效地促进了幼儿的积极建构。

（二）改变区角布局，引发活动愿望

在区角的空间分布上，如果区角的大小空间长期维持不变，用于分隔区角的桌椅长期固定摆放，或者区角中的内容长期不变，甚至区角中的物品长期摆放在固定的位置上，不仅容易禁锢幼儿的创造性思维，使幼儿形成思维定式，还将导致幼儿对区角活动逐渐失去兴趣，不利于幼儿主体作用的充分发挥，影响到幼儿的健康发展。因此，教师应该根据幼儿的需要和主题活动内容的变化重新进行空间划分，改变家具的摆放位置，更新区角活动的内容，以引发幼儿产生新的探索愿望。

（三）增添游戏伙伴，引发新的小组活动

在区角活动中，有时几个幼儿经常在一起玩，长期的交往使得他们彼此熟悉对方的想法，思维方式就会趋同，长期下去则不利于幼儿的发展。增添新的游戏伙伴，则可以打破这个格局，对幼儿思维和解决问题形成新的挑战。因为新游戏小组的成立会带来新问题：玩什么，如何重新分配角色，如何协商和解决分歧，如何合作共同完成新的探索活动任务，等等。总之，新伙伴的加盟为幼儿带来了思维能力的挑战，促进了幼儿协商解决问题能力的提升，因为幼儿通过观察模仿，可以从伙伴那里学到许多新鲜的知识和本领，发展幼儿的交往与合作能力。

（四）利用活动规则，引导幼儿行为

规则是协调游戏者参与关系的行为准则。在指导区角活动时教师可以巧妙地利用规则引导幼儿的行为。

用标识控制进区人数，避免拥挤。比如，在区角门口外的地面上用彩色“小脚丫”提示区角的容纳人数，提醒幼儿注意不要拥挤。

用图示暗示幼儿遵守活动规则。比如阅读区的“静”字、美工区的“不乱扔废纸”图示等。

利用物品本身的结构特点和造型提示幼儿正确的摆放位置。例如，球只能放在球圈里或者半球形凹槽里才能放稳当，小桶要放在大桶里面，小碗要放在大腕里面，就像俄罗斯“套娃”一样。

上述活动规则比较固定，不能轻易改变。但是有些规则却可以在游戏中灵活加以改变。请看下例。

在角色游戏区中，孩子们都争着玩“今天我休息”的游戏，因为玩这个游戏可以随意“购物”、“逛街”，十分惬意。老师在每个孩子的“存折”上印上20个点子，代表20元钱。同时，大家共同商量出一条游戏规则，即必须凭“存折”去“银行”取“钱”，没钱就不能玩“今天我休息”游戏。玩理发店、医院等游戏得到的“钱”可存入自己的“存折”。南南今天来得很早，她又选择了“今天我休息”的游戏，但只玩了一会儿，就去告诉老师说她没钱了。老师笑了笑，让她自己想办法。南南犹豫了一下，走到“银行”前，和“工作人员”商量了一会儿，结果，“银行”里的小朋友抓了一大把“钱”给她。接下来，南南玩得很开心。

游戏结束后，老师让小朋友讨论了两个问题：①“银行”里的“钱”可以随便给别人吗？为什么？②如果自己“存折”上没钱了怎么办？对于第一个问题，答案很简单，小朋友异口同声地说：“银行里的钱不能随便给别人，因为这些钱不是工作人员自己的，是代人保管的。”讨论第二个问题时，孩子们想出很多办法，比较集中的有3个，即去商店、小吃店打工挣钱；和小朋友一起购物，由朋友买单；先向朋友借一点，下次打工挣钱后再还给人家。经过比较，大家一致认为第三种办法最好，因为这样既不影响今天的游戏，又不会让别人吃亏。于是，班上又有了两条新规则，即“银行”里的“工作人员”不得随便给别人钱，得凭“存折”取钱；如果“存折”上没有钱，可暂时向别人借一点，但必须下次打工挣钱后还给人家。从那以后，玩“今天我休息”的人不再那么多了，但游戏内容却逐渐丰富起来。[①]

由此可见，规则是维系游戏活动得以开展的重要条件，一般不能随意改变。但是，当游戏进程中出现了新问题导致游戏无法继续进行时，游戏规则也不是不能变动的。根据游戏中出现的新问题，教师可以和幼儿一起商定解决方案，根据大家的想法重新制定新的游戏规则，由于新规则是大多数人经过充分讨论后制定的，因此，能够得到大家的认同。

（五）利用角色转换，支持幼儿活动

区角活动是幼儿自定主题、自选伙伴、自选材料的自主活动，幼儿自由地游戏和探索，发展着自己的创新能力。一般情况下，区角活动不需要教师的指导和干预。所以，教师只是作为旁观者的身份出现。但是，当幼儿丧失活动信心想打退堂鼓时，教师应及时鼓励幼儿，激励他们战胜困难的勇气与信心。当幼儿在活

① 唐爱菊：《角色游戏中的规则》，《学前教育研究》，2004(2)。

动中遇到疑问时，教师可以通过创设问题情境的方法，使幼儿从无疑到有疑，幼儿受到教师启发后通过思考从而无疑，最终解决问题。当教师一时难以解答幼儿的疑问时，则可以以合作伙伴的身份出现，共同探讨和解决问题。当幼儿按照自己的意愿进行操作时，教师应多报以赞赏的目光，支持他们去大胆尝试和实践自己的想法。当幼儿之间产生矛盾时，教师应该利用自己的影响力进行协调，鼓励幼儿通过协商解决纠纷。当某幼儿通过努力终有收获时，教师应该为他祝贺，并与集体一起分享他的快乐与成功。

二、区角活动具体指导举例

（一）附角色游戏区的指导要求

教师在指导幼儿角色游戏时应该做到有针对性，以促使幼儿角色游戏能力的提高。比如，小班幼儿在角色游戏时常常忘掉自己的角色，因此需要教师及时提醒。比如，一位幼儿到“娃娃家”做爸爸，可是他忙乱了半天也不知道自己要干什么。这时，教师走过去对他说：“嘿，你想想，你爸爸在家都干什么呢?”在教师的启发下，这位幼儿开始坐到椅子上看起了报纸，后来，又帮助“妈妈”做饭，还帮“宝宝”洗澡。对于中班幼儿，教师应要求幼儿能比较正确地反映出角色特有的语言和行为。比如，在“医院”游戏中，一开始“护士”只知道给“病人”吃药、打针，后来，在教师启发下“护士”开始想到去搀扶病人、叮嘱病人吃药、陪同病人检查身体等。此外，还应启发幼儿创造相关角色，丰富游戏内容。比如，在“幼儿园”游戏中，除了有“教师”、“幼儿”外，还可以增加“保健医生”、“厨师”等角色，并开展“晨检”、“包饺子”等互动游戏。而在指导大班幼儿角色游戏时，重点应该放在协调角色分配与角色轮换以及独立解决纠纷的能力上面。在大班角色游戏中，可以鼓励幼儿自己制作相关材料以推动游戏的开展。

（二）美工区的指导要求

美工区的活动不仅注重指导操作技巧，还应鼓励幼儿进行创造。具体来讲，对于小班幼儿，教师不应苛求他们画面整洁、涂色均匀，应着重激发他们的绘画兴趣和增强大胆作画的信心，通过指导与示范，教给他们一些简单的操作方法和技能。对于中班幼儿，教师应着重指导他们充分使用工具、材料和发挥技巧，积极鼓励他们发挥想象力，创作出与众不同的作品。对于大班幼儿，教师应放手让幼儿自己活动。在操作过程中，教师不要急于求成，而应先让幼儿独自探索与尝试，教师只以辅导者的身份观察幼儿的活动，在适当的时候给予支持和帮助。

(三)图书角的指导要求

一般来讲,对于小班幼儿,教师可以通过语言示范、启发提问、具体讲解等手段培养他们的语言表达能力,指导时应注重培养幼儿的大胆讲述、学会倾听、安静阅读的良好习惯。对于中班幼儿,教师要重点培养他们相对连贯讲述的能力,要求他们不仅能够独自看书,还应做到礼貌听讲。对于大班幼儿,教师应培养他们连贯地讲述故事的能力,比如,提醒幼儿将几幅相关的图片串联起来,在较短时间内构思并讲述完整的故事。此外,教师应该创造条件,帮助他们与同伴共同创编故事。

【案例精选】

案例 8-1:《娃娃家》

在一次玩"娃娃家"时,教师发现几个平时不太爱与人交往的幼儿在里面自己玩自己的,与其他同伴之间几乎没有交流。于是,教师以客人的身份给幼儿打起了电话。电话响了,"娃娃家"的幼儿没有来接,教师便用十分着急的神情和语调自言自语:"怎么没人接电话呀?"一个幼儿见老师这么着急,连忙拿起了电话。教师说:"喂,你好,是'娃娃家'吗?"幼儿小声地说:"喂,你是谁呀?""我是王老师,一会儿我想到你家做客,你们欢迎吗?"孩子们听说老师要来做客,都兴高采烈地说:"行!"

教师以客人的身份来到"娃娃家"以后,有意识地和幼儿聊起来:"你们都是'娃娃家'的什么人呀?"他们纷纷告诉教师自己扮演的角色。教师引导当爸爸妈妈的幼儿:"你们在家里不说话,孩子多寂寞呀。你们跟你们的孩子聊会儿天或给她讲故事听吧。"就这样,"娃娃家"的幼儿之间交流起来,爸爸忙着给孩子讲故事,妈妈忙着给他们做饭,还以关心的口吻问孩子:"你想吃什么,我给你们做胡萝卜炒肉吧。"于是,连平日不爱说话的幼儿在"娃娃家"中也变得活泼起来了。①

案例 8-2:《毛毛虫大王》

一次在制作区,我让小朋友选择用废旧小纸盒代表小动物的身体,然后再用纸片来装饰它。明明选择了两个非常大的盒子,把它们黏在一起代表一条毛毛虫。我赶忙走向前去对他说:"毛毛虫是很小的,你应该选一个小一点的盒子,比如用红霉素眼膏的盒子来代表毛毛虫的身体。"他用很奇怪的眼光看着我:"我的

① 李叶兰:《幼儿社会教育活动设计与指导》,北京:中国劳动社会保障出版社,2006。

毛毛虫是大毛毛虫,是毛毛虫大王！不是小毛毛虫！”①

▶阅读推荐◀

1.黄瑾.幼儿园教育活动设计与指导.上海:华东师范大学出版社,2007

2.李叶兰.幼儿社会教育活动设计与指导.北京:中国劳动社会保障出版社,2006

3.袁爱玲、何秀英.幼儿园教育活动指导策略.北京:北京师范大学出版社,2007

4.朱家雄.幼儿园教育活动设计与实施.北京:高等教育出版社,2008

5.张明红.学前儿童社会教育.上海:华东师范大学出版社,2008

▶思考与探索◀

1.你是如何理解幼儿园区角活动这一概念的？

2.在投放区角活动材料时应该注意哪些问题？

3.结合实例谈谈如何通过更换或补充区角活动中的材料来激发幼儿创新玩法。

4.为什么说增添游戏玩伴可以深化区角活动的内容？

5.有人说:“区角活动是幼儿自由选择的活动,不需要教师进行指导和干预。”你同意这种说法吗？为什么？

6.请设计一例大班探索类区角活动,并给出具体指导意见。

① 袁爱玲、何秀英:《幼儿园教育活动指导策略》,北京:北京师范大学出版社,2007。

第九章 幼儿园生活教育活动的设计与指导

【内容提要】 本章提出幼儿园生活教育活动的含义和类型，分析了幼儿园开展生活教育活动的意义，列出幼儿园生活教育活动设计的详细内容，提出设计内容的原则。在此基础上，根据现代教育理念提出指导幼儿园开展生活教育活动的重要原则，并且从幼儿自我服务和日常劳动两方面分别提出指导幼儿园开展生活教育活动的具体策略。

【学习要求】

1.明确幼儿园生活教育活动的含义，熟悉幼儿园生活教育活动的主要类型。

2.理解幼儿园生活教育活动的设计原则，知道如何设计幼儿园生活教育活动的具体内容。

3.领会幼儿园生活教育活动的指导原则，在此基础上，根据幼儿园生活教育活动的设计原则和指导策略，设计一个幼儿园的生活教育活动，并且提出具体的指导策略。

第一节 幼儿园生活教育活动概述

一、幼儿园生活教育活动的含义和类型

幼儿园生活教育活动是指幼儿园在一日生活各环节中开展的以培养幼儿的自我服务能力和日常劳动能力为目的的教育活动的总称。

根据生活教育活动的内容，可以将幼儿园生活教育活动分成自我服务活动

(生活自理活动)和日常劳动两大类。幼儿自我服务活动(生活自理活动)主要包括独立喝水、吃饭、洗手、上厕所、穿脱衣服、睡觉等活动;幼儿日常劳动主要包括擦桌椅、扫地、拖地等打扫卫生活动,帮助老师分发教具材料、玩具、点心、碗筷勺子等帮教活动,饲养动物、浇花浇菜、除草采摘等农作活动,收拾餐具、收拾玩具材料等整理活动。

二、开展幼儿园生活教育活动的意义

(一)有利于培养幼儿的生活自理能力和日常劳动能力

人的能力是在实践活动中通过反复练习而得到发展的。幼儿的生活自理能力和日常劳动能力的形成与发展同样需要日复一日的训练和练习,在反复的操练中幼儿的能力才能得以提升。因此,幼儿园开展生活教育活动是提升幼儿的生活自理能力和日常劳动能力的重要途径。教师通过对幼儿自我服务和劳动动作进行强化,使幼儿的相关动作技能不断提高。比如,像使用筷子这种生活自理技能的获得,一方面固然受到指骨、掌骨、腕骨和手部小肌肉发育程度的制约,也受制于幼儿眼手协调能力的发展,但是,要想达到熟练使用筷子,必须经过反复的训练才行,这当然离不开教师对幼儿的日常训练和具体指导,像"夹豆游戏"和夹豆比赛活动都能够有效促进幼儿操控筷子水平的提升。再如,"娃娃家"游戏和穿脱衣服比赛既能吸引幼儿参与活动的热情,也训练了幼儿穿脱衣服的能力。

(二)有助于幼儿养成良好的生活和劳动习惯

幼儿良好生活习惯和劳动习惯的形成建立在对生活活动常规和劳动常规的掌握基础之上。帮助幼儿建立生活常规是幼儿园开展生活教育活动的重要目标。比如,洗手是幼儿园生活教育活动的重要内容,幼儿掌握正确洗手方法就是实践洗手常规的过程,具体步骤包括卷袖子、拧开水龙头、弄湿手、打肥皂、关水龙头、搓手(手心搓手心、手心搓手背、手指交叉搓、搓指尖)、重开水龙头、冲洗、关上水龙头等。要求幼儿熟练掌握上述步骤离不开教师的日常训练和监督指导,通过教师准确示范、个别指导、纠正反馈、持续强化等环节,幼儿才能逐步养成正确洗手的良好习惯。再如,教师要求幼儿在游戏结束后将玩具收好放回玩具箱里,可是有些幼儿常常忘记,这就需要教师运用言语诱导(如玩具箱张开大嘴巴正等着吃小朋友们的玩具点心呢)、儿歌提示、个别提醒、环境暗示(如在每组幼儿的操作台旁边放置一个玩具筐)等手段反复训练,直到幼儿养成及时收拾整理玩具的好习惯。

(三)有利于幼儿形成乐于为大家服务和负责任等优良品质

幼儿一般都喜欢帮助教师分发教具、玩具、点心、碗筷、勺子等。在这些帮教活动中,幼儿在锻炼动手能力的同时也体验到为大家服务的快乐。帮教活动之所以会成为很多幼儿主动参与的活动,是因为它是表现好和获取教师信任的标志,因此,幼儿在帮教活动中能够认真细致、一丝不苟。在获得教师的致谢与表扬后,他们的成就感和自信心得以提升,反过来进一步强化了他们的帮教行为。再如,幼儿擦拭桌椅、扫地拖地不仅仅锻炼了身体的活动能力,更重要的是在优化环境的同时,幼儿体验到劳动成果带给自己的内心喜悦,感受到自己的能效,强化了他们服务集体的意识。

幼儿每天来园之后,教师安排幼儿到班级菜地给自己栽种的花草蔬菜浇水或者到动物角喂养小兔子、小金鱼等,这可以培养幼儿热爱花草动物的感情以及对它们负责照料的态度和行为习惯。每天的值日劳动让幼儿体验到为班集体提供服务的快乐,加深对自身职责的理解。每次游戏结束后,幼儿都要学习收拾整理玩具,吃完饭后要送回自己的餐具,这些活动就是让幼儿树立对自己行为负责的意识,逐步养成良好的生活习惯。

第二节 幼儿园生活教育活动的设计

一、幼儿园生活教育活动的设计内容

幼儿园生活教育活动主要包括幼儿自我服务教育(生活自理教育)和日常劳动教育两个方面。因此,幼儿园生活教育活动的设计内容主要包括自我服务(生活自理)教育活动的设计和日常劳动教育活动的设计。下文分别予以探讨。

(一)幼儿自我服务教育活动的设计内容

根据上文的分类,幼儿自我服务活动(生活自理活动)主要包括独立喝水、吃饭、洗手、上厕所、穿脱衣服、睡眠等活动内容。具体内容如下。

1.喝水活动教育设计内容

喝水活动设计内容包括:(1)喝水时机的了解。(2)定时喝水习惯的培养。(3)根据天气和身体出汗状况对饮水量的调节。(4)饮水卫生教育。(5)饮水温度的控制。(6)喝完水后水杯的归位。(7)吃过咸味食品或者大运动量后饮水量的掌握。(8)注意吃干燥食品时的饮水需要。

2.吃饭活动教育设计内容

吃饭活动设计内容包括:(1)认识饭菜的名称和食物的类别、了解饭菜的营养。(2)知道爱惜粮食、了解农民种植粮食的艰辛。(3)爱惜饭菜以及对不良饮食习惯的纠正。(4)咀嚼食物的方法、吃饭时的注意事项。(5)餐具的正确使用方法、独立吃饭能力的培养。(6)饭前、饭后卫生习惯的培养。(7)饭后餐具的收拾整理。(8)愉快进餐情绪的培养。(9)对餐室噪音、温度的控制,餐室环境的布置。(10)在幼儿吃饭过程中良好气氛的营造。

3.洗手活动教育设计内容

洗手活动教育设计内容包括:洗手时机的了解、洗手方法的掌握、洗手习惯的培养。(1)洗手时机的了解。包括常见的几个洗手时机:如饭前便后、户外活动结束后、游戏活动结束后、吃点心和喝水前以及其他手脏的时候等。(2)洗手方法的掌握,包括具体的洗手方法和步骤。(3)洗手习惯的培养。包括具体的洗手教育方式、正确洗手习惯的培养等。

4.如厕活动教育设计内容

如厕活动设计内容包括:如厕时机的把握、如厕方法的训练、手纸的正确使用、如厕时的注意事项等。

5.穿衣脱衣教育活动设计内容

由于幼儿年龄较小,穿脱衣服能力尚不是很强,有些幼儿中午在幼儿园午睡,根据活动需要和气候变化还要适时增减衣服,因此,有必要对幼儿开展穿脱衣服的教育活动。具体活动内容包括:增减衣服的时机、穿脱衣服的步骤、衣服的摆放位置、独自穿脱衣服能力的培养。(1)增减衣服的时机:包括几种常见的增减衣服时机的掌握,如体育活动和大运动量活动前后、户外活动前后、跟随季节和冷热变化增减、午睡前后等。(2)穿脱衣服的步骤:包括穿衣步骤和脱衣步骤。(3)衣服的摆放位置:包括衣服脱下后的叠放位置与方法。(4)独自穿脱衣服能力的培养。包括针对幼儿独自穿脱衣服的教育方式方法、幼儿独自穿脱衣服能力和习惯的培养等。

6.睡眠活动设计内容

主要内容包括:穿脱衣服的步骤、衣物和床铺的整理方法、睡眠前的准备、掌握正确的睡姿。具体内容有:(1)穿脱衣服的步骤:包括穿衣步骤和脱衣步骤。(2)衣物和床铺的整理方法:包括衣服脱下后的叠放位置和方法、鞋袜的摆放位置和方法、被子枕头的叠放方法等。(3)睡眠前的准备:包括睡眠前应该做的准备活动、教师为幼儿睡眠进行的良好气氛的营造等。(4)掌握正确的睡姿:包括对几种正确睡姿的训练以及对错误睡姿的防范等。

（二）幼儿日常劳动教育活动的设计内容

幼儿日常劳动教育活动主要包括打扫卫生、帮教活动、农作活动和日常整理活动。根据上述分类，幼儿日常劳动环节的教育主要有以下设计内容：

1. 打扫卫生教育活动设计内容

打扫卫生教育活动设计内容包括：扫地、拖地、擦拭桌椅等。(1)扫地：熟悉洒水的方法、掌握扫地的步骤、了解扫地时的注意事项等。(2)拖地：熟悉拖地的方法、掌握拖地的步骤、了解拖地时的注意事项等。(3)擦拭桌椅：了解擦拭桌椅的必要性、掌握擦拭桌椅的方法、养成经常擦拭桌椅的习惯等。

2. 帮教活动教育设计内容

帮教活动设计内容包括：帮助老师分发教具、玩具、点心、餐具等。(1)帮助老师发放教具、玩具：包括发放材料正确态度的培养、发放方法的掌握、发放时的注意事项等。(2)帮助老师分发点心：包括发放点心正确态度的培养、发放点心的步骤、发放时的注意事项等。(3)发放餐具：包括培养幼儿发放餐具的正确态度、掌握发放餐具的方法与步骤、了解发放餐具的注意事项等。

3. 农作活动教育设计内容

农作活动教育设计内容包括：喂养动物、浇花浇菜、采摘瓜果等。(1)喂养动物：对小动物喜爱感情的培养、喂养方法的掌握、喂养时的注意事项等。(2)浇花浇菜：掌握浇水的时机与方法、养成照看植物的习惯等。(3)采摘瓜果：包括瓜果成熟的识别方法、采摘的步骤、采摘工具的使用、采摘时的注意事项等。

4. 整理活动教育设计内容

整理活动设计内容包括整理个人生活用品、学习用品、游戏材料等。具体内容包括如下。

第一，整理个人生活用品。包括入园后、运动后脱下的衣物鞋帽的折叠整理；下雨天进入教室后雨衣、雨伞、雨鞋的摆放和整理；自己的茶杯、毛巾等物品的摆放和整理。

第二，整理自己的学习用品。包括自己的水彩笔、油画棒、本子、作业纸等物品的放置和用后的整理。

第三，整理游戏材料。包括体育活动的器械、区角活动的游戏材料、图书等物品的收拾整理。

二、幼儿园生活教育活动的设计原则

幼儿园生活教育活动的设计原则是指幼儿园按照社会要求和幼儿身心发展的特点与规律在设计幼儿自我服务和日常劳动教育活动时所遵循的一般性教育

要求。一般来讲,设计幼儿的生活教育活动首先应该考虑社会的要求,其次应该遵循幼儿身心发展的特点和规律,最后应该结合生活教育活动的特点来制定活动设计的原则。具体设计原则如下。

(一)目标性原则

所谓目标性就是指幼儿园设计幼儿生活教育活动应该符合国家的教育方针政策要求和《纲要》、《规程》中对于幼儿教育培养目标的有关规定。幼儿生活教育活动内容的设计应该体现出社会对于幼儿自我服务能力和日常劳动能力的培养要求,反映出全社会对于幼儿健康成长的深切关怀和厚望。进入21世纪,人们对于幼儿的包括自我服务能力和服务社会能力在内的各种能力的期望不断提高,为了适应未来社会的挑战,希望幼儿从现在开始就要努力发展自己的独立生活能力以及为集体服务、关爱身边的环境和做事负责任的态度。因此,幼儿园生活教育活动的设计必须能够反映社会的这一要求。

(二)发展性原则

幼儿园生活教育活动是幼儿园开展的各类教育活动中的一种,其目的是促进幼儿在生活认知、能力、态度和习惯方面的发展与完善。为了顺利实现上述目标,教师在设计幼儿生活教育活动时必须遵循幼儿的身心发展规律,无论是投入使用的各种生活器具还是所创设的精神环境都要符合幼儿的生理发展特点和心理需要,贴近他们的生活实际,能够使幼儿接受和喜欢。只有这样,教育活动设计才能达到预设的目标,促进幼儿生活能力的提高。比如,幼儿使用的水杯和碗筷不仅大小要合适,而且一般都进行卡通化形象处理,餐室墙上画上蔬菜水果的卡通图案,进餐时播放轻音乐或儿童喜欢的卡通音乐,往往能够营造就餐的愉快气氛。再如,洗手用的小香皂不仅气味清香、色彩绚丽,而且进行卡通形象设计,就会使幼儿喜欢使用香皂洗手。

(三)实践性原则

幼儿园开展的生活教育活动不论是自我服务还是日常劳动一般都离不开实践这一中间环节。实践操作不仅是幼儿园实施生活教育活动的重要中介,也是幼儿学习自我服务和进行日常劳动的重要途径。从幼儿一日生活的各环节来看,幼儿生活自理能力正是通过晨间活动和锻炼、喝水和吃点心、如厕、午餐、午睡、洗手、离园等各个环节的实际操作得到锻炼和提高的;而幼儿日常劳动能力的锻炼更是依托于每天打扫卫生、分发碗筷点心、浇花喂兔、收拾整理玩具等各项具体活动。因此,设计生活教育活动必须围绕着幼儿的实践操作逐步展开。

生活教育活动的设计来自于生活，又服务于生活。

在幼儿日常劳动中，他们在锻炼服务能力的同时也体验到服务班级给别人带来的快乐，从老师的肯定和表扬中积累着自尊和自信；从日常农作物种植活动中体会到劳动的辛苦和劳动成果的来之不易，“实践出真知”，通过实际劳作他们更加懂得珍惜劳动成果；每天的喂养和种植劳动不断培养他们的责任心，逐步产生热爱自然、热爱生命的珍贵情感；游戏结束后的收拾整理活动以及吃完饭送回餐具的行为也让幼儿逐步明白自己做事自己负责的道理。正是在日复一日的锻炼和劳作中，幼儿逐步熟悉了一日生活常规，积累着热爱集体的美好情感，形成了自我服务和日常劳动的习惯。

（四）差异性原则

由于幼儿们的骨骼、肌肉和神经腺体的发育水平和成熟程度各不相同，所接受的智慧刺激和教育训练也存在差异，所以，幼儿在动作技能的发展时序与水平上存在个体差异。此外，3 年的时间跨度客观上形成了小班、中班、大班幼儿不同的年龄阶段特征。因此，无论是群体之间还是个体之间都存在着一定程度的差异。差异是普遍存在的，针对幼儿之间的差异所实施的生活教育活动必须进行差异化设计。

首先，针对幼儿的年龄差异进行生活教育活动设计。幼儿的年龄差异主要体现在班级层次的区分上面。例如，小班幼儿由于年龄小，生活自理能力和日常劳动能力较差，有些孩子甚至需要老师协助他们完成如厕行动，午睡前后他们需要教师替他们解纽扣、系鞋带、梳头和扎小辫，有些幼儿洗手时常常弄湿衣袖，等等。而中、大班幼儿在上述生活自理能力方面的表现就好多了。因此，应该针对他们的年龄差异提出不同的生活教育要求。

比如，同样玩“娃娃家”游戏，对小班和中大班幼儿游戏水平的要求是不同的。小班幼儿只要能选择好角色、初步尝试角色行为即可，而中大班幼儿在游戏开始前需要协商确定角色，并且按照角色身份逐步扩展情节，深化游戏内容，并能利用多种材料丰富游戏内容。此外，小班幼儿在游戏结束时只要能够整理和收放玩具即可，而中大班幼儿却要在游戏过程中按要求收拾玩具材料，并且在听到结束游戏的信号后能很快收拾玩具材料，做到摆放有序。

其次，针对幼儿的个体差异进行生活教育活动设计。前文提到，先天成熟与后天教育的不同导致幼儿在动作技能发展方面存在着个体差异。事实上，每个幼儿由于家庭背景和成长经历的不同，幼儿之间的个别差异之大可能超乎想象。幼儿之间的这种差异要求幼儿园教师必须进行针对性的生活教育活动设计和指导，提出适宜的个别教育方案。正如《纲要》指出的：“幼儿园教育应重视幼儿的个别差异，为每一个幼儿提供发挥潜能，并在已有水平上得到进一步发展的机会和条件。”

第三节 幼儿园生活教育活动的指导

由于幼儿年龄较小，生活认知水平较低，生活技能还不完善，没有形成成熟的生活态度和良好的生活习惯，因此，必须对幼儿的生活活动进行教育指导。

一、幼儿园生活教育活动的指导原则

（一）因人施教原则

幼儿发展心理学告诉我们，幼儿的发展不仅具有阶段性和连续性特征，还存在着个体差异。由于外在影响因素和个人认知加工水平的不同，幼儿在生活认知、生活技能、生活态度和生活习惯方面存在着个体差异。对此，教师必须尊重差异，根据差异因人施教，制定差异化教育对策，保证教育对策的针对性和实效性。比如，在睡眠方面，有的幼儿年龄比较小、睡眠时间长、脱衣慢，应该让他们提前入睡，而有的幼儿精力旺盛、不喜欢睡觉、上床后喜欢与别人逗玩，可以让他们分组依次上床睡觉，也可以在安全和不干扰别人的前提下让幼儿自由活动，这样才能满足不同类型幼儿的需要。再如，幼儿进餐时，不仅应该根据年龄差异使用幼儿专用的小碗，还应该根据每个幼儿的饭量大小和身体状况灵活增减食物，保证每个幼儿都能吃好，真正满足幼儿成长需要。

比如，在某个幼儿园大班，一名幼儿很不想午睡，而且即使不午睡也不影响他下午的活动。于是教师在其他幼儿午睡时对他说：“你可以在走廊（教师视野范围内）里画画或者玩点儿别的，但是一定要轻轻地，好吗?”这名幼儿果然没有发出声音，连走路都是踮起脚尖……①

可以看出，这位教师灵活处理了这名大班幼儿的午睡问题，既尊重了幼儿的愿望和要求（“不想午睡”），又根据幼儿的实际情况提出“在走廊里轻轻地玩”的要求，让幼儿有事可做。因为老师同意了自己的愿望，这名幼儿感到非常高兴，在行为上积极配合老师的要求（“果然没有发出声音”、“连走路都是踮起脚尖”）。

（二）快乐施教原则

所谓快乐施教是指教师从保护幼儿权益、尊重幼儿尊严的角度出发，主动创

① 李叶兰：《幼儿社会教育活动设计与指导》，北京：中国劳动社会保障出版社，2006。

设和谐融洽的师幼关系和亲切、自由的教育氛围，采取幼儿喜闻乐见的方式对幼儿生活进行教育指导，使幼儿在自然、愉快的心情下主动掌握各种生活技能，培养健康的生活态度，自觉养成良好的生活习惯。快乐施教既是贯彻寓教于乐教育原则的基本要求，也是尊重幼儿的表现。同时，快乐施教也是幼儿园进行精神环境创设的基本要求。教师和蔼可亲的指导态度是幼儿接受其教育影响的重要心理前提，因为幼儿只有“亲其师”，才能“信其道”。

快乐施教教育原则要求教师在指导幼儿时注意保持亲切的态度，主动创设自由的精神氛围。所谓亲切态度就是指教师和幼儿互动时语气态度要和蔼可亲，表现出对幼儿的关心和爱护，不能采取僵硬、冷漠的态度，厌烦、嫌弃幼儿。在这样的氛围中生活和劳动，幼儿感受到的是教师对自己的信任和接纳。所谓自由氛围就是说幼儿在这种氛围中可以自主选择活动和材料，当幼儿遇到困难需要帮助时，教师能够及时响应幼儿的各种需求并且提供各种支持，幼儿能够无拘无束地进行各种选择和操作。创造学认为，思想和行为上的自由是人们的创造性得以发挥的重要心理前提。亲切自由的心理环境能够使幼儿的好奇心、创造动机和兴趣等心理需要得到满足。在亲切自由的环境中，幼儿心情愉快、无压抑感，会对周围环境进行积极的探索，所以，要想培养幼儿的积极探索精神和丰富的创造性，就从快乐施教开始吧。

（三）自主性原则

所谓自主性就是指教师在教育指导幼儿的生活活动过程中要重视幼儿的主体作用，充分发挥幼儿在活动中的积极性、主动性和创造性，引导幼儿在实际操作和反复实践中不断积累生活经验、获取生活技能，使外在的各种要求演化为幼儿对各种生活和劳动能力的主动诉求，实现外在要求向幼儿自我教育能力的有效转化，最终形成各种生活能力。

为此，教师在教育指导过程中要为幼儿自主性的发挥创设各种有利条件，积极为幼儿营造自主活动的空间和独立活动的条件，保证幼儿在实际操作中自主性的充分发挥。比如，当幼儿产生主动操作的愿望并且尝试着自己动手去做的时候，教师应该放手让幼儿独立操作。刚开始的时候，幼儿可能做得不太好，但是教师应该理解他们的失误，允许他们多次反复地尝试，因为生活能力只有在实践中通过反复操练才能逐步提高。另外，生活活动的趣味性也是吸引其积极操作的重要因素，因此，教师应该设法创造条件将趣味融入幼儿生活建构活动中去，吸引幼儿自主学习。

（四）长期性原则

由于幼儿骨骼和肌肉系统发育还不完善，神经系统也没有完全成熟，神经系统对精细动作的协调与控制能力像眼手协调能力还比较差，他们在学习生活中的各种技能时往往需要反复操作，经过长期练习才能逐步熟练掌握。因此，幼儿园教师指导幼儿生活活动时需要树立长期坚持的思想，坚持长期教育指导。

由于幼儿认识能力有限，自我控制能力不强，幼儿已经在幼儿园学会的生活技能也可能在遭遇家园不合作、不配合的情况下逐步退化。比如，幼儿已经在幼儿园学会独立吃饭，但是由于家长溺爱，长辈坚持给孩子喂饭，致使幼儿再次依从家长而使已经学会的行为出现反复。因此，幼儿园教师指导幼儿生活活动时还需要做好幼儿行为反复性的思想准备。

鉴于幼儿生活劳动能力学习的长期性和反复性，教师在进行社会教育指导时应该耐心细致地长期坚持，不能急于求成。教师还要积极转变教育理念，允许幼儿犯错误。由于幼儿身心发育不成熟，犯错误很正常，他们就是在犯错误、改正错误的过程中逐步长大的。当幼儿行为出现反复时，教师只要坚持正面引导，清楚具体地讲解示范，让幼儿在日常生活中不断进行各种练习，随着年龄的增长，最终他们一定能够掌握各种生活能力和形成良好习惯。

二、幼儿园生活教育活动的指导策略

由于幼儿园生活教育活动主要包括幼儿自我服务教育活动和日常劳动教育活动两部分，因此，幼儿园生活教育活动的指导策略也可以分为幼儿自我服务活动的指导策略和幼儿日常劳动的指导策略。

（一）幼儿自我服务活动的指导策略

根据上文分类，幼儿自我服务活动（生活自理活动）主要包括独立喝水、吃饭、洗手、上厕所、穿脱衣服、睡眠等活动内容。具体指导策略如下。

1.喝水活动的教育指导策略

幼儿不仅要知道口渴了必须喝水，还要养成良好的喝水习惯。具体指导策略如下：(1)教师要仔细演示拿杯子接水的动作要领：先把空杯子放在水龙头下面、拧开保温箱水龙头、拿杯子接水、水快接满时关上水龙头。该环节是让幼儿知道在教室哪个地方有水、水温适中时可以直接饮用。(2)让幼儿记住每天固定的喝水时间，到了规定时间就要喝水。(3)让幼儿明白任何时间只要口渴都可以要水喝。(4)让幼儿做到喝水前要洗手，喝完水把杯子送回原处，并当众演示。目的是让幼儿知道水杯放置的固定位置，就是放在自己名字下面，和名字对应，不要放错地方。(5)及时了解并掌握每个幼儿的性格特点、喝水习惯等信息，有针对性地指导幼儿喝水。(6)告诉幼儿热天出汗多要多饮水。(7)告诉幼儿天气干燥时要多喝水。(8)吃过炸酱面要多喝水。(9)吃过包子、饺子、炖肉等咸味食品后要喝水。(10)吃过干食后要多喝水。(11)活动量大时要多喝水。(12)及时提醒生病吃药的幼儿多喝水。(13)编写儿歌教育不爱喝水的幼儿。

2.进餐活动的教育指导策略

进餐是幼儿一日生活的重要环节。教师组织幼儿进餐时要注意为幼儿提供优美的物质环境和愉快的精神环境，保证幼儿在最好的身心状态下吃饱吃好，健康成长。具体教育指导策略如下。

(1)幼儿园餐室应该远离噪音源或做好隔音工作。(2)餐室要设置降温或者取暖设施，保证饭菜温度适中。(3)餐室必须清洁卫生，有防蚊蝇设施。(4)活动室兼作餐室进餐时要用屏风分隔，桌面铺上桌布，提高幼儿用餐兴趣。(5)进餐时可以播放优美舒缓的轻音乐和钢琴曲，改善幼儿用餐心情。(6)使用幼儿专用碗筷，做到美观、清洁、耐用。(7)餐前教师可以热情介绍饭菜品种及其营养价值，激发幼儿食欲。(8)餐前餐中教师不能训斥或体罚幼儿。(9)对吃饭说笑、撒饭的幼儿可作轻声提醒。(10)个别幼儿食欲不好时不要强迫他吃掉全部食物。(11)为生病幼儿提供清淡可口的饭菜。(12)尊重幼儿饭量大小，不作强制性要求。(13)指导偏食、挑食幼儿时应循序渐进，逐步添加，并改变食物外貌和结构，一有进步就积极肯定。

3.洗手活动的教育指导策略

教师要经常指导幼儿在户外活动结束后以及饭前便后洗手。具体指导策略如下：(1)教给幼儿正确的洗手方法：卷起袖子、打开水龙头、弄湿手、关上水龙头、打香皂、手心对手心搓洗、手心对手背搓洗、手指交叉搓洗、打开水龙头、冲洗干净、关上水龙头。这一过程要反复强化，直到幼儿掌握为止。(2)让幼儿知道吃东西之前和大小便后要洗手。(3)告诉幼儿户外活动以及玩泥玩沙结束后要洗手。(4)告诉幼儿手工活动或者区角活动结束后要洗手。(5)告诉幼儿任何时候手脏了都要洗。(6)让幼儿自己设计并张贴节水标志，提醒自己节约用水。(7)教师将香皂装入网兜吊起让幼儿使用，防止肥皂长时间浸入水中造成浪费。(8)及时制止没事玩水、玩肥皂的幼儿。(9)放置一些颜色鲜艳、卡通造型的小香皂提高幼儿洗手兴趣。(10)对有洗手困难的幼儿作个别指导。(11)洗手完毕要在水池中甩掉手上的水后再离开，不要把水甩到别人身上或者地上。(12)告诉幼儿不得在盥洗室内追跑嬉戏。(13)盥洗室的水龙头要有足够数量，防止幼儿拥挤和争抢。(13)幼儿的洗手池、毛巾架的设置要符合幼儿的身高，便于幼儿使用。(14)盥洗室要干净无异味，保证经常消毒。(15)幼儿的毛巾要经常消毒。

4.如厕活动的教育指导策略

如厕活动的教育指导具体策略如下:(1)教育幼儿一有便意就要及时如厕;(2)教给幼儿正确的方法;(3)教育幼儿便后要及时冲洗便池,并演示正确的冲洗方法,让幼儿准确掌握;(4)告诉幼儿大小便后要及时洗手;(5)协助一些小班幼儿如厕;(6)告诉幼儿人多时要学会排队如厕,不要拥挤;(7)不要影响别人如厕。

5.穿衣脱衣活动的教育指导策略

具体指导策略如下:(1)教给幼儿正确的穿脱衣方法,穿衣方法:先穿内衣后穿外衣、先穿上衣后穿裤子、纽扣先扣上面再扣下面、穿鞋区分左右、先穿鞋后系鞋带。脱衣方法:先脱外衣后脱内衣、先脱裤子再脱上衣,纽扣先解下面再解上面,先解鞋带再脱鞋袜。(2)教育幼儿在体育活动前要脱去外衣,体育活动结束后及时穿衣,防止着凉。(3)让幼儿知道午睡前后要分别脱衣和穿衣,学会独立穿脱衣服。(4)教师应具体演示扣纽扣、系鞋带的正确方法,并在日常生活中反复训练和巩固强化。(5)要让幼儿记住无论是平时活动还是午睡前后衣服都要摆放有序,方便取用。(6)教师平日多利用游戏和比赛等方法指导幼儿穿脱衣服,引起幼儿练习兴趣。(7)针对穿脱衣困难幼儿作穿脱衣服的个别指导与帮助,可以采取的方法有:正确示范、及时反馈、持续强化、游戏训练、比赛巩固。(8)指导幼儿根据天气冷暖和季节变换及时增减衣服。

6.睡眠活动的教育指导策略

睡眠活动主要内容包括:有序穿脱衣服、整理衣物和床铺、安静入睡、睡姿正确。具体指导策略如下:(1)睡前组织幼儿做一些安静的活动,如看书、听故事、散步等。(2)幼儿入睡前要给寝室自然通风,保证空气清新。(3)有条件的地方寝室最好配备空调来调节室温。(4)寝室要安装窗帘,保证较暗光线利于睡眠。(5)寝室要远离噪音源或做好隔音装置。(6)寝具要温暖舒适,有利于幼儿快速入睡。(7)教师不应在睡前批评幼儿,也不能讲恐怖故事。(8)对于需要较长睡眠时间、穿脱衣服较慢、年龄较小的幼儿应让他们提前做好入睡准备。(9)对于不喜欢午睡的幼儿,只要不影响正常活动就可以安排他们在不打扰别人的情况下安静地游戏。(10)教育幼儿有序穿脱衣服,衣服鞋袜要摆放整齐,方便取用。(11)帮助有睡眠困难的幼儿快速入睡的方法:不给他们精神压力、被褥温暖舒适、想象美好时光等。(12)指导幼儿睡姿要正确安全:可以采用仰卧、侧卧方法,避免面部朝下趴在床上睡觉,防止因呼吸道堵塞造成窒息。(13)采用游戏方法如"娃娃家"等来培养幼儿良好睡眠习惯。(14)培养幼儿按时睡眠和起床的良好习惯。(15)午睡之前教师可以帮助脱衣服困难的幼儿脱衣服。(16)幼儿睡下后,教师要经常巡视,帮助幼儿盖好被子,检查幼儿睡姿是否正确。(17)幼儿入睡后,教师要不断巡视寝室,防止发生意外。(18)采用多种方法鼓励幼儿独立穿脱衣服。(19)对于穿脱衣服困难的幼儿教师应该正确示范、及时反馈纠正、持续训练强化,或采用游戏和比赛等方法吸引和激励幼儿。(20)做好午睡记录,如有异常情况及时处理。

(二)幼儿日常劳动的教育指导策略

幼儿日常劳动主要包括打扫卫生、帮教活动、农作活动和日常整理活动。根据上述分类,幼儿日常劳动环节的具体指导策略如下。

1.打扫卫生活动的教育指导策略

打扫卫生是幼儿做值日活动时经常要做的事情,可以培养幼儿为集体服务精神和负责任的态度。具体指导策略有:(1)指导扫地的幼儿分工协作:有的摆放椅子、有的洒水、有的扫地、有的倒垃圾,注意先后次序;(2)指导值日生们按照先后顺序完成拖地:在拖地前要先摆放好桌椅,然后划片分别拖地,最后把椅子放下摆好。(3)教给幼儿正确的擦拭方法:先把小毛巾弄湿后再擦拭灰尘,擦拭干净后把毛巾洗净晾晒。(4)教师要注意:任何打扫卫生活动不应仅仅停留于锻炼幼儿的动手能力这个层次,还要让幼儿明白为集体做事是大家应尽的义务。

2.帮教活动的教育指导策略

这里的帮教活动特指幼儿帮助教师在上课时分发教学材料、在休息环节分发点心、在吃饭前分发碗筷等活动,是幼儿在教师指导下协助教师减轻劳动强度的利他行为,是幼儿形成亲社会行为的基础。帮教活动一般由值日生完成,有时也由教师临时指定幼儿来做。具体指导时要注意下面几个问题:

第一,教师要巧妙利用帮教活动给那些平时同学关系不好但又想帮忙的幼儿提供一次接受大家监督教育的机会。因为教师要想让这类幼儿分发物品必须事先征求大家意见,而征得大家同意是需要条件的,那就是这些幼儿要保证今后不能再次出现以前那种侵犯大家的行为了。此处,帮教活动被教师创设成利用集体力量教育个别幼儿的良机。

第二,教师应该防止帮教活动蜕变为流于形式的程序化行为,导致帮教活动失去应有的教育意义,就像有些地方一想到学雷锋,就到当地敬老院给老人们理发,以至于最后老人们都快被剃成光头了。因此,教师应不断反思和重新开发它的教育价值,希望幼儿通过实际操作体验到劳动的艰辛和服务大众的快乐,从而不断点燃热爱集体的情感。

第三,在帮教活动中,教师还要注意防止部分幼儿身上可能出现的功利主义倾向,及时打消他们利用帮教来抬高自己、炫耀于同学的虚荣欲望,制止他们利用帮教讨好老师、希望得到更多奖励的功利主义倾向。

第四,教师在请幼儿帮忙时,不能总是请那些能力强、爱听话、表现好的孩子，还要考虑那些平时沉默寡言或者调皮捣蛋的孩子的内心需要。不论什么类型的孩子，他们都有权利享受平等的受教育机会。在请幼儿帮助教师分发碗筷等活动时，要一视同仁，均衡施教。

请看下例。

> 开学至今，我一直试着让幼儿做一些力所能及的事，如发勺子、分碗、搬凳子等。培养孩子的动手能力和生活自理能力，教育他们做一个爱劳动的好孩子。我总是让能力强、善表达、聪明伶俐的幼儿做事，而很少请调皮和默默无语的孩子做。这一次，我依旧请表现好的小朋友发勺子。忽然看到性格内向的琳琳小朋友用祈求的目光注视着我，轻声地说："何老师，让我发一次勺子，好吗？"我看了她一眼说："每次吃饭最慢，上课从不举手发言，还发勺？"我生硬的口吻、严肃的神情，使琳琳那纯净的眸子里充满了畏惧，继而蒙上了一层薄薄的水雾。吃饭时，琳琳的眼神总在我脑海里出现，我感到自己错了。于是，我把琳琳叫到身边，做了自我批评，夸奖她是一个能干的女孩，以后一定请她发勺子。她点点头，脸上露出欣慰的笑容。后来，琳琳发了一星期的勺子，特兴奋，还把这件事告诉爸爸妈妈，说自己长大了，会帮老师做事情。我发现，琳琳比以前大胆活泼多了，上课偶尔也会举手发言了。①

上述案例表明，剥夺"表现差"幼儿参与发勺子的权利，实际上是使他们丧失了宝贵的生活体验机会，对于这类幼儿的健康成长是不利的。因此，教育要真正做到"有教无类"，必须从每一个孩子抓起，给予每个孩子一样的锻炼机会，只有这样才能促使幼儿健康成长。

3.农作活动的教育指导策略

农作活动主要指幼儿利用空闲时间喂养动物、浇花浇菜、采摘瓜果等日常劳动活动。具体指导策略如下。

第一，利用农作活动培养幼儿的责任心和热爱生命的美好情感。幼儿对于动物花草一般都容易产生感情，但是往往缺乏坚持性。教师可以参照幼儿的意愿和爱好，开发人与动植物"找朋友"的活动，将幼儿与所喜爱的动植物进行匹配挂牌，彼此建立"好朋友"的关系，由幼儿负责喂养动物或者浇灌花草蔬菜，这种"好朋友"关系的建立可以督促幼儿在空闲时间负责照料动物花草，克服"三分钟热情"的短期行为，有利于培养幼儿的责任心和热爱生命的美好情感。

第二，培养幼儿爱劳动的好习惯。幼儿每天早晨来园自由活动时给花浇水、

---

① 何伟：《让我发一次勺子，好吗》，《幼儿教育》，2002(21)。

喂养小兔子等动物、在收获时节采摘瓜果等活动，不仅可以培养热爱生命的情感，长期下来，日积月累，相信一定能够培养起幼儿热爱劳动的良好习惯。

4. 整理活动的教育指导策略

整理活动主要包括整理个人生活用品、学习用品、游戏材料等。教师经常提醒幼儿游戏结束后要收拾玩具并放回玩具箱，就是希望幼儿通过建立和巩固整理活动的常规最终养成热爱劳动的好习惯。具体指导策略如下：(1)告诉幼儿在运动后要自己整理自己的衣物鞋帽，学会折叠和放置。对于不会折叠的幼儿，教师还要做个别指导。(2)帮助幼儿学会正确摆放和悬挂自己的雨鞋、雨衣、雨伞等雨具。(3)指导幼儿将自己用过的毛巾和茶杯放回原处，不随意放置，影响别人使用。(4)指导幼儿将自己用过的水彩笔、油画棒、本子、作业纸收拾并且放到自己的格子箱里面，不能跟别人的混淆。(5)告诉幼儿在游戏和活动结束后收拾整理好图书玩具和各种器材。

【案例精选】

案例 9-1：培养良好的饮水习惯

在一日生活中，我们坚持作息制度，按时让幼儿喝水，至少喝一满杯，并做到喝水前洗手，喝完水把杯子送回原处，在喝水的同时，培养幼儿有秩序、认真做事的习惯。这些基本生活常规要求不因园内的任何临时活动或大人的临时变化而随意改动。同时我们要注意随时提醒幼儿喝水，日久天长，很多的幼儿逐步从需要提醒变为能主动去做。

班上保教人员的配合是非常重要的。大家能做到思想统一，明确本阶段的重点，要求一致，共同了解和及时掌握幼儿的情况和变化，注意互通情况，努力掌握不同幼儿的特点，哪些贪玩，哪些动作慢，谁知道要水喝，谁不爱说话，谁不爱喝水，谁刚病愈，等等，做到心中有数，能有针对性地细致照顾好每一个孩子。配班老师一年四季天天为孩子们准备好冷热适度的白开水，并保证供应充足、用具卫生。天气干燥或热天出汗多时，注意让孩子们多喝水。当孩子们吃过炸酱面、包子、饺子、炖肉等食物或当日活动量较大等情况时，孩子们的需水量也明显增加，注意让他们多喝水。

我们还主动与家长联系，耐心细致地做好家长工作，取得家长的配合，从而使保教工作取得了较好的效果。①

① 王雪梅：《老师，我要喝水——培养三岁幼儿的饮水习惯》，《学前教育》，1997(22)。

案例 9-2：四分苹果

又到吃点心的时间了。配班老师端来了苹果，放在教室前面的桌子上，等待分给大家吃。今天的苹果该怎么分呢?

吃水果前，我提出要求："每个小朋友吃两块苹果。如果还能剩下，再请你们吃。"孩子们自己拿起苹果吃了起来。吃一块，伸出一根手指。大多数孩子吃完两块后，就让我看他们伸出的两根手指，两根手指就像"兔耳朵"一样，可爱极了。

这时，佳阳小声说："我还想吃。"我问："你吃几块了?""两块。""那你等别的小朋友都吃完两块后再吃吧。""不行。""那我给你问问别人都同意不同意。""行。"我举起佳阳的"兔耳朵"(伸出的两根手指)问："有人吃完了两块还想吃，行吗?""不行。"孩子们立刻反对："每个人都先吃两块，剩下还有才能再吃。"佳阳不好意思地缩回手指说："我等着。"

大家都吃完两块了，盆里还剩些苹果。配班老师又把每块切开，我说："这些苹果不够每个人再吃一块了，怎么办呀?"孩子们认真地想着办法。我说："我想请昨天住在这里的小朋友吃，行吗?""行。"日托的佳阳由于住宿了也获得了第三块苹果。孩子们高兴地拿起苹果吃。有个孩子说："那今天我也住。"我摸着她的脸，说："行，今天晚上你高高兴兴住幼儿园，明天我也请你吃。""嗯。"

还有几块苹果，孩子们都关心它们的去向。我用征求意见的眼光看着全体孩子问："请王迪和乐乐吃行吗?""不行。因为刚才他们哭了。"有人大声陈述着理由。我说："刚才她们就哭了一会儿，老师抱一下就好了。今天吃完水果，明天她们再来幼儿园时就不哭了，对吗?"乐乐和王迪使劲点头。很多孩子痛快地说："那好吧。"

我端着盆给孩子们看："还有几块苹果呀?""四块。"孩子们边说边伸出四根手指。我皱着眉，为难地问："那给谁吃呢?""嗯——"孩子们一时说不出合适的人选。我想他们衡量自己和别人谁更有理由吃。我一拍手，说："有了。请今天给你们带好东西的人吃，好吗?""行。""谁带啦?"孩子们争着推荐小朋友："王岩带书了。""闹闹带饼干了。""行。你们说得有道理，他们想着小朋友，就请他们吃吧!"王岩和闹闹吃苹果的时候，有的小朋友说："明天我给小朋友带一只小鸡。"

我又问孩子们："哎，今天谁没有来呀?""梁远。""那还有两块苹果怎么办呢?""嗯——"孩子们思考的时候，我慢慢地说起儿歌："排排坐，吃苹果，你一个我一个……""梁远不在给他留两块。"孩子们自然地接着说完。我高兴地伸出大拇指，说："哎哟，你们可真是又聪明又懂事，心里总想着别的小朋友，行，这两块苹果就给梁远留起来吧，他看见一定很高兴!""行。"孩子们都认可了。

苹果吃完了，孩子们愉快地玩起来。[1]

▶阅读推荐◀

1. 袁爱玲，何秀英. 幼儿园教育活动指导策略. 北京：北京师范大学出版社，2007

2. 李叶兰. 幼儿社会教育活动设计与指导. 北京：中国劳动社会保障出版社，2006

3. 黄瑾. 幼儿园教育活动设计与指导. 上海：华东师范大学出版社，2007

▶思考与探索◀

1. 什么是幼儿园生活教育活动？主要包括哪些内容？

2. 幼儿园开展生活教育活动有何意义？

3. 指导幼儿园生活教育活动应该遵循哪些基本原则？

4. 如何有效指导幼儿午睡？请结合睡眠活动的有关指导策略进行分析。

5. 请结合幼儿园生活教育活动的设计内容，设计一次幼儿园的生活教育活动，并且提出具体的指导策略。

---

① 刘玉秀：《四分苹果》，《学前教育》，2001(9)。

参考文献

[1]教育部基础教育司组织编写.幼儿园教育指导纲要(试行)解读.江苏:江苏教育出版社,2002

[2]李生兰.学前教育学(修订版).上海:华东师范大学出版社,2006

[3]施燕.学前儿童科学教育(修订版).上海:华东师范大学出版社,2008

[4]张明红.学前儿童社会教育.上海:华东师范大学出版社,2008

[5]王懿颖.学前儿童音乐教育(第二版).北京:北京师范大学出版社,2010

[6]庞建平,柳倩.学前儿童健康教育.上海:华东师范大学出版社,2008

[7]周兢.幼儿园早期阅读教育活动设计.北京:教育科学出版社,2010

[8]袁爱玲,何秀英.幼儿园教育活动指导策略.北京:北京师范大学出版社,2007

[9]张燕.幼儿园管理.北京:人民教育出版社,2009

[10]秦明华,张欣.幼儿园组织与管理.上海:复旦大学出版社,2008

[11]陈晓芳.幼儿园教育活动设计策略及案例评析.北京:北京师范大学出版社,2007

[12]黄瑾.幼儿园教育活动设计与指导.上海:华东师范大学出版社,2007

[13]庄虹,陈瑶.新编幼儿园教育活动设计与指导.北京:北京师范大学出版社,2011

[14]张琳.幼儿园教育活动设计与实践.北京:高等教育出版社,2005

[15]朱家雄.幼儿园教育活动设计与实施.北京:高等教育出版社,2008

[16]刘占兰,廖贻.聚焦幼儿园教育教学:反思与评价.北京:北京师范大学

出版社,2007

[17]阎水金.幼儿园环境与教育.河南:河南教育出版社,1993

[18](苏)苏霍姆林斯基著,赵玮等译.和青年校长的谈话.上海:上海教育出版社,1983

[19](苏)苏霍姆林斯基著,肖勇译.教育的艺术.长沙:湖南教育出版社,1983

[20](苏)赞可夫.和教师的谈话.北京:教育科学出版社,1981

[21]王厥轩.幼儿园探索型主题活动案例100例.上海:上海科技教育出版社,2003

[22]朱家雄.幼儿园课程.上海:华东师范大学出版社,2003

[23]尹坚勤.幼儿园教育活动案例精选.南京:南京师范大学出版社,2002

[24]北京市海淀区教师进修学校(编).实践·研究·反思:幼儿园优秀教育活动案例与评析.北京:北京师范大学出版社,2010